供应链管理中的
信息协调与协同控制研究

张 晴 张劲松 ◎ 著

中国出版集团
世界图书出版公司
广州·上海·西安·北京

图书在版编目（CIP）数据

供应链管理中的信息协调与协同控制研究 / 张晴，张劲松著. -- 广州：世界图书出版广东有限公司，2013.3

ISBN 978-7-5100-5884-4

Ⅰ.①供… Ⅱ.①张… ②张… Ⅲ.①供应链管理—信息管理—研究 Ⅳ.① F252

中国版本图书馆 CIP 数据核字 (2013) 第 055123 号

供应链管理中的信息协调与协同控制研究

作　　者	张　晴　张劲松
策划编辑	杨力军　胡一婕
责任编辑	汪再祥
封面设计	陈　璐
投稿邮箱	stxscb@163.com
出版发行	世界图书出版广东有限公司
地　　址	广州市新港西路大江冲 25 号
电　　话	020-84459702
印　　刷	虎彩印艺股份有限公司
规　　格	787mm×1092mm　1/16
印　　张	18.5
字　　数	360 千
版　　次	2013 年 11 月第 2 版　2013 年 12 月第 3 次印刷
ISBN	978-7-5100-5884-4/F·0091
定　　价	74.00 元

版权所有　翻印必究

目 录

前　言 I
内容简介 III

上 篇 绪 论

第1章　引　言 3
1.1 研究背景 3
　　1.1.1 21世纪我国制造业的发展和面临的挑战 3
　　1.1.2 供应链：从协调到协同 5
　　1.1.3 供应链协同与知识管理 11
1.2 国内外研究现状 15
　　1.2.1 关于供应链协调的研究 15
　　1.2.2 关于供应链信息协调的研究 18
　　1.2.3 关于知识管理的研究 23
　　1.2.4 关于企业过程协同的研究 24
　　1.2.5 关于供应链协同的研究 25
1.3 研究意义 26
1.4 本书的主要内容和整体框架 28
参考文献 31

第2章　研究理论基础 40
2.1 供应链管理 40
　　2.1.1 供应链的基本概念及其特征 40
　　2.1.2 供应链管理的概念和基本思想 42

2.1.3 供应链管理实践中的问题及挑战 …………………………… 44
  2.1.4 供应链管理的内容和目标 ………………………………… 45
  2.1.5 供应链管理的要素 ………………………………………… 46
  2.1.6 供应链管理的关键业务过程 ……………………………… 48
 2.2 协同学 ……………………………………………………………… 49
  2.2.1 协同学中的几个重要概念 ………………………………… 50
  2.2.2 协同学的基本思想和方法 ………………………………… 50
  2.2.3 协同学中的信息 …………………………………………… 51
  2.2.4 协同学中的信息效应 ……………………………………… 52
 2.3 Agent 与多 Agent 系统的基本理论 …………………………… 54
  2.3.1 Agent 技术的产生背景 …………………………………… 54
  2.3.2 Agent 的定义 ……………………………………………… 55
  2.3.3 Agent 的特性和分类 ……………………………………… 58
  2.3.4 多 Agent 系统概念 ………………………………………… 60
  2.3.5 多 Agent 系统的特点 ……………………………………… 60
  2.3.6 多 Agent 系统的开发方法及工具 ………………………… 61
 2.4 委托代理理论 …………………………………………………… 64
  2.4.1 供应链委托代理问题的产生 ……………………………… 64
  2.4.2 委托代理理论 ……………………………………………… 64
  2.4.3 供应链委托代理理论模型 ………………………………… 66
 参考文献 ……………………………………………………………… 68

中　篇　供应链管理中的信息协调

第3章　供应链信息协调框架及要素 ……………………………… 73
 3.1 供应链信息协调 ………………………………………………… 73
  3.1.1 供应链信息及其特征 ……………………………………… 73
  3.1.2 供应链信息协调 …………………………………………… 75

3.2 供应链信息协调总体框架 ··· 78
3.3 供应链信息协调的种类划分 ··· 79
3.4 供应链信息协调要素 ·· 82
3.5 供应链企业内部信息协调 ·· 84
3.6 供应链企业外部信息协调 ·· 85
本章小结 ·· 87
参考文献 ·· 88

第4章 基于多Agent的供应链信息协调建模与仿真 ············ 90
4.1 多 Agent 系统与供应链管理 ··· 90
4.2 基于多 Agent 的供应链信息协调建模 ································ 93
   4.2.1 面向 Agent 的系统分析 ··· 93
   4.2.2 基于多 Agent 的供应链信息协调框架模型 ···················· 95
   4.2.3 供应链中各功能 Agent 的算法描述 ······························ 97
4.3 基于多 Agent 的供应链信息协调仿真分析 ························ 100
   4.3.1 仿真平台 Swarm 简介 ··· 100
   4.3.2 基于 Swarm 的供应链信息协调仿真模型 ···················· 103
   4.3.3 系统仿真与结果分析 ·· 105
本章小结 ·· 109
参考文献 ·· 110

第5章 供应链信息协调的实现 ··· 112
5.1 基于信息技术的供应链管理的结构模型 ···························· 112
5.2 供应链信息协调实现的相关信息技术 ······························· 113
   5.2.1 支撑技术 ·· 113
   5.2.2 多 Agent 技术与应用软件 ·· 116
5.3 供应链信息协调实现的阶段划分 ····································· 122
   5.3.1 阶段划分及信息技术支持 ·· 122
   5.3.2 供应链信息系统集成技术的发展 ······························· 123

5.3.3 供应链信息系统的建设阶段 ………………………………… 124
5.4 外部供应链信息协调的实现模式 …………………………………… 125
　　5.4.1 外部供应链信息协调的实现模式 ……………………………… 125
　　5.4.2 供应链信息协调实现面对的挑战 ……………………………… 126
5.5 基于多 Agent 的供应链信息协调的实现 …………………………… 127
　　5.5.1 基于多 Agent 的供应链信息协调体系结构 …………………… 127
　　5.5.2 企业内的应用系统的集成 ……………………………………… 128
　　5.5.3 企业间应用系统的集成 ………………………………………… 130
5.6 基于云计算的供应链信息协调 ……………………………………… 131
　　5.6.1 供应链信息协调中的云计算及其核心技术 …………………… 131
　　5.6.2 基于云计算的供应链信息协调体系构建 ……………………… 132
本章小结 …………………………………………………………………… 134
参考文献 …………………………………………………………………… 134

第 6 章　供应链信息协调机制 ………………………………………… 136
6.1 供应链信息协调机制的分析框架 …………………………………… 136
6.2 基于契约合作的供应链信息协调机制 ……………………………… 138
　　6.2.1 合作伙伴等级结构 ……………………………………………… 138
　　6.2.2 信息的契约等级 ………………………………………………… 139
　　6.2.3 信息协调的信息契约设计 ……………………………………… 140
6.3 供应链信息协调的激励机制 ………………………………………… 141
　　6.3.1 激励机制的任务 ………………………………………………… 141
　　6.3.2 激励机制的内容 ………………………………………………… 142
　　6.3.3 供应链信息协调激励机制 ……………………………………… 142
　　6.3.4 基于利润分配的信息协调激励模型 …………………………… 146
6.4 基于流程改进的供应链信息协调机制 ……………………………… 149
本章小结 …………………………………………………………………… 152
参考文献 …………………………………………………………………… 153

下　篇　供应链运作中的协同控制与知识管理

第 7 章　基于虚拟企业的供应链构建与集成管理 ················· 157
7.1 虚拟企业与供应链管理 ·· 157
7.1.1 企业联盟的出现 ·· 157
7.1.2 虚拟企业的特点 ·· 157
7.2 任务导向的虚拟企业生命周期 ····································· 159
7.2.1 确定总体任务 ··· 159
7.2.2 任务分解与任务规划 ·· 160
7.2.3 虚拟企业运作与任务执行 ···································· 160
7.3 虚拟企业的模块化组织结构 ······································· 160
7.3.1 虚拟企业的组织层次 ·· 160
7.3.2 模块化组织结构 ·· 161
7.3.3 模块化组织结构的运行 ······································· 162
7.4 虚拟企业环境下供应链构建过程 ································· 165
7.4.1 任务导向的供应链构建过程 ································· 165
7.4.2 供应链总体任务分解和分配 ································· 166
7.4.3 子任务完成策略选择 ·· 168
7.5 供应链多层次集成管理 ·· 171
7.5.1 供应链集成管理的整体框架 ································· 171
7.5.2 供应链技术层次集成管理 ···································· 173
7.5.3 供应链业务层次集成管理 ···································· 173
7.5.4 供应链组织层次集成管理 ···································· 174
7.5.5 供应链知识层次集成管理 ···································· 176
本章小结 ··· 178
参考文献 ··· 179

第8章 供应链知识管理及其框架模型 ... 182
8.1 供应链的知识范畴 ... 182
8.1.1 企业知识的内涵 ... 182
8.1.2 供应链的知识分类 ... 183
8.1.3 供应链知识管理的层次 ... 184
8.2 供应链知识管理的必要性与可行性 ... 185
8.2.1 供应链中知识管理的必要性 ... 185
8.2.2 供应链知识管理的可行性 ... 185
8.3 供应链知识管理的内容及评价模型 ... 186
8.3.1 供应链中的知识管理的主要内容 ... 187
8.3.2 供应链知识管理的特点 ... 187
8.3.3 供应链知识管理的层次与评价 ... 188
8.4 供应链知识管理框架模型 ... 190
8.4.1 供应链知识管理总体模型 ... 190
8.4.2 供应链知识管理系统及功能 ... 192
8.4.3 供应链知识管理模型驱动要素 ... 195
本章小结 ... 199
参考文献 ... 199

第9章 供应链协同机制与知识管理 ... 203
9.1 供应链协同管理概述 ... 203
9.1.1 协同的概念及其分类 ... 203
9.1.2 供应链协同的意义 ... 204
9.1.3 供应链协同决策的内容 ... 205
9.2 供应链协同机制分析 ... 207
9.2.1 供应链系统的信息协同效应 ... 207
9.2.2 供应链知识协同分析 ... 209
9.2.3 供应链协同的战略因素分析 ... 210
9.2.4 供应链协同效果评价 ... 212

9.3 供应链协同的过程建模与管理 ··· 214
9.3.1 供应链协同过程的特点 ··· 214
9.3.2 供应链协同过程建模 ·· 216
9.3.3 供应链协同过程的工作流模型 ································ 218
9.3.4 基于工作流和任务流的供应链过程管理 ···················· 221
9.4 供应链协同知识创新 ··· 224
9.4.1 供应链协同创新的概念及流程 ································ 224
9.4.2 基于价值链的供应链知识创新 ································ 226
9.4.3 供应链协同知识创新辅助环节 ································ 227
9.4.4 供应链协同创新的关键问题 ··································· 228
9.5 供应链协同中的知识管理 ··· 229
9.5.1 知识共享与供应链协同 ··· 229
9.5.2 供应链协同中的知识流动分析 ································ 230
9.5.3 供应链知识共享的影响因素分析 ····························· 231
9.5.4 供应链知识管理的自组织特性 ································ 232
本章小结 ··· 233
参考文献 ··· 234

第 10 章 集成过程情境的供应链知识建模 ································ 237
10.1 目前知识管理存在的问题 ··· 237
10.2 知识过程情境及其作用 ·· 238
10.2.1 知识过程情境 ·· 238
10.2.2 知识情境的作用与目标 ······································· 239
10.3 集成情境的知识建模 ··· 241
10.3.1 集成情境的知识模型 ·· 241
10.3.2 知识情境模型的主要内容 ···································· 243
10.4 供应链业务过程情境 ··· 244
10.4.1 业务过程情境的内容 ·· 244
10.4.2 供应链业务过程分析 ·· 245

10.4.3 业务过程情境知识的描述 ⋯⋯⋯⋯⋯⋯⋯⋯⋯⋯⋯⋯⋯⋯⋯ 246

本章小结 ⋯⋯⋯⋯⋯⋯⋯⋯⋯⋯⋯⋯⋯⋯⋯⋯⋯⋯⋯⋯⋯⋯⋯⋯⋯⋯ 248

参考文献 ⋯⋯⋯⋯⋯⋯⋯⋯⋯⋯⋯⋯⋯⋯⋯⋯⋯⋯⋯⋯⋯⋯⋯⋯⋯⋯ 248

第 11 章 供应链知识管理的实施策略 ⋯⋯⋯⋯⋯⋯⋯⋯⋯⋯⋯⋯⋯⋯ 250

11.1 供应链企业知识管理的实施目标 ⋯⋯⋯⋯⋯⋯⋯⋯⋯⋯⋯⋯⋯⋯ 250

11.2 供应链知识管理的实施方法 ⋯⋯⋯⋯⋯⋯⋯⋯⋯⋯⋯⋯⋯⋯⋯⋯ 251

11.2.1 知识管理实施的方法论 ⋯⋯⋯⋯⋯⋯⋯⋯⋯⋯⋯⋯⋯⋯⋯⋯ 251

11.2.2 供应链知识管理实施步骤 ⋯⋯⋯⋯⋯⋯⋯⋯⋯⋯⋯⋯⋯⋯⋯ 252

11.2.3 供应链知识管理实施措施 ⋯⋯⋯⋯⋯⋯⋯⋯⋯⋯⋯⋯⋯⋯⋯ 252

11.3 供应链知识管理的组织策略 ⋯⋯⋯⋯⋯⋯⋯⋯⋯⋯⋯⋯⋯⋯⋯⋯ 254

11.3.1 构建供应链战略联盟 ⋯⋯⋯⋯⋯⋯⋯⋯⋯⋯⋯⋯⋯⋯⋯⋯⋯ 254

11.3.2 供应链业务流程再造 ⋯⋯⋯⋯⋯⋯⋯⋯⋯⋯⋯⋯⋯⋯⋯⋯⋯ 255

11.3.3 培育供应链组织文化 ⋯⋯⋯⋯⋯⋯⋯⋯⋯⋯⋯⋯⋯⋯⋯⋯⋯ 256

11.4 供应链知识管理的绩效评估 ⋯⋯⋯⋯⋯⋯⋯⋯⋯⋯⋯⋯⋯⋯⋯⋯ 258

11.4.1 知识管理绩效评估的内涵 ⋯⋯⋯⋯⋯⋯⋯⋯⋯⋯⋯⋯⋯⋯⋯ 258

11.4.2 供应链知识管理绩效评价指标 ⋯⋯⋯⋯⋯⋯⋯⋯⋯⋯⋯⋯⋯ 258

11.4.3 知识管理绩效评价值的计算 ⋯⋯⋯⋯⋯⋯⋯⋯⋯⋯⋯⋯⋯⋯ 260

11.4.4 知识管理评价的困难与问题 ⋯⋯⋯⋯⋯⋯⋯⋯⋯⋯⋯⋯⋯⋯ 261

本章小结 ⋯⋯⋯⋯⋯⋯⋯⋯⋯⋯⋯⋯⋯⋯⋯⋯⋯⋯⋯⋯⋯⋯⋯⋯⋯⋯ 263

参考文献 ⋯⋯⋯⋯⋯⋯⋯⋯⋯⋯⋯⋯⋯⋯⋯⋯⋯⋯⋯⋯⋯⋯⋯⋯⋯⋯ 263

结束语 ⋯⋯⋯⋯⋯⋯⋯⋯⋯⋯⋯⋯⋯⋯⋯⋯⋯⋯⋯⋯⋯⋯⋯⋯⋯⋯⋯⋯ 265

附　录　部分仿真程序 ⋯⋯⋯⋯⋯⋯⋯⋯⋯⋯⋯⋯⋯⋯⋯⋯⋯⋯⋯⋯ 268

前　言

　　进入 21 世纪以来，随着制造业市场环境的变化，企业与企业之间的竞争逐渐转化为供应链与供应链之间的竞争。目前，供应链管理在美国、欧洲、日本等发达国家和地区的研究已越来越深入，应用也越来越广泛，许多国际著名的大企业如宝洁（P&G）、惠普（HP）、国际商用电器（IBM）等都已在供应链管理的实践中获得巨大收益。

　　供应链基于"竞争—合作—协调"机制，其中协调是供应链成功运行的关键。供应链中具有一致目标和利益的企业在一定时期内形成共享信息、共担风险、共同获利的高度协调关系，有助于提高整体竞争优势。信息协调，是从信息作业的视角考察供应链协调，它是供应链协调的核心内容，也是实现供应链协调的必要条件。供应链协调的最终目标是达到供应链协同。供应链的运作过程需要协同，因为产品或者服务的完成是通过成员之间的协同工作来完成。供应链需要知识管理，无论是供应链成员，还是供应链本身，它们的成功都离不开它们所拥有的独特资源——知识。这就要求供应链能够对这些知识进行统一的管理和协调，以便在供应链协同过程中共享，充分发挥知识的作用。另外，为了提高供应链协同的能力和效率，需要有一个支持协同过程的知识管理框架，形成联接客户、定制企业和供应商之间的知识链，达到供应链的"知识协同"，因此供应链协同过程需要知识管理的支持。不管是供应链的协调还是协同，最终目的是获得供应链绩效的提升。供应链绩效的提升必须要降低供应链中的不确定性，提高供应链的灵活性，只有在这两个方面都最成功的供应链才有可能最成功地改善其竞争位置。

　　因此，本书结合信息和知识经济的时代背景，从信息和知识管理的视角出发，围绕供应链协调和协同，探讨降低供应链中的不确定性和提高供应链的灵活性的方法。本书在国内外相关研究经验和前沿性成果的基础上，以制造业供应链和多变的市场需求为背景，采用适当的研究方法论（跨学科的研究方法、演绎法、仿真研究方法、数理分析方法以及比较等方法），分别从供应链管理中的信息协调和供应链运作中的协同控制与知识管理两方面开展相关研究。本书从理论上进一步丰富了供应链管理理论，从实践上能为供应链中各企业之间进行信息协调乃至协同提供思路和方法。

本书包括上中下 3 篇共 11 章。上篇"绪论"包括 1 至 2 章。第 1 章阐述研究背景和研究意义，提出本书的主要内容、思路和整体框架结构；第 2 章阐述本书的主要理论基础。中篇"供应链管理中的信息协调"包括 3 至 6 章。第 3 章构建了供应链信息协调总体框架，详细阐述其中的要素，并分析在制造计划与控制活动中供应链企业内部信息协调和供应链企业外部信息协调；第 4 章进行了基于多 Agent 的供应链信息协调建模与仿真；第 5 章阐述了供应链信息协调实现的相关内容；第 6 章分析了供应链信息协调机制。下篇"供应链运作中的协同控制与知识管理"包括 7 至 11 章。第 7 章研究了基于虚拟企业的供应链构建与集成管理；第 8 章分析了供应链知识管理并提出其框架模型；第 9 章研究供应链协同机制及知识管理在协同过程中的作用；第 10 章进行了面向过程情境的供应链知识建模；第 11 章给出了供应链知识管理的实施步骤及相关措施。本书最后的"结束语"总结了全文内容，并展望下一步的研究工作。

近几年来，作者在湖北省自然科学基金项目（2010CDB02003）、2012 年度湖北省社会科学基金项目"十二五"规划课题以及中南民族大学中央高校基本科研业务费专项资金项目（CSY12010）的资助下，对供应链管理中的若干问题进行了研究，本书凝聚了作者对这些研究的归纳、总结和体会。在撰写本书的过程中，我们参阅并应用了国内外许多学者的研究成果和学位论文，尽可能在参考文献中一一列出，在此向这些学术的前行者致以诚挚的谢意。在两位作者共同制定本书的出版计划并拟定写作提纲的基础上，本书第 1 章由张晴、张劲松共同撰写，第 2 至 6 章由张晴撰写，第 7 至 11 章由张劲松撰写，结束语由张晴、张劲松共同撰写，全书由张晴统稿。

本书付梓之际，特别要感谢华中科技大学管理学院刘志学教授，作为博士生导师，他为作者张晴的学习和学位论文的顺利完成均提出许多宝贵的意见和建议。另外，我们对中南民族大学管理学院郑双怡教授表示衷心的感谢，感谢她在作者多年的学习和工作中给予的一贯支持、指导和帮助。感谢责任编辑杨力军女士为本书的出版所做的工作。

由于作者水平有限，书中不妥之处在所难免，敬请专家、同仁批评指正。

张　晴　张劲松

于 2013 年新春

内容简介

供应链协调乃至协同是供应链管理的重要内容。在信息时代和知识经济的背景下，信息和知识管理引起广泛关注。本书从信息和知识管理的视角出发，对供应链管理中的信息协调和供应链运作中的协同控制与知识管理进行全面系统的研究。在供应链管理中的信息协调部分，提出了供应链信息协调总体框架，对其两大组成部分进行详细论述；建立了基于多Agent的供应链信息协调模型并进行仿真，结果分析表明利用多Agent系统为管理者提供决策支持的可行性；提出了信息协调实现模式，并阐述基于多Agent的信息协调的实现；设计了供应链信息协调机制。在供应链运作中的协同控制与知识管理部分，给出了供应链多层次集成管理的整体框架；明晰了供应链知识的范畴，给出了供应链知识管理的分层评价模型；建立了协同过程的管理和控制模型，研究了基于价值链的供应链知识创新模型；建立了集成业务过程情境的知识模型，提出了供应链知识管理的组织支持策略，给出了供应链知识管理实施的绩效评价方法。

本书适合从事供应链管理研究的专业研究人员、博士生和硕士生作为参考书使用，也可以用作在企业从事物流管理、供应链管理、信息管理的高层次管理人员的参考书。

上篇
绪 论

上篇

文学论

第 1 章
引　言

1.1 研究背景

1.1.1 21 世纪我国制造业的发展和面临的挑战

随着人类工业文明的不断发展，制造业已经发展成一个国家国民经济和综合国力的基础，在国民经济中处于十分重要的地位。自 1990 年代以来，我国在全球制造业的比重从 3% 提高到 2007 年的 13.2%，位居美国之后，成为全球第二大制造业国家。我国制造业增加值一直处于上升状态，从 1997 年的 15756 亿元增加到 2008 年的 102540 亿元，11 年内增长了约 6.5 倍。在此期间，制造业增加值占国内生产总值（GDP）的比率一并大幅上升，从 1997 年的 20.31% 增加到 2008 年的 34.38%。根据联合国工业发展组织 2011 年 3 月发表的《2011 年国际工业统计年鉴》，2010 年发达国家的制造业增加值增长 3.4%，而我国制造业增加值增长在 10% 以上。我国制造业产值从 1997 年的 52744 亿元增加到 2009 年的 479200 亿元，呈逐年递增状态，12 年内增长了约 9 倍[1]。以上数据反映中国制造业发展态势强劲。

虽然我国现在已成为一个制造大国，但还远不是制造强国。我国制造业本身和国内条件面临挑战，例如我国在制造业技术及管理水平方面与发达国家仍存在较大差距、市场快速反应能力差，等等。并且，我国制造业面临巨大的压力，压力源自制造业先进国家对本国制造业的大力支持。由于工业化国家 70% 左右的财富来自制造业，因此世界工业发达国家都把制定制造业发展战略作为重中之重，对企业管理体制、经营策略、技术手段等诸多方面的新思路、新概念、新技术的研究给予政策和大量资金的投入。例如，英国政府大力支持工程和技术规划及制造系统工程的研究，英、德、丹麦和葡萄牙共同研究并行工程实施方法。日本在 21 世纪到来之际起草了《振兴制造业基础技术基本法》，认为未来的制造业依然是基础产业，必须继续加强。日本首相的咨询机构"制造技术恳谈会"曾向政府提交报告，强调制造业是日本的生命线，没有制造业就没有信息产业和软件产品。新加坡政府在 21 世纪的发展规划中，继续强调制造业在经济发展中的战略地位，把制造业和服务业视为拉动经济发展的双"引擎"，并要保持制造业占国内生产总值 25% 的比重，大力发展电子、化工、生命科学等重点制造行业。美国国防部、能源部、国家标准和技术研究所以及国家科学基金会共同资助了麻省理工学院"下一代制造"（Next generation manufacturing, NGM）项目，研究开发了一个力求被广泛接受的制造企业模型，提出了使美国制造业在新的竞争环境中保持领先地位的对策[1]。面对上述压力，我国制造业必须做出相应对策，要迎头赶上制造业处于领先的国家。

  21 世纪的制造业要生存，不可能全方位地去竞争，只能保持并发挥自己的核心竞争力。所谓核心竞争力指的是企业获取、配置资源，形成并保持竞争优势的能力，这包括两个方面：一是企业获取各种资源或技术，并将其集成、转化为企业的技能或产品的能力；二是企业组织并协调各生产要素，进行从原材料采购、供应、运输、仓贮、生产、配送、市场开发、销售及售后服务，使各个环节均处于优化组合、高效运转的能力。制约我国制造业发展的主要因素是新产品开发能力低下和管理粗放。随着全球化经济和国际化市场的形成以及信息技术（Information technology, IT）的高速发展与广泛应用，企业无边界经营的趋势越来越明显。市场竞争日益加剧，而企业间的竞争规则也开始被改写。原有的管理思想已不能完全满足新的竞争形式，以顾客为中心的现代经营理念已逐步取代了以生产和产品为中心的经营理念。谁能够以敏锐的洞察力发现顾客的需求并在最短的时间内以最低的成本、最满意的服务满足这种需求，谁就会在竞争中获胜。越来越多的企业意识到，独立地进行生产和销售已经不能适应快速发展的市场和不断变化的顾客需求，保持长远竞争优势的关键在于战略伙伴关系的建立，把主要精力放在本企业的关键业务上，非关键业务转由其他的优秀企业完成。这样形成一条从供应商到制造商再到销售商的供应链，通过优势互补来获得整体竞争优势，从而达到共赢（Win-win）的目的。因此，1980 年代发展起来的供应链管理这种新的管理思想和方法日益成为理论界和实业界关注的热点。供应链就是围绕核心企业，通过对信息流、物流、资金流的控制,从采购原材料开始,制成中间产品以及最终产品,最后由销售网络将产品送到消费者手中的将供应商、制造商、分销商、零售商,直到最终用户连成一个整体的功能网链结构模式[2-4]。近些年来,由于国际市场竞争激烈、信息技术的迅猛发展及市场需求个性化、快速化等因素的影响,供应链管理理念得到迅速发展,并显示出强大的生命力。克里斯托福认为,21世纪企业间的竞争将转变为供应链之间的竞争。目前,供应链管理在美国、欧洲、日本等发达国家和地区的研究已越来越深入,应用也越来越广泛,许多国际著名的大企业如宝洁(P&G)、惠普(HP)、国际商用电器(IBM)等都已在供应链管理的实践中获得巨大收益。

1.1.2 供应链:从协调到协同

1.1.2.1 供应链协调的重要性

供应链是基于"竞争—合作—协调"机制的,其中协调(Coordination)是供应链成功运行的关键。供应链由不同的经济实体组成,它们各自有不同的优化目标和私有信息。同时,供应链中存在许多不确定因素,如客户可能会中途改变或取消订单、材料或零部件不能准时到达、生产过程中设备突然发生故障等,使得供应链系统具有很强的动态特性[5]。因此,为了使信息流、资金流和物流在供应链企业之间和企业内部顺畅地流动,有效的供应链管理必须协调供应链企业间和企业内部的各项行为与活动,使供应链作为一个整体来运行。所以,供应链协调是供应链管理的核心内容之一。

21世纪以来,制造业面临着越来越激烈的竞争,供应链出现了一些新特点:

(1)复杂性日益提高。在制造业供应链的许多层面上,复杂程度不断增加。对客户而言,企业技术革新为他们选择产品提供了许多新的机会;同时,对于制造商和供应商而言,客户对产品提出多样化、个性化需求使得制造过程的复杂程度提高。供应商需要应对突然但必要的产品转型,才能满足客户的需求。

(2)交流日益重要。在全球化和复杂程度日益提高的制造业中,只有交流更加迅速准确,才能造就更加高效的供应链。目前大多数制造企业还只是部分实现了上下游信息的共享和协调运作,离真正实现供应链和价值链的增值经营、降低物流成本还有较远的距离。

(3)供应链的网络化。随着世界市场由传统的相对稳定的市场演变成动态多变的市场，制造商之间的竞争演化为相应供应链之间的竞争。在持续的市场竞争压力下，企业不得不与各类贸易伙伴进行密切合作。同时，实现供应链参与者之间互动的技术出现，促使企业能与其合作伙伴共享信息。

(4) 供应链的同步化。基于集成产品价值链的构想，供应链将跨越内部运作优化向同步化发展。供应链中的进取型企业已清楚地认识到只有满足客户对于产品的多样化需求才能创造价值，并将以客户为中心的观点贯穿从设计、生产到交付的全过程，实现客户需求的最大满足。这就要求供应链各环节能够同步响应和适应因数量、品种及特性等多种变化而产生的需求波动。因此，供应链运作将逐步趋向基于时间来满足客户需求，与市场需求同步化是必然趋势。

这些新特点的出现使管理实践者与研究人员都意识到供应链协调的重要性。2003年在学术会议IFORMS (the institute for operations research and the management sciences) 上发表的论文中，供应链协调方面占到60%～70%。我国从2000年以来，物流管理和供应链管理在政府、学术界和企业界得到了高度重视。企业界，特别是大型企业，往往由于竞争压力和企业自身的发展，供应链管理，特别是供应链协调管理，已经成为一个很重要的管理问题，例如中国零售业的毛利润一般占其总收入的10%～15%，而其附加值收入则达到了总收入的5%～10%，后者与供应链的协调管理密切相关。供应链各成员认识到，供应链中具有一致目标和利益的企业在一定时期内形成共享信息、共担风险、共同获利的高度协调关系，有助于提高整体竞争优势。

1.1.2.2 信息协调——供应链协调的新视角

1. 信息协调的意义

信息协调，是从信息作业的视角考察供应链协调（详见本书3.1.2节的相关解释）。供应链管理中，产品生产和流通涉及对供应链中物流、信息流和资金流的合理调控。物流在供应链中最明显、最直观，有人认为供应链管理就是物流管理的延伸和扩展。但进入信息社会以后，信息已与人、财、物等资源一样，成为企业的一种基本资源。信息在管理过程中起着基础性作用，伴随管理活动的是信息流，在生产经营活动中起主导作用。在供应链中，一切物流、资金流都紧密围绕信息流展开，只有在恰当信息流的指引下，物流和资金流才能达到效率最优、成本最低[6]。（见图1.1）

在上述供应链出现新特点的背景下，制造业信息化管理是一种必然趋势。

在专家看来,很多中国制造行业(如汽车业)欠缺的是行业的整体竞争力。这些制造业是个覆盖面很宽的供应链群,与制造商关系密切的上游供应商与下游销售企业数目繁多,如何在较短时间内提高供应链管理水平成为面对国际企业竞争的关键所在。由于这些供应链上下游企业之间的信息传递十分紧密,它们的信息化建设成为必由之路,信息化水平直接关系到管理、生产、成本和效率等各个环节,最终全面影响企业的竞争力。

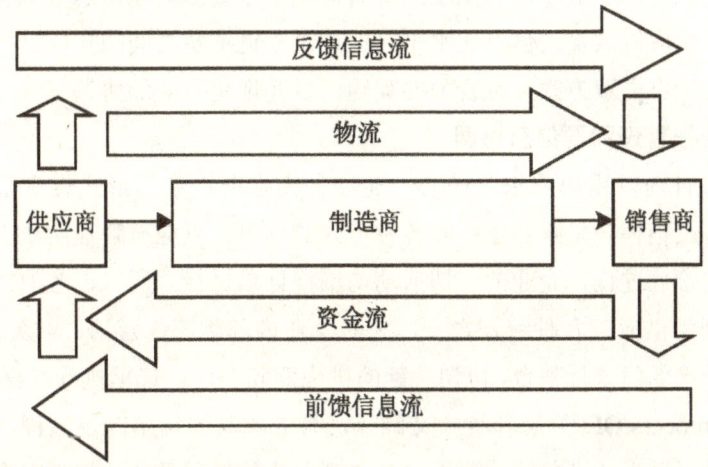

图 1.1　供应链中的三流:物流、资金流和信息流

然而,由于组织障碍的存在和自身利益的需求,有效的信息传递和交流并不容易实现。事实上,大多数制造商还只是部分实现了上下游信息的共享和协调运作,供应链中仍存在诸如信息畸变、信息瓶颈、信息决策困难等问题,离真正实现供应链和价值链的增值经营、降低物流成本还有较远的距离[7]。因此,制造商不但要在企业内部加速实施信息化,而且要重点解决上下游企业间的协调问题。尽管网络化的IT基础设施能够提供一种重要的工具,但它既不能定义系统内需要的信息,又不能定义如何使用这些信息的语义。而信息协调是信息化建设中必须思考的问题,通过对信息协调的研究可以确定信息化的信息内容,促进供应链中信息交流,并为信息化建设提供参考。同时,信息协调是供应链协调的核心内容,也是实现它的必要条件。从供应链管理的角度看,信息协调的意义很明显:

(1) 提高预测准确度,减小供应链中的需求放大现象。供应链是个环环相扣的系统,任一层级的活动都会影响其上、下游的厂商,如果整个供应链各层

级的信息（包括销售、需求、库存、生产等）可以集中、分享，则各厂商都可以对其作业活动有更准确的预测。

（2）快速响应客户需求并降低库存。通过信息协调一方面使上游企业的产品能够准确、及时地到达下游企业，另一方面减小供应链中不确定性因素对供货时间的影响，从而提高供应商对客户需求快速满足的能力。

（3）信息协调所显示的利润空间将会促使供应链成员在信息基础设施方面投资，改善供应链成员的信息化水平，促进供应链成员之间的集成；

（4）促进供需双方签订更合理的契约，以实现更有效的协调。

2. 供应链管理需要信息协调

供应链管理以用户需求为核心，而这种需求以订单的形式贯穿整个供应链，其中涉及销售、采购和生产等各种形式的订单。供应链管理实质上是个由订单驱动的管理过程，企业的一切活动均围绕订单进行。所以，兰伯特将订单执行过程列为供应链八种流程之一，它对企业内部物流、营销、财务、采购、研发和生产等部门进行整合，协调关键的供应商和客户。订单执行过程（Order fulfillment process,OFP）有各种中文翻译，有的称其为订单满足过程，有的称其为订单履行过程或订单履约流程，总之订单执行过程是指从接收客户订单到交付客户最终产品这一过程[8]。

订单执行过程的目标可以从两方面表述：一是在合适的时间向客户提供合适的产品；二是及时应对供应链中的不确定性，减少库存，提高供应链敏捷性。

不确定性是指事物或过程具有一定的规律性或真理性或完备性，但同时又具有一种不肯定性[9]。这里所说的供应链中的不确定性指供应链系统内部存在的、对供应链性能有直接影响的、可以控制和管理的不确定性，不包括供应链系统外、间接影响供应链性能的因素，如自然灾害或恐怖袭击等不可抗拒的因素[10]。供应链这一复杂系统中存在的关键问题就是不确定性，它是订单执行过程的主要约束，其产生的根源主要有三个方面：供应过程、制造过程和客户需求过程。

供应过程中的不确定性包括供应货物价格、数量等数据的不确定、供应质量的不确定以及供应提前期的不确定等。这些不确定性因素的存在致使供应商无法向制造商在事前约定的时间、地点提供指定数量和质量的商品，进而造成制造商无法正常满足客户需求。

制造过程中的不确定性主要来自于生产制造过程本身，例如由于制造商自身的机器故障或其他原因导致的制造过程的延误和中断，进而影响到上游的供应环节和下游的销售环节。

客户需求过程中的不确定性主要指订单变动或修改和非常规订单（比如个性化需求）造成的需求不稳定，它会引发生产计划、调度、控制方面的问题，最终影响到供应链的绩效。

库存是弥补生产不稳定和需求波动的主要手段，它与不确定性的存在密不可分。正是由于不确定性的存在，企业才不得不保持一定的库存水平进行缓冲。但是，过量库存增加了企业的成本支出。

另外，在订单执行过程中还存在其他约束，如物料与能力不同步、瓶颈资源的存在等。物料与能力同步能减少装配制造商的原材料或在制品库存，但由于多家供应商和提前期的存在，装配制造商生产过程中往往存在两者不同步现象，例如已到达的物料由于设备生产能力的限制无法开工或者由于物料迟迟未到无法开工，这造成了库存增加或订单交付期延长。平稳的物流对减小订单执行过程中的库存很有意义，而供应商或制造商瓶颈资源的存在，成为供应链平滑物流实现的障碍。

为了减小供应链的不确定性对库存的依赖以及上述订单执行过程的各种约束，应该考察引起不确定性的深层次原因，那就是信息的不对称和不完全。尽管网络化的IT基础设施能够提供一些信息交流的工具，但由于供应链企业自身对信息的收集和处理不充分、不能定义订单执行过程需要的信息以及定义如何使用这些信息的语义、对信息深层含义挖掘不够、自身的信息系统效率低下以及供应链成员间对信息的分散式持有方式，造成信息不对称和不完全，制约了订单执行过程目标的实现。因此，应该通过供应链信息协调解除约束，达到订单执行过程的目标，即在供应链中生成透明的、可视信息流，消除部门之间或企业之间的隔阂，节约时间与成本，最终提高运营效率。

1.1.2.3 协调的进一步发展——供应链协同

1. 供应链协同的含义

供应链协同 (Supply chain collaboration) 是供应链协调的最终目标。供应链协同这一概念出现于1990年代中期，由咨询界和学术界提出，是企业合作关系的进一步发展。所谓协同就是协调两个或者两个以上的资源或个体,协同一致地完成某个任务的过程或能力。协同的理念起初来源于系统科学中的协同学理论。协同学创始人 Hermann Haken 认为协同是指在复杂大系统内,各子系统的协同行为产生出的超越各要素自身的单独作用,从而形成整个系统的统一作用和联合作用[11]。

供应链协同是指供应链中各节点企业为了提高自身竞争力和供应链的整体竞争力而进行联合和协作的行为,它有以下三重含义:

(1)在组织层面,它超越了以往"合作与对彼此的容忍",是对彼此承担责任,共同"付出和获得";

(2)在业务层面,它整合了企业间的业务流程,使得各个合作环节的业务"对接"更加紧密,流程更加通畅,资源利用更加有效;

(3)在信息层面,它将伙伴成员间的信息系统紧密地集成在一起,实现了数据的实时流通和信息共享,使伙伴间能更快、更好地彼此开展协作,响应对方的需求和变化。

2. 供应链协同的原因

制造业从最初的简单手工业发展到上世纪中下叶的机械自动化大批量生产的过程中,信息和网络技术在整个产业的发展和变革中起着巨大的推动作用。人们在解决多变的市场需求、激烈的市场竞争、相对滞后的产品开发和不断变化的组织模式等矛盾过程中,不断提出了新的生产和管理理念。可以说,未来的制造是基于集成化和智能化的敏捷制造和"全球化"、"网络化"制造[12]。为提高企业的核心竞争力和充分利用各地的资源优势,企业在更加专业化的同时也加强了跨企业的分工合作,出现了企业集团、企业联盟和虚拟企业等新的组织模式,跨企业的合作与协同越来越重要。

信息技术的飞速发展提供了有利的工具,使企业能够打破组织之间的障碍成功地实现协同,并实现协同企业虚拟组织中价值链的整体优化,协同已经成为企业获取竞争优势的重要源泉[13]。为了更高效地实现协同,必须改变原有实体型企业组织模式,转而采用虚拟企业组织模式[14]。在这种虚拟企业的环境下,供应链管理已经从纯粹的物流以及外部关系的管理转为内外一体的物流、信息流、资金流的集成管理。企业为了增强竞争力,主动采取大规模定制、全球化、外包和协作等策略,以获得更短的上市时间、更低的成本,更快速地满足客户不断变化的需求。

总的来讲，产生供应链协同的原因包括外部原因和内部原因[15]。外部原因是为了适应竞争不断加剧的动态经济环境。内部原因则多种多样，包括通过协同获得更多的利润分配、追求供应链优势、建立一个竞争优势群体和保持自己强大的竞争力等。很少有企业能独立承担其产品所涉及的所有阶段的活动。企业要获得生存所需的利益和保持竞争优势，不能仅仅依靠自身价值链组织，需要理解和参与到所有供应商、销售商、广告商以及其他各个主体组成的整个产业供应链之中去。

企业通过观察和参与所在产业的供应链运作，分析其中具有战略重要性以及影响利润率水平高低的供应链环节。如果企业在上面所说的环节中处于主导地位的话，企业就要保留并且强化这些环节；如果企业无法控制供应链上具有战略重要性的关键环节和影响利润水平高低的环节，就必须从自身条件出发，强化自己具有优势的环节，加大资金、技术、人力投入，进行改革和创新，使其转变为具有强力竞争优势的供应链活动环节。

供应链一直朝着整合的方向发展，它牵涉到的范围将越来越广，各个环节的分工也将越来越细致。供应链整合的目的有两个：一是整合竞争对手忽略的环节；二是寻找新的整合方式。两者都可能使企业获得新的竞争优势。整合可以采用一体化方式，也可以通过协同方式来完成。一体化整合效果不确定，风险较大，而实行供应链协同具有一定的灵活性和较低的退出成本，所以供应链协同是趋势所向。

供应链协同从涵盖企业供应商、分销商、合作伙伴以及客户在内的整个供应链为角度，以全球化和客户需求为导向，依赖信息技术，加强与上下游企业之间信息和资源共享以及业务协作，实现共同的战略目标。供应链协同技术与方法为供应链协同提供了有力支持，是供应链协同管理能顺利实施的关键。作为一种现实的合作模式，协同是供应链业务流程顺畅连续的一种连接方式，是更有效地利用和管理资源的一种手段。从一提出开始，供应链协同就得到了理论界和企业界的广泛重视，并取得了一批研究成果[13]。

1.1.3 供应链协同与知识管理

1.1.3.1 供应链知识管理

知识资源和智力资源已经成为保持企业竞争优势和维持其可持续发展的重

要资源。企业之间、合作伙伴之间的业务交流越来越多,企业需要不断地获取新的知识资源以增强企业的创新能力,巩固其市场地位。在企业自主知识创新风险较高、成本较大和企业自身创新能力有限的情况下,从组织外部获取新知识(包括科学、技术、管理等知识)是企业知识增长和价值创造的有效途径。而供应链作为企业获取外部知识和价值创造的一个重要源泉,通过协调与整合不同企业的互补资源(包括知识),可以使成员企业学习和掌握企业外部的先进知识,从而提高组织的知识水平和知识创新能力。因此,对于供应链中的任何一个企业来说,供应链都是一个蕴藏着丰富知识资源的"知识源"。

知识管理(Knowledge management)在学术界和企业界引起了广泛的重视,被视为企业面对知识经济时代、适应新的竞争环境的重要工具[16]。企业通过对企业知识及相关资源和知识运用过程的管理,实现企业知识的发现、共享与重用,从而提高企业的应变和创新能力。为了在激烈的市场竞争中扩展业务,企业必须将协同业务过程与知识管理充分结合。许多企业没有深刻理解协同的全部内涵,忽视了企业内部和外部过程的"动态整合",亦即企业知识管理与商业过程之间的充分集成。企业应建立企业与客户、供应商以及员工之间的知识链,完成知识链与商业流程的整合,而知识管理就是实现"动态整合"的理想工具。

知识经济和大规模定制等概念的提出,使得企业把知识财富作为获得竞争优势的战略要素来看待。企业除了通过Internet和现代信息技术获取市场信息,整合企业价值链外,更重要的问题是如何对信息进行深度管理,也就是知识管理。供应链协同管理是针对供应链网络内各节点企业间的合作所进行的管理,其核心是各有关企业进行全面合作,协同完成共同目标,而合作的基础是互相了解,是相关知识的共享,只有这样才能实现企业的协同创新,增强企业间的协作运营能力,提高企业群体各种业务活动的效率和实现各种实体资源的互补。因此,协同是知识管理的最终价值实现,供应链必须将知识管理与协同业务过程结合起来,从而增强企业创新能力并获得市场竞争优势。

1.1.3.2 知识管理与供应链协同

供应链管理是基于客户最终需求,对围绕提供某种产品或服务的相关企业的信息资源,以基于Internet技术的软件产品为管理工具,实现整个渠道商业流程化的一个平台。供应链管理是企业实现整个渠道商业化流程的一个平台说明了如下问题:

①供应链管理就其本质来说是一个平台,是供应链上各相关企业共同使用的一个IT基础设施。

②供应链管理以渠道商业流程优化为核心内容,进而实现整个供应链的增值。

③供应链管理的直接处理内容就是以最终客户需求为核心的供应链上相关企业的信息资源。在供应链中,拥有关键资源、核心知识和领导能力的企业称为核心企业,因此,在供应链的运作过程中,推动知识在供应链中共享和传播是核心企业义不容辞的责任。

知识管理在以下几个方面改善了供应链管理的策略和运作绩效:

①提高供应链中知识的利用率,最大限度地发挥知识在供应链网链结构中的网络效益。知识管理门户将传统意义上保存于人脑中的知识进行过滤、分析和归类等深度加工和处理,并进一步整合为可以共享的供应链知识资源,促进了个体知识向集体知识的转化,同时为核心企业的内外用户(员工、合作伙伴、客户等)提供单一的信息入口和知识获取的平台。

②增强供应链节点企业间信息的透明度和知识共享的范围,降低供应链运作过程中的诸多不确定性。知识管理消除了供应链知识共享的时间和空间限制,避免了隐性知识利用不充分等供应链无形资产流失的状况,跨越了横亘于人和知识之间的无形障碍。

③提高供应链的整体协作程度和快速反应能力。知识管理把"鼓励协作、激励创新"的团队精神运用于实践中,它集个人服务、协作服务和企业应用三个层次于一体,相应地把知识管理过程中的人、场所和项目三个基本要素统一到知识管理平台上。

知识管理与供应链协同契合点在于:

①对信息的关注。知识管理是知识发现、挖掘、共享的一个过程,而知识是对信息搜集加工之后的结果。知识管理是信息管理的高级过程,而供应链管理就是处理以最终客户需求为核心的供应链相关企业的信息资源,而且供应链管理就是一个通过信息集成实现商业流程最优化的典范。

②基于对整个组织的考虑。不论是知识管理还是供应链管理,都是为了提高整个组织的效率,利用知识共享、渠道商业流程化,来实现供应链的增值,进而实现整个组织效益最大化。

③相同的组成部分。供应链管理与知识管理都有制定和实施两个方面,两

个管理过程都是持续的、循环发展的，都关注企业的长期生存和良好发展，这是可以把供应链管理与知识管理过程契合的关键之处。

1.1.3.3 知识管理对供应链管理的影响

供应链管理有助于企业在全球范围内与供应商和销售商建立合作伙伴关系，形成长期战略联盟。知识管理思想在供应链管理中的应用使得企业可以对企业的一般业务信息和企业知识进行集成共享，在完善的供应链知识网络环境下，实现供应链总体效益最优。供应链中知识管理的应用主要体现在以下几方面[17]：

（1）扫除供应链内各成员间知识共享的观念障碍

在供应链知识管理中，强调知识的共享与传播有利于提高整个供应链的知识水平，进而提高供应链的整体竞争优势。来自信任方面的障碍是影响知识管理的最主要因素。成员间由于对供应链不稳定性的顾虑，总担心供应链一旦解体，共享知识的企业将失去优势，即使供应链不解体，该企业在供应链的价值分配中也将失去优势。其实，供应链的正常运行是每个成员共同付出努力的结果，供应链所创造的增值应在各成员间进行合理分配。这就要求供应链各成员通过协商来共同解决知识价值分享问题，以形成一个合理、有效的衡量标准，兼顾所有成员的共同利益。特别要创建一个有效的激励机制和所有成员都能自觉遵守和共享的"供应链文化"，使供应链成为一个"学习型组织"。

（2）保存、挖掘、共享企业内外知识

供应商与企业间的传统关系是单纯的产品购买、销售关系，供应商无法影响企业决策。应用知识管理后，供应商可以适时向企业供货，并及时反映市场动态，企业可据此调整生产，通过企业内外知识的交流，实现企业内部知识共享和企业外部知识内化。供应链管理中的这些核心知识是进行信息共享的基础，将这些知识存入知识库,可避免人员频繁流动造成的损失。在传统的供应链中，由于信息交流速度的限制，完成一个物流活动需要的时间较长；传统的物资供应过程由多个业务流程组成，人为因素影响较大。随着知识的运用，客户的任何一个需要，供应、配送的信息都可通过企业知识网络选择捷径，企业可以实现敏捷供应和科学的决策。

（3）降低供应链不确定性，增强供应链的灵活性

由于供应链上各组成部分的需求可能随时间变化，供应商要能够适应不断变化的商业环境，提高应变能力，不使系统中断。从本质上说，知识意味着不

确定性的排除，而流程既是知识的创造方式，又是知识的整合方式。在不确定性日趋增大的竞争环境中，可以通过知识管理进行有效整合、创造和运用知识来规避供应链不确定性，并增强供应链灵活性。供应链的灵活性来源于流程网络化，其本质是以供应链知识获取、创造和应用过程为基础，重构供应链的内部权力配置和外部市场边界，从而打破内部传统的层级制权力结构和外部与竞争者、供应者、客户以及其他利益相关者的交易关系模式，使供应链成员企业真正实现"通过创造知识来创造市场价值"。因此，随着知识经济时代的到来，原有的基本工业经济条件下所提出的供应链管理理论已不能满足现代企业生存与发展的需求，实施知识管理成为供应链管理的必然要求。

1.2 国内外研究现状

1.2.1 关于供应链协调的研究

1.2.1.1 供应链协调及研究内容

供应链协调是组成供应链的各部门、企业之间结合各自的一系列目标（行动、决策、信息、知识、资金等）进行协调，以达到供应链的共同目标，从而减少供应链中各节点企业间的冲突及内耗，更好地分工合作，减小不确定性，发挥供应链的总体优势以获取最大利益[18]。

从协调范围方面讲，供应链协调包括两类：一是企业内部的各功能部门的协调；二是供应链上各企业之间的协调[19]。供应链有三个传统的阶段：采购、生产和配送。相应地，供应链协调有三种类型：采购商—供应商协调、生产—配送协调和库存—配送协调[20]。刘永胜则指出除了上面的三种类型外，还应包括生产—库存协调、多级库存协调和供应链活动与环境协调等类型[21]。

供应链协调可分三个层次：战略层、战术层和操作层。战略层协调研究的主要问题是供应链网络的设计，包括合作伙伴的选择、厂址和仓库的选择等，还包括产品的设计、协调企业的利益和风险分配。采用的方法有直观判断法、招标法、协商选择法、采购成本比较法、ABC成本法、层次分析法、模糊综合评价法、神经网络算法等；战术层协调的内容大体上可以划分为三类：生产—库存系统的协调、库存—分销系统的协调和生产—分销系统的协调。操作层协调问题主要包括供应链同步运作及信息协调。Li 和 Wang 指出优化供应链系统的一项重要内容是调整供应链组成成员的目标并协调他们的决策和行为,并针对单供应商、多客户的两阶供应链,分别从集中式决策和分布式决策两方面,结合不同种类的客户需求(随机需求、相关需求、独立需求等)从运作层库存管理的角度对其中的协调机制进行文献综述[22]。表 1.1 表示的是运作和组织两种视角下的供应链协调方式[23]。

表 1.1 协调方式

协调成熟度 协调视点	互补性	一致性
运作视角	物流协调 对象:生产、服务、后勤	信息共享 对象:信息
组织视角	动机联盟 对象:利益和风险	共同学习 对象:知识和能力

薛岭和蒋馥则从供应链总体视角上划分协调为非信息协调与信息协调[24]。非信息协调主要指完善地理、运输、仓储等一些实物的供应条件,如实现零库存生产方式的条件是要有良好的运输协调,能够做到及时到货不影响生产或销售。信息协调主要指整个供应链对内外部信息的掌握以指导供应关系,即需求信息可以无缝、流畅地在供应链中传达,从而使供应链能与顾客需求步调一致,形成更为合理的供应关系,适应复杂多变的商业环境要求。

1.2.1.2 供应链协调机制

描述供应链协调的主要方式之一是协调机制(Coordination mechanism)。协调能力受两个主要因素影响:信息共享和决策权力。有两种方法可实现协调:一是采用组织集中决策的方式;二是使用协调机制进行分散决策。协调机制用于管理各种活动间的相互依赖性,提供了管理人、过程、组织之间相互作用的工具[25]。

Marschak 和 Radner 认为协调机制包括信息结构和决策制定方法。前者描述信息的来源、内容、加工、去向,后者决定该采取何种行动[26]。Simatupang 等则把供应链协调机制分为四种:同步物流(Logistics synchronization)、信息共享(Information sharing)、激励联盟(Incentive alignment)和集体学习(Collective learning)[23]。同步物流负责协调物流过程以满足客户需求。信息共享是保证在供应链成员间传递信息的一致性。激励联盟就是提供各种激励机制,合理分配利润，共同分担风险，使供应链成员行动协调一致，供应链获取利润最大。集体学习主要是负责处理知识在供应链成员间传递的一致性问题。

1.2.1.3 供应链协调研究方法

近些年来，越来越多的研究者利用不同的建模和仿真方法研究供应链协调问题。这些方法可归纳为以下四类：

①确定性分析模型——所有变量的取值是确定的；

②随机分析模型——至少存在一个变量值是未知的，且被假定服从某种概率分布；

③仿真模型——常用于评估各种供应链管理控制策略的有效性；

④基于 Agent 的模型——提供供应链系统的柔性和实时响应。

大部分研究使用的模型是基于分析、优化（如运筹学）和仿真（系统动力学、多 Agent 系统）的。分析模型研究的供应链结构通常包含两个交易实体（买主和卖主），这种结构过于简单，由分析模型得到的管理视点只能停留在概念层次上；优化模型的主要缺点是利用假设降低问题的复杂度，这些假设使得研究结果很难应用到动态变化、复杂的实际环境中。由于供应链是典型的复杂系统，采用传统的研究方法很难描述和求解其多阶段、多层次和多主体间的动态协调关系。因此，仿真方法成为供应链协调模型求解中最有力的工具之一。

供应链仿真是通过建立仿真模型，在计算机上模拟供应链系统的运行过程，从而为研究及决策提供支持。系统仿真包括系统建模、仿真建模和仿真实验三个基本活动[27]。Ingalls 探讨了仿真方法在供应链建模中的作用[28]；Angerhofer 和 Angelides 介绍了目前供应链管理应用系统动力学方法进行研究的状况[29]；任常锐等指出供应链仿真建模方法主要有离散事件系统仿真和多 Agent 仿真两种[30]；金淳和刘昕露在介绍国内外供应链协调模型研究现状的基础上，从计算机仿真建模的技术特点、工具和方法等方面着手，归纳、分析、比较了集中式、多 Agent 和分布式等仿真方法的研究状况，指出了用仿真建模方法解决供应链协调问题的研究前景及发展趋势[31]。

1990 年代以来，Agent 及与 Agent 相关技术得到了充分重视和研究。而供应链实体和 Agent 之间存在着联系，可以通过抽象的方法建立供应链实体与 Agent 之间的对应关系。因为根据供应链的定义，供应链是由一些自主、半自主的企业实体构成，这些实体具有不同的资源约束和目标且具备如下性质[32]：

①实体是具有决策智能的自治单元,每个实体具有描述目标、能力、结构的能力和领域知识;

②实体能进行智能活动,诸如分析、推理、判断和决策;

③实体之间存在通信机制和协商策略,并且实体之间通过协商合作完成共同的生产与经营任务;

④实体具有动态自组织能力,通过自组织在混沌中建立秩序。

因此,随着人工智能以及 Agent 技术的发展,利用具有一定自主推理、自主决策能力的 Agent 以及由其组成的多 Agent 系统来模拟、优化供应链的运行,成为研究供应链管理的重要方法之一。

1.2.2 关于供应链信息协调的研究

1.2.2.1 信息协调涉及的信息类型

供应链决策层次分为战略层、战术层和运作层。战略层决策问题包括供应链合作伙伴的选择、产品定价、确定制造范式、工厂选址、产品定价等;战术层决策问题包括生产计划的制定、安全库存的设置、运输计划的制定等;运作层决策问题包括生产调度、库存分配、车辆调度等。不同层次的决策在时间跨度和决策问题的范围两方面是不同的,且所需要的信息内容也不同。在相关研究中绝大部分涉及的是战术层和运作层信息,如订单信息、库存信息等,几乎没有战略层信息。Huang 等提出了生产信息模型(Production information model, PIM)的概念,该模型从信息共享的角度较全面地对可能影响供应链绩效的信息进行了总结和分类[33]。另外,Maloni 和 Beton 指出除了库存信息、订单信息外,订单状态信息和销售点信息也应该共享[34]。还有的文献研究供应链分布式项目调度问题中的信息共享。供应链分布式项目调度问题(Distributed project scheduling problem, DPSP)是关于多个项目在一个由独立、自治的企业组成的网络中如何配置和调度的问题。此过程强调企业之间的协调,而信息共享可以加强协调的效率。Lau 等提出了一个基于谈判的方法来解决分布式项目调度问题,指出如何通过企业之间的信息共享尤其是共享调度柔性信息来提高集中度和调度的质量[35]。

1.2.2.2 信息协调对供应链绩效的影响

供应链绩效衡量指标最终可归为服务(Service)、质量(Quality)、成本(Cost)

和提前期（Lead-time）[36]。相关文献多是研究信息共享模式——信息共享的种类、信息共享的程度和信息共享的范围——对供应链成本和服务水平的影响。Angulo等指出在非稳定需求情况下零售商与供应商共享预测信息能显著提高零售商的订单执行率[37]。李培亮等采用单周期报童模型研究信息共享对供应链绩效的影响，指出对于由一个制造商、一个零售商组成的供应链，信息共享下的供应链总利润高于没有信息共享的总利润；而且制造商和零售商各自的利润在信息共享情况下都高于没有信息共享时的利润[38]。

Gerard和Marshall比较了在客户需求随机条件下，由一个供应商多个零售商组成的供应链在以下三种情况下供应链成本（库存持有成本＋延期交货惩罚成本）的变化：利用信息技术在制造商和零售商之间共享需求数据和库存数据；利用信息技术加速订单处理过程（缩短提前期）；利用信息技术降低订单处理成本（减小批量大小）。结果表明信息共享能降低供应链成本，但利用信息技术加速供应链上的物料流动比单纯的信息共享更有价值[39]。

还有相当一部分文献是针对供应链中的牛鞭效应（需求放大现象）的。牛鞭效应产生原因包括对客户需求信息处理时采用了不精确的需求预测、需求量大于供应量时企业之间的博弈、订单分批量造成的订单分散、价格降低导致的客户大量购买行为等[40]。牛鞭效应产生的后果有高库存、供应链敏捷性降低以及客户服务水平降低，而敏捷性降低、客户服务水平降低又导致低效运输和生产调度不准确，最终导致供应链成本增加。Lee指出共享销售数据、交换库存信息能够减小牛鞭效应[41]；Chen等以一个制造商和一个零售商构成的简单供应链为研究对象，指出共享用户信息能够大大减小牛鞭效应的影响，但不能完全消除[42]。

1.2.2.3 信息协调中的信息共享策略和共享模式

供应链中的信息共享策略有信息集中（Information centralization）、供应商管理库存（Vendor managed inventory,VMI）以及协同计划、预测和补货（Collaborative planning, forecast and replenishment,CPFR），见图1.2[43]。它们共享信息的内容和方式存在差异：信息集中指零售商与供应链的其他成员共享实际市场销售数据从而减小牛鞭效应；VMI指供应商等上游企业基于其下游客户的生产经营、库存信息，对下游客户的库存进行管理和控制，即将管理零售商销售点库存的权限交给供应商，从而提高库存周转率和顾客满意度；CPFR

不仅共享订单信息还共享诸如历史销售数据、预测等信息,通过标准化的共享信息进行精确地市场预测,根据需求动态及时补货,进行有效地库存管理,以减少成本,实现共赢,提高整个供应链的业绩和效率。

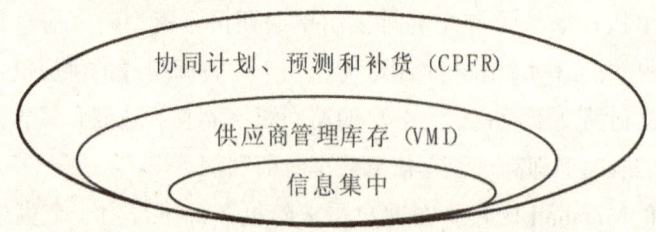

图 1.2　供应链协调中的信息共享策略

严建援和翟春娟从合作伙伴关系的视角探讨了供应链合作伙伴的类型及合作目的,并以此为基础构建了供应链合作伙伴的信息共享模式及技术支撑体系[44];马士华和刘念分析了节点企业对共享信息的一般处理过程以及基于时间竞争环境下的供应链对信息共享模式的相应要求,在此基础上提出支持协同决策的信息共享模式[45]。

1.2.2.4　信息协调中的信息技术

由于早期的电子数据交换(Electronic data interchange,EDI)系统价格昂贵,中小企业难以承担,所以相关的研究集中在其他信息技术。如 Zeng 等指出通过 B2B e-hubs 达到供应链信息集成[46]。文章提出一个将现存的 e-hubs 集成到其它先进信息技术中的框架,从而消除间隙并扩大 e-hubs 的功能以便为供应链集成提供更好的功能。Williamson 等认为使用与 Internet 相结合的组织间的信息系统是实现供应链集成的有效手段[47]。还有些研究集中在基于多 Agent、公共对象请求代理体系结构(Common object request broker architecture,CORBA)、Web 等的集成平台研制[48-49]。

1.2.2.5　信息协调机制

由于供应链成员都是独立的经济实体,以利润最大化为目的,有各自的私有信息,众多学者研究了在各种非对称信息情况下,供应链契约对成员进行有效激励的问题。Feldmann 和 Muller 分析了如何建立激励机制以获取真实、可靠信息的问题,并给出一个激励方案,用以表明提供真实信息的倾向是可以建立的,且从长远看这种倾向能够得到赞同[50]。Porteus 和 Whang 研究了分散型供应链中的信息协调。通过构建报童模型设计了激励机制使分部经理提供真实信息，从而做出系统最优决策[51]。Lee 和 Whang 对组织内部分散型多阶供应链的激励和信息协调进行了研究，分别讨论了成本保持、激励相容以及信息分散化的情况。研究发现，合适的激励机制可以使分散型系统优于集中控制系统。同时，对于公司内的分散型供应链网络，转移价格、产品配送以及订货处罚的绩效测评计划对于促进信息共享非常有效[52]。

杨国栋等通过对供应链节点企业信息共享障碍的分析，提出了信息共享的六条激励策略：对供应商实行价格激励、减少零售商前置时间、风险防范措施、提高沉没成本、建立利益再分配机制和克服文化差异[53]。樊敏等运用委托代理模型研究了促进零售商信息共享的激励和监督问题，提出核心制造商要强化零售商信息共享的意愿，就必须使整个系统的利润增大，从而使零售商分享的利润也增大[54]。马新安等以一个两阶段的多任务委托代理模型来研究供应链中核心企业对其供应商进行供应活动和信息共享活动的最优激励问题，并用它来解释供应链中合作伙伴关系的持续改善过程。结果表明供应商努力成本的边际替代率在信息共享以及正常供应活动的激励中起关键作用[55]。

1.2.2.6 多 Agent 技术在供应链信息协调中的应用

在多 Agent 系统模型中，Agent 是一个软件实现的对象，存在于一个可执行的环境中，具有主动学习和适应环境的能力，Agent 之间能够进行交互[56]。Agent 具有适应性、自治性和社会性，最适合模块化、分布式、易变、非结构化和复杂性应用场景。因此，多 Agent 系统是实现实时交流和决策制定的可行技术。每个 Agent 代表决策制定过程中的一部分，组成决策者紧密联系的网络，以实时响应客户需求[57]。

国外学者对多 Agent 技术在供应链信息协调中的应用研究集中在供应链建模和供应链系统构建两方面。供应链管理关注多个决策者的协调一致，所需要的信息基础设施由一个分布式信息系统支持。因此，分布式系统模型最适合于描述供应链网络，从而基于 Agent 之间明确清晰交流的多 Agent 系统便是供应链建模的必然选择。Hinkkanen 等建立了适用于动态环境的 Agent 模型，其中 Agent 不仅描述供应链中的信息流和物流，而且描述资金流[58]。Lin 和 Shaw 提出了一个多 Agent 方法用于对订单执行过程建模，对不同供应链构造中的三种需求响应策略（按订单生产、按库存生产、按订单装配）进行评估，发现有效的信息共享在保持订单执行周期不变的情况下能减少库存成本[8]。

Kimbrough 等应用 Agent 建立供应链仿真模型，采用遗传算法寻求最优的订单配置，从而研究如何减小牛鞭效应[59]。Yung 和 Yang 应用多 Agent、人工智能和 Internet 优化供应链中的物流和信息流[60]。Lau 等针对分布式项目调度问题描述了一种基于多 Agent 的方法[35]。

除此之外，还有大量的研究集中在如何利用 Agent 进行供应链系统的构建。加拿大多伦多大学在实施企业集成计划中，将集成供应链管理列为其重要项目。他们所开发的供应链集成系统由一组智能 Agent 组成，每个 Agent 能完成供应链上一种或几种功能[61]。Barbuceanu 和 Fox 为达到 Agent 之间的协调构造了一种 Agent 之间的交流语言和接口[62]。Barbuceanu 等继续此项工作构造了一个基于 Agent 的供应链模型[63]。在此模型中，所有实体和生产活动都表述为一个个的 Agent，包括客户 Agent、销售 Agent、计划 Agent、物料 Agent、生产 Agent、调度 Agent、运输 Agent。Fox 等还提出了一个更复杂的框架以协调和管理混乱事件——基于马尔可夫决策过程的理论决策计划被集成到了 Agent 单元中[64]。Swaminathan 等也描述了一个供应链模型框架，框架由代表各种供应链成员的 Agent（如零售商、制造商、运输商）、它们的控制要素（如库存策略）以及交互协议（如消息类型）等组件构成。该模型提出的目的是进行战术层和运作层的集成[65]。Allwood 和 Lee 则指出应用 Agent 进行仿真建模的研究文献若不考虑 Agent 之间的竞争，模型会缺乏现实意义。他们提出一个新的 Agent 结构以研究供应链网络中的动态行为，可用于发现合作伙伴进而指导实践。该 Agent 的显著特点是它能在相互竞争的卖主之间进行选择、能对多个客户订单按优先级进行分派、能管理生产和库存、能根据竞争行为进行定价[66]。Xue 等提出构造供应链（Construction supply chain）的概念，分析了其中存在的难题。为解决这些难题和提高构造性能，设计了一个基于多 Agent 的框架，该框架基于多目标谈判（Multiattribute negotiation）和多目标效用（Multiattribute utility）理论。该框架将构造供应链中的相关组织和多目标谈判模型集成到多 Agent 系统中，为供应链构造过程中的协作提供解决办法。文章还进行了原型系统的开发[67]。

国内学者也开展了相关研究。年劲飞和黄道分别从多 Agent 和单一 Agent 的角度对供应链环境下的协商要素进行分析[68]。在此基础上，结合供应链管理中协商的特点，提出了一个通用协商模型。该模型给出了一个灵活的协商协议。蔡勇等在分析制造商与供应商协商系统结构的基础上,给出具体的制造商与供应商协商策略,阐述了协商决策机制,并将 Agent 技术运用到协商系统中,分析了 Agent 系统框架及应用实例[69]。高翔等设计了一个基于 Agent 的供应链仿真模型,给出了模型的类结构图、主要算法及消息的部分代码实现,通过实验验证了其可行性[70]。林杰等在给多个 Agent 分别赋予库存管理、生产计划等生产运作的知识之后,通过它们的协调合作,对供应链中企业的生产运作过程进行仿真[71]。姜金菊和林杰提出了一个基于 Agent 的供应链仿真方法,进而在实践上把多 Agent 技术和仿真技术相结合,并利用 Agent 开发工具 ZEUS 在供应链框架内开发了一个多 Agent 仿真模型,通过量化供应链中的信息流和物流,评估分析了所提出的供应链管理策略[72]。

1.2.3 关于知识管理的研究

供应链运作需要协同,协同需要知识管理的支持。供应链中的知识管理问题逐渐引起学术界和企业界的关注[73]。目前在理论界,专门的研究机构不断出现,相关的学术著作成倍增长,许多主要的管理类及信息技术类学术刊物都大幅度增加了相关的论文,专门的"知识管理"学术期刊也开始出现。此外,国际互联网上也出现了与知识管理密切相关的众多文献。来自不同领域的学者从多个角度对知识管理进行了探索,例如乌家培、王众托、邱均平、Mathotra、左美云等人分别对知识管理的内涵和内容框架等方面进行研究[74],着眼点各不相同,对知识管理实质的理解也有较大差异。关于供应链知识管理还没有确切的定义,一般认为它是供应链企业间的知识管理过程,是供应链节点企业运用集体智慧,通过获取、共享和运用存在于企业内部和外部的显性和隐性知识,使其产生协同价值,从而提高企业知识创新与运用的效率,增强供应链整体竞争力的过程。供应链知识管理方面的研究主要侧重在以下几个方面:供应链中的知识类型及供应链中知识管理的基本理论、供应链中的知识学习、供应链中的知识共享与转移、供应链企业的知识吸收能力、供应链知识管理的实现、供应链知识管理与供应链绩效的关系等等[73]。从研究方法看,大体可分为侧重于计算机信息技术与人工智能技术手段的研究与侧重于从人文、社会与经济管理等角度进行的研究。从研究的对象看,也大致包含了两种类型——部分工作倾向于把知识看作相对稳定的实体,知识的管理涉及这些知识内容的管理、维护与应用；另一类研究更多地强调知识的动态特性，因而知识管理更多涉及对与知识相关的过程（知识的创造、共享、传播与应用等过程）的管理。与知识"过程"管理密切相关的一项工作是人们关于组织学习和学习型组织的探讨。信息技术方面的进展为知识管理实施提供了技术基础，例如计算机网络、人工智能、数据挖掘等。企业知识管理系统的研究已成为近年来企业知识管理研究的热点之一，出现了大量的论文，特别是在企业知识共享建模、分布式知识管理等方面取得较大进展。

在企业界，率先开展供应链知识管理实践的跨国企业，如丰田、戴尔等，积极发掘知识管理同企业绩效的关系[73]。在丰田公司，通过公司采购部和运作管理咨询部共同策划建立丰田供应链知识共享机制，主要由供应商协会、咨询小组和学习团队组成，通过供应商协会的定期主题会议使显性知识在供应链中传播，通过咨询小组和学习团队的定时交流和学习机制，使隐性知识在供应链中传播，从而提高了各企业的竞争力，协调了各伙伴企业的知识水平。丰田的供应链知识共享机制使供应商树立了自己是丰田一份子的思想，并愿意帮助供应链上的其他企业，从而在认识上有很大提高。戴尔公司认为同合作伙伴共享知识是戴尔成功的基础。戴尔的直销思想不仅仅运用到同客户的销售关系中，而且还运用到同供应商的知识共享中。良好的知识共享机制使各合作企业关系更加紧密，从订单预测、质量改进、定价、存货管理到生产合同的履行都配合得很好。

供应链中的知识管理虽然现在还处在起步阶段，相关的研究和实践还不是太多，但企业界的实践已经证明知识管理能够协调供应链企业的知识水平，提高供应链整体创新效率，为企业带来竞争优势。学术界也展开了对供应链知识管理问题的积极探讨[17]。特别是对供应链知识管理的热点问题，如供应链企业间知识学习、知识吸收能力等进行了较多的研究。我国对供应链知识管理问题的研究还停留在理论探讨阶段，鲜有企业进行供应链知识管理实践的报道。

1.2.4 关于企业过程协同的研究

"协同学"最早的基本理论和观点来自于 Hermann Haken 的著作《Snynergetic-An Introduction》，书中正式建立了协同学的理论框架。同时，计算机网络技术的发展，给协同科学的研究和应用提供了强有力的支持[75]。"协同"是个具有深刻哲学意义的概念，它强调整体的协调和协作。Malone 提出了协同理论的框架，其关键思想是将"协同"看作管理各种相互关联行为的过程[76]。对协同概念的传统理解更加强调整体和部分的关系,它强调的是整体的组合效能大于个体的功能。

协同过程的控制主要研究如何有效地组织、管理和定制相关的过程、人员、资源和活动。参与网络化协同产品定制的每个企业都有自己独立的组织体系和决策机制,都有独立的运作方式和管理方法,但是当这些企业参与到定制过程中,他们又必须是协同的,这就需要一定的协同控制机制。协同的程度越高,企业间合作的效率就越高。

在过程协同的研究方面,过程建模、优化和控制一直以来都吸引着众多研究者的关注,不同应用领域的国内外学者提出了众多的研究方法[77]。过程建模是进行过程优化和控制的基础,也是进行过程协同的基础。过程建模方法有基于语言的方法、基于图形的方法和基于知识的方法,其中基于知识的协同过程模型必须对企业过程性知识进行有效表达和管理。工作流作为协同工作的重要使能技术,在计算机支持的企业协同中扮演着重要角色。

1.2.5 关于供应链协同的研究

供应链协同虽然提出的时间不长,但引起理论界和企业界的广泛兴趣,相关研究取得了丰硕的成果。

供应链协同主要涉及战略层协同、策略层协同和协同技术三个方面[78]:

(1) 战略层协同

战略层协同以概念模型和协同管理思想为基础,对整个供应链协同进行定性或定量分析。它研究的问题主要包括对供应链协同管理的关键要素、预期协同价值收益、协同机制等方面的建模分析。供应链协同管理关键要素和协同价值收益的分析研究,为供应链如何实现协同提供了思路和方向,为协同管理的进一步研究奠定了基础。对供应链战略层次的研究说明了供应链协同管理是供应链管理崭新和最为现实的模式。也只有在战略高度确定了供应链协同管理思想才能按供应链协同模型进一步改进供应链管理、增强行业竞争能力、最优化解决供应链协同中的各类问题。

战略层协同研究的另一类主要问题是供应链网络的设计,包括供应商和客户的选择、厂址的选择、仓库的分布、产品的设计等等问题。其中供应商和客户的选择问题得到了专家和学者的广泛关注,方法较多,包括直观判断法、招标法、协商选择法、采购成本比较法、ABC 成本法等。对于协同伙伴的选择问题，在理论上解决的比较成功，在实践上也得到了充分应用。此外，供应链协同的风险分担和利益分配也是供应链战略协同的一个重要方面，直接决定着供应链各企业能否协同。只有建立了合理的风险分担和利益分配机制，才能使供应链各企业的协同状态长期保持下去。

（2）策略层协同

策略层协同是供应链协同管理研究的中心问题。主要包括具有供需关系的上下游企业间的需求协同策略、产品设计协同策略、库存协同策略、生产协同策略、物流协同策略、采购协同策略等。对于供应链协同策略层的研究是供应链协同管理研究的核心问题，许多学者给予了高度重视，并且取得了一定的研究成果。

（3）协同技术

协同技术提供了新的连接合作伙伴的方法，同时增加了端到端的透明度，提高了决策的快速性及有效性。它主要研究如何实现供应链的同步运作和信息协同，是供应链实现协同的基础和关键，为战略协同和策略协同提供有力的支持。供应链协同运行是建立在各节点企业信息共享的基础之上，协同的效率取决于信息共享的程度，因此信息与通讯技术的发展是供应链能够实现协同的关键。从支持信息协同的网络技术来看，Internet 技术的发展，使得跨企业的协同协作平台成为可能。以信息技术为支持，实现供应链同步运作的协同技术主要包括多智能体技术、工作流管理技术以及应用软件技术等。

1.3 研究意义

综上所述，国内外众多学者对供应链信息协调及 Agent 在其中的应用进行了大量研究，供应链协同和知识管理等概念的提出，使得企业把知识财富作为获得竞争优势的战略要素来看待，并通过知识管理达到供应链协同创新的目的。在文献回顾的过程中，作者认为这一领域的以下方面需要进一步研究：

（1）信息协调、信息协同、信息共享的区别和联系。目前在供应链信息流的相关研究中使用了这三个概念（尽管前两者的使用频率低于后者），但只有信息共享有明确的概念界定，而信息协调和信息协同的概念只是被研究者直接引用，且引用它们的研究者认为其等同于信息共享。那么，到底这三个概念有何区别与联系？它们的内涵和目的是什么？为消除这些疑虑，有必要对这些概念进行明确界定。

（2）建立供应链信息协调总体框架。如前所述，目前有关信息协调的研究大多是从某一方面（如信息类型、共享某种信息对供应链绩效的影响或者信息协调用何种技术实现）开展的，尚未发现对其进行系统地介绍或研究。建立信息协调的总框架有益于帮助人们从宏观角度理解供应链信息协调的内容和方法，因而这项工作是有益的。

（3）采用基于多 Agent 的建模与仿真方法研究供应链信息协调。已有的利用 Agent 技术研究供应链信息协调的文献较少从制造核心企业的信息需求角度出发对供应链的信息协调进行深入讨论。另外，Agent 技术研究结果的可用性依赖于两种要求：一是 Agent 模型足以接近现实世界，二是对整个多 Agent 模型能设计合理的实验。那么，针对切实的问题如何进行供应链本体的表达和管理、Agent 角色划分、如何设计多 Agent 协调机制、如何确定多 Agent 系统的框架都是需要深入的工作。

（4）订单执行过程中实现供应链信息协调的模型和阶段。订单执行过程中供应链各企业通过信息的传递与共享消除隔阂，制定精确的决策，节约时间与成本，提高运营效率，谋求共同利益。订单执行过程中实现供应链信息协调是个循序渐进的过程，应该具有一定的模式，经历相关的阶段。已有文献缺乏这方面的研究，因而这也是值得研究的。

（5）虽然众多理论研究表明信息在供应链中充分的传递和共享对供应链管理是有价值的，但在实践中企业之间的信息协调步履缓慢，这主要是因为供应链是一个由社会系统和技术系统相互作用而形成的社会技术系统，为了提高供应链绩效不能只考虑技术因素，还要考虑社会因素。因此，供应链信息协调机制值得进一步探讨。

（6）组织结构的动态性是供应链重要特征之一，供应链的构建与管理不同于传统企业的管理。在供应链的构建方面，合作伙伴选择方法研究较多，缺乏从宏观层面探讨供应链组织结构的形成过程以及供应链的多层次管理。

（7）供应链知识管理应对协同过程提供支持，现有研究侧重于对企业知识资产本身的管理，而对企业过程性知识管理方面的研究较少涉及。特别是在需求不断变化的情况下，协同过程具有一定的柔性及不确定性，这都需要有效的知识管理提供支持。

（8）供应链协同管理的内涵非常丰富，知识管理对供应链协同的运作模式具有深刻影响，目前研究大多集中在具体业务层面，而较少涉及供应链知识协同、协同过程控制以及协同创新方面的研究。

（9）供应链的业务过程（流程）与知识管理应是密切相关的，供应链知识都是一定的业务过程情境中的知识。目前研究大多将知识管理与业务过程分离，使知识管理独立于业务过程，而这是目前大量知识管理系统不能被成功使用的一个关键因素。

（10）供应链协同要求建立统一的供应链知识模型，但现有企业知识建模方法大都面向特定的问题，大多数研究重点关注结构化知识的建模和表达，而在供应链协同中存在大量复杂的非结构化且与业务过程相关的知识需要管理。

综上所述，本书针对"供应链管理中的信息协调与协同控制"进行系统研究，从理论上进一步丰富供应链管理理论，从实践上对目前我国典型的装配制造业（如汽车制造业等）供应链存在的问题和发展趋势，从信息流的角度为打造"完美"的供应链提供理论基础，为供应链中各企业之间进行信息协调乃至协同提供思路和方法。

1.4 本书的主要内容和整体框架

供应链企业之间在一定时期内形成共享信息、共担风险、共同获利的协调关系，有助于提高整体竞争优势。信息协调是供应链协调的核心内容，也是实现它的必要条件，对其进行研究可以有效促进供应链中信息交流，并为信息化建设提供参考。协调的最终目标是达到供应链协同。供应链协同的核心是各有关企业进行全面合作，协同完成共同的目标，而协同的基础是有效的知识管理，只有通过各方的知识共享和应用，才能实现企业的协同创新。可以说供应链协同是知识管理的价值实现，而知识管理是协同的基础，供应链必须将知识管理与协同过程结合起来，从而增强企业创新能力并获得市场竞争优势。

鉴于此，本书以制造业供应链和多变的市场需求为背景，从供应链管理中的信息协调和供应链运作中的协同控制两方面开展相关研究，通过降低供应链的不确定性和提高供应链的灵活性，达到增强供应链绩效以增强供应链竞争的目的。本书主要内容包括三部分（即三篇），第一部分（即上篇）是绪论，第二部分（即中篇）是供应链管理中的信息协调，第三部分（即下篇）是供应链运作中的协同控制。本书的整体框架如图1.3所示。

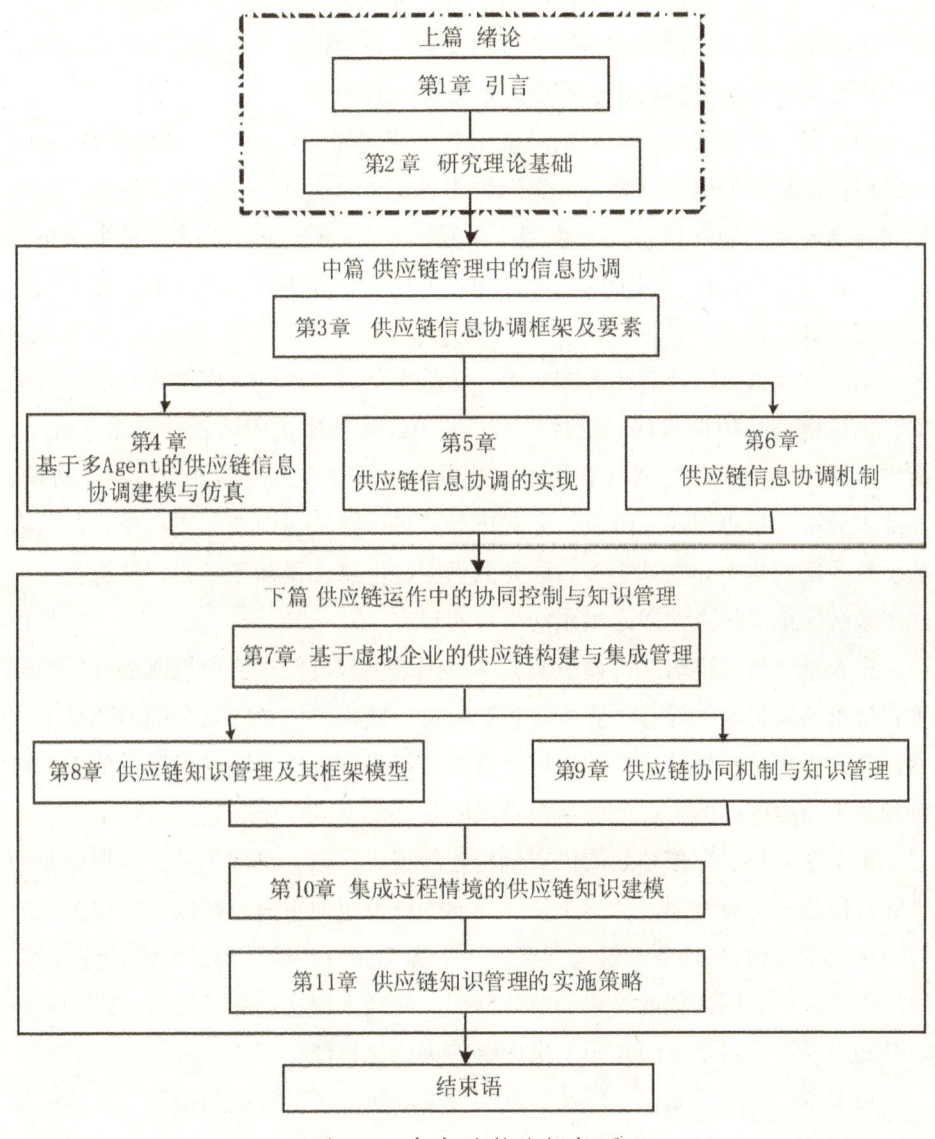

图1.3 本书的整体框架图

本书各章主要内容如下：

第1章 引言。阐述研究背景和研究意义，对国内外研究现状进行综述，提出本书的主要内容和整体框架结构。

第 2 章 研究理论基础。阐述本书的主要理论基础：供应链管理、协同学、Agent 与多 Agent 系统的基本理论和委托代理理论。

第 3 章 供应链信息协调框架及要素。构建供应链信息协调总体框架，详细阐述其中的信息协调种类和信息协调要素，并分析在制造计划与控制活动中供应链企业内部信息协调和供应链企业外部信息协调。

第 4 章 基于多 Agent 的供应链信息协调建模与仿真。建立基于多 Agent 的供应链信息协调框架模型，对供应链中各实体功能 Agent 进行算法描述，并提出各 Agent 之间的信息交互模型；构建基于 Swarm 的供应链信息协调仿真模型，并对订单执行过程中的生产计划和采购计划等决策活动中的信息协调进行系统仿真。

第 5 章 供应链信息协调的实现。在基于信息技术的供应链管理的结构模型和供应链信息协调实现的支撑技术、多 Agent 技术及应用软件技术基础上，指出实现供应链信息协调可分为基础建设、职能集成、内部供应链信息协调、外部供应链信息协调四个阶段，并提出外部供应链信息协调的实现模式。最后从系统实现的角度建立基于多 Agent 的供应链信息协调体系结构，分析企业内应用系统的集成和企业间应用系统集成实现方法。

第 6 章 供应链信息协调机制。本章围绕供应链信息协调机制的分析框架进行信息协调机制的设计。首先分析影响供应链信息协调的社会因素和技术因素，然后提出基于契约合作的供应链信息协调机制、供应链信息协调的激励机制和基于流程改进的供应链信息协调机制。

第 7 章 基于虚拟企业的供应链构建与集成管理。研究了基于虚拟企业的供应链构建与集成管理，介绍了任务导向的虚拟企业生命周期以及虚拟企业的模块化组织结构。从任务分解的角度分析了虚拟企业环境下的供应链构建过程，给出了供应链多层次集成管理的整体框架，从技术层次、业务层次、组织层次以及知识层次等四个方面介绍了供应链的集成化管理。

第 8 章 供应链知识管理及其框架模型。研究了供应链知识管理及其框架模型，明晰了供应链知识的范畴，分析了供应链知识管理的必要性和可行性，针对供应链知识管理的特点，借鉴软件工程中开发能力成熟度模型，给出了供应链知识管理的分层评价模型，从业务流程、信息技术、人员等三个方面分析了供应链知识管理的驱动要素。

第 9 章　供应链协同机制与知识管理。主要研究供应链协同机制及知识管理在协同过程中的作用。从信息协同、知识协同、战略因素、协同生命周期等方面分析了供应链的协同机制，供应链作为一个战略合作联盟，其宏观层面的协同表现为对协同过程的控制，建立了协同过程的管理和控制模型；提高创新能力是供应链协同和知识管理的重要目的，研究了基于价值链的供应链知识创新模型。

第 10 章　集成过程情境的供应链知识建模。研究了面向过程情境的供应链知识建模，现有知识建模方法大都面向特定的问题，在供应链协同中存在大量复杂的非结构化且与业务过程相关的知识需要管理，本章通过供应链业务过程的分析，给出了业务过程知识的三个层次及其形式化描述；对业务过程情境在供应链知识管理中的作用和目标进行探讨，建立了面向过程情境的知识模型。

第 11 章　供应链知识管理的实施策略。供应链知识管理不同于传统企业的知识管理，其实施方法和实施步骤需要考虑供应链的特点。给出了供应链知识管理的实施步骤及相关措施，分析了供应链集成知识管理的主要过程，提出了供应链知识管理的组织支持策略，包括建立战略联盟、流程再造、供应链文化的培育等三个方面；最后给出了供应链知识管理实施的绩效评价方法。

结束语。总结全文内容，并展望下一步的研究工作。

参考文献

[1] 王亚男. 两化融合中我国制造业的机遇、挑战与发展 [J]. 北京邮电大学学报 (社会科学版),2011,13(2):75-82.

[2] 黄德中. 21 世纪制造业面临的挑战与发展方向 [J]. 组合机床与自动化加工技术,2003(4):1-3.

[3] 李京文,黄鲁. 关于我国制造业创新战略的思考 [J]. 中国软科学,2003(1):23-26.

[4] D'Amours, S., Montreuil, B., Lefrancois, P., Soumis, F. *Networked manufacturing: The impact of information sharing* [J]. International Journal of Production Economics, 1999, 58:63-79.

[5] 庄品.供应链协调控制机制研究 [D].南京：南京航空航天大学,2004.
[6] 叶春.供应链管理系统的信息技术与模型方法研究 [D].武汉：武汉大学,2005.
[7] 陈廷斌.基于 XML_Web 服务的供应链信息集成技术与方法研究 [D].大连：大连理工大学,2004.
[8] Lin, F-R., Shaw, M.J. *Reengineering the order fulfillment process in supply chain networks* [J]. International Journal Flexible Manufacturing Systems,1998, 10(3):197-229.
[9] 胡刚,刘永清,李远清.不确定性控制系统的成因、分类与控制策略 [J].工业工程,2001,4(1):49-53.
[10] 张涛,孙林岩.供应链不确定性管理：技术与策略 [M].北京：清华大学出版社,2005.
[11] 唐晓波,黄圆媛.协同学在供应链协同中的应用研究 [J].情报杂志,2005,8:23-25.
[12] 吴澄.现代集成制造系统导论－概念、方法、技术和应用 [M].北京：清华大学出版社,德国：施普林格出版社,2000.
[13] 周和荣,李海婴.敏捷企业协同模型及机理研究 [J].武汉理工大学学报(信息与管理工程版),2003,25(6):148-152.
[14] 覃征,汪应洛,张磊,卫民堂,阎礼祥.网络企业管理 [M].西安：西安交通大学出版社,2001.
[15] 唐建生,程国平.供应链协同的内在动因和规模分析 [J].西北农林科技大学学报(社会科学版),2005,5(5):44-47.
[16] 郝建苹.国内外知识管理研究现状综述 [J].情报杂志,2003,8:17-19.
[17] 郑薇,侯开虎.知识管理在供应链管理中的应用 [J].商业研究,2004,20:24-26.
[18] Simatupang, T.M., Sandroto, I.V., Lubis, S.B.H. *Supply chain coordination in a fashion firm* [J].Supply Chain Management: An International Journal, 2004, 9(3):256-268.
[19] 程国平.供应链管理中的协同问题研究 [D].天津：天津大学,2004.
[20] Thomas, D.J., Griffin, P.M.*Coordinated supply chain management* [J].European Journal of Operational Research, 1996, 94:1-15.
[21] 刘永胜.供应链协调理论与方法 [M].北京：中国物资出版社,2006.
[22] Li, X., Wang, Q. *Coordination mechanisms of supply chain systems* [J]. European Journal of Operational Research, 2007, 179(1): 1-16.

[23] Simatupang, T.M., Wright, A.C., Sridharan, R. *The knowledge of coordination for supply chain integration* [J]. Business Process Management Journal, 2002, 8(3):289-308.

[24] 薛岭,蒋馥. 供应链的模式与协调问题研究 [J]. 系统工程理论方法应用,1998, 7(3):34-38.

[25] Anand, K.S., Mendelson, H. *Information and organisation for horizontal multimarket coordination* [J]. Management Science, 1997, 43(12):1609-1627.

[26] Marschak, J., Radner, R. *Economic Theory of Teams* [M] Yale University Press, New Heaven, 1972:45-47.

[27] 肖田元,张燕云,陈加栋. 系统仿真导论 [M]. 北京:清华大学出版社,2000.

[28] Ingalls, R. G. *The value of simulation in modeling supply chains*[C]. Proceedings of the 1998 Winter Simulation Conference, 1998.

[29] Angerhofer, B.J., Angelides, M. C. *System dynamics modeling in supply chain management: research review*[C]. Proceedings of the 2000 Winter Simulation Conference, 2000.

[30] 任常锐,柴跃廷,刘义. 供需链仿真技术的发展现状与趋势 [J]. 计算机集成制造系统)CIMS,2004,10(2):121-126.

[31] 金淳,刘昕露. 供应链协调的仿真建模方法研究综述 [J]. 计算机应用研究, 2006(4):1-3.

[32] 汪德旭. 基于主体的集成化供应链框架构建 [D]. 哈尔滨:哈尔滨工业大学, 2006.

[33] Huang, G. Q., Lau, J. S. K., Mak, K. L. *The impacts of sharing production information on supply chain dynamics: a review of the literature*[J]. International Journal of Production Research, 2003, 41(7):1483-1517.

[34] Maloni, M.J., Benton, W.C. *Supply chain partnerships: opportunities for operations research*[J]. European Journal of Operational Research, 1997, 101: 419-429.

[35] Lau, J.S.K., Huang, G.Q., Mak, K.L., et al. *Distributed project scheduling with information sharing in supply chains: part I-an agent-based negotiation model*[J]. International Journal of Production Research, 2005, 43(22):4813-4838.

[36] Naylor, B., Naim, M. M., Berry, D. *Leagality: Integrating the lean and agile manufacturing*

paradigms in the total supply chain [J].International Journal of Production Economics, 1999, 62: 61-73.

[37]Angulo,A., Nachtmann,H.,Waller,M.A. *Supply chain information sharing in a vendor managed inventory partnership*[J].Journal of business logistics, 2004,25(1):101-120.

[38]李培亮,黄立平,周欢,等.信息共享对供应链绩效的影响 [J]. 计算机工程与应用, 2007, 43(5): 219-221.

[39]Gerard P. Cachon, Marshall Fisher. *Supply chain inventory management and the value of shared information* [J].Management Science, 2000, 46(8):1032-1048.

[40]Lee, H. L., Padmanabhan, P., Whang, S. *Bullwhip effect in a supply chain*[J]. Sloan Management Review, 1997, 38(Spring):93–102.

[41]Lee, H.L. *Creating value through supply chain integration*[J]. Supply Chain Management Review, 2000, 4(4):30-36.

[42]Chen, F., Drezner Z, Ryan J K, et al. *Quantifying the bullwhip effect in a simple supply chain: the impact of forecasting, lead times, and information*[J]. Management Science, 2000, 46(3):436-443.

[43]Thierry Moyaux, Brahim Chaib-Draa, Sophie D' Amours. *Supply chain management and multiagent systems: An Overview* [EB/OL]. [2007-08-17] http://www.damas.ift.ulaval.ca/publications/moyaux06chap1.pdf.

[44]严建援,翟春娟.基于合作关系的供应链信息共享模式研究 [J]. 物流技术, 2007, 26(1):77-80.

[45]马士华,刘念.基于时间竞争的供应链信息共享模式 [J]. 物流技术, 2005(8): 66-69.

[46]Zeng, A.Z., Pathak, B.K. *Achieving information integration in supply chain management through B2B e-hubs: concepts and analyses* [J]. Industrial Management & Data Systems, 2003, 103(9):657-665.

[47]Williamson, E.A., Harrison, D.K., Jordan, M. *Information systems development within supply chain management* [J]. International Journal of Information Management, 2004, 24(5):375-385.

[48]余福茂,王富忠,沈祖志.基于CORBA技术的多Agent智能库存管理系统[J]. 物流技术, 2006(3):82-84.

[49] 肖颖浩, 常会友. 基于 Web 服务的敏捷供应链系统 [J]. 计算机工程与应用, 2004(7):224-226.

[50] Feldmann, M., Muller, S. *An Incentive Scheme for True Information Providing in Supply Chains* [J].Omega, 2003, 31(1):63-73.

[51] Porteus, E., Whang S. *On Manufacturing/Marketing Incentives* [J]. Management Science, 1991, 37(9):1166-1181.

[52] Lee, H.L., Whang, S. *Decentralized multi-echelon supply chain: incentives and information* [J]. Management Science, 1999, 45(5):633-640.

[53] 杨国栋, 王兆君. 供应链中信息共享的激励策略研究 [J]. 哈尔滨商业大学学报(社会科学版), 2005(1):40-42.

[54] 樊敏, 艾兴政. 供应链中信息共享的激励与监督机制研究 [J]. 经济体制改革, 2005 (6):162-164.

[55] 马新安, 张列平, 田澎. 供应链中的信息共享激励: 动态模型 [J]. 中国管理科学, 2001,9(1):19-24.

[56] 方美琪, 张树人. 复杂系统建模与仿真 [M]. 北京: 中国人民大学出版社, 2005.

[57] Dodd, C., Kumara, S. R. T. *A distributed multi-agent model for value nets*[C]. Proceedings of the 14th International conference on Industrial and engineering applications of artificial intelligence and expert systems: engineering of intelligent systems. UK: Springer-Verlag London, 2001:718-727.

[58] Hinkkanen, A., Kalakota, R., Saengcharoenrat, P., et al. *Distributed decision support system for real time supply chain management using agent technologies* [R]. Boston, MA, USA: [s.n.], 1997:275-291.

[59] Kimbrough, S.O., Wu, D. J., Zhong, F. *Computers play the Beer Game: can artificial agents manage supply chains* [J]. Decision Support Systems, 2002, 33(3): 323-333.

[60] Yung, S. K., Yang, C.C. *A new approach to solve supply chain management problem by integrating multi-agent technology and constraint network*[C]. Proceedings of the Thirty-second Annual Hawaii International Conference on System Sciences. IEEE Computer Society Washington, DC, USA, 1999: 5023.

[61] Beck, J., Fox, M.S. *Supply chain coordination via mediated constraint relaxation*[C].

Proceedings of 1st Canadian Workshop on Distributed Artificial Intelligence, Banff (Alberta, Canada): [s.n.], 1994: 61-72.

[62] Barbuceanu, M., Fox, M.S. *Coordinating multiple agents in the supply chain*[C]. Proceedingss of the 5th Workshops on Enabling Technologies: Infrastructure for Collaborative Enterprises. Stanford, CA: [s.n.], 1996:134-141.

[63] Barbuceanu, M., Teigen, R., Fox, M.S. *Agent based design of supply chain systems*[C]. Proceedings of the 6th Workshops on Enabling Technologies: Infrastructure for Collaborative Enterprises. Cambridge, MA: [s.n.], 1997: 36-41.

[64] Fox, M.S., Barbuceanu, M., Teigen, R. *Agent-oriented supply-chain management* [J]. International Journal of Flexible Manufacturing Systems, 2000, 12:165-188.

[65] Swaminathan, J.M., Smith, S.F., Sadeh, N.M. *Modeling supply chain dynamics: A multiagent approach* [J]. Decision Sciences, 1998, 29(3):607-632.

[66] Allwood, J.M., Lee, H.J. *The design of an agent for modeling supply chain network dynamics* [J]. International Journal of Production Research, 2005, 43(22):4875-4898.

[67] Xue XiaoLong, Li XiaoDong, Shen QiPing, et al. *An agent-based framework for supply chain coordination in construction* [J]. Automation in Construction, 2005, 14(3):413-430.

[68] 年劲飞,黄道.基于Agent的供应链协商模型[J].华东理工大学学报,2004,30(3):296-300.

[69] 蔡勇,杨善林,何建民.基于Agent供应链成员协商机制研究[J].合肥工业大学学报(自然科学版),2004,27(9):1015-1018.

[70] 高翔,林杰,张炜.基于Agent的供应链仿真模型设计与实现[J].计算机工程与应用,2005,32:183-192.

[71] 林杰,冯凌,尤建新.基于Agent的供应链运作仿真技术的研究[J].工业工程与管理,2005(4):40-44.

[72] 姜金菊,林杰.基于智能代理的供应链仿真[J].系统仿真学报,2004,16(12):2847-2850.

[73] 张旭梅,朱庆.国外供应链知识管理研究综述[J].研究与发展管理,2007,19(1):34-41.

[74] 吴晓波.知识管理模型研究述评[J].研究与发展管理,2002(12):14-16.

[75] 史美林.协同科学的新发展:CSCW[J].通信学报,1999,20(9):1-3

[76] 刘立骐,田华,许维胜,等.CSCW研究理论及其应用[J].信息与控制,1998,27(3):190-196.

[77] 张劲松.虚拟企业环境下的协同产品开发链[M].武汉：华中科技大学出版社，2007.

[78] 张翠华,任金玉,于海斌.供应链协同管理的研究进展[J].系统工程,2005,23(4):1-6.

[79] 李荣彬,林发荣,马永军.分散网络化制造——香港制造业再发展模式[J].机械工程学报,1998,34(6):102-108.

[80] 祁国宁,杨青海.大批量定制生产模式综述[J].中国机械工程,2004,15(14):1240-1245.

[81] 刘飞,雷琦,宋豫川.网络化制造的内涵及研究发展趋势[J].机械工程学报,2003,39(8):1-6

[82] 程涛,胡春华,吴波,杨叔子.分布式网络化制造系统构想[J].中国机械工程,1999,10(11):1234-1238.

[83] 袁清珂,何圣华,李炳田.基于网络化制造个性化产品协同定制系统的研究[J].机电工程技术,2004,33(1):16-18.

[84] 何勇,赵林度,何炬,吴清烈.供应链协同创新管理模式研究[J].管理科学,2007,20(5):9-13.

[85] 周立华,宋殿辉,王玉民.供应链协同的竞争优势研究[J].长春工业大学学报(社会科学版),2007,19(2):4-6.

[86] 楼高翔,曾赛星,郑忠良.集成创新的范式演变：从个体创新到供应链技术创新协同[J].科技管理研究,2008,3:1-5.

[87] [美]道格拉斯·M.兰伯特(Douglas M. Lambert).供应链管理：流程、伙伴、业绩[M].第2版.王平译.北京：北京大学出版,2007.

[88] 李鹏燕.企业知识管理及其模式探讨[J].情报科学,1999,17(2):217-219.

[89] 王众托.知识系统管理[J].大连理工大学学报,1999,39(2):336-342.

[90] 左美云,许珂,陈禹.企业知识管理的内容框架研究[J].中国人民大学学报,2003,5:69-76.

[91] 董荣凤.知识管理与企业管理信息系统建设[J].南开管理评论,2000,2:54-58.

[92] 邱晖,孙政顺.知识管理系统的构建及其策略[J].计算机工程与应用,2001(1):

52-54.

[93]Matteo Bonifacio, Paolo Bouquet, Paolo Traverso. *Enabling Distributed Knowledge Management:Managerial and Technological Implications*[J]. Knowledge Management and Information Technology,2002,3(1):24-30.

[94]Uwe M. Borghoff, Remo Pareschi. *Information Technology for Knowledge Management*[J]. Journal of Universal Computer Science,1997,3(8):835-842.

[95]Yannis A. Pollalis, Nikolaos K. Dimitriou. *Knowledge management in virtual enterprises: A systemic multi-methodology towards the strategic use of information*[J]. International Journal of Information Management,2008,28: 305-321.

[96]Jon-Arild Johannessen. *Organisational innovation as part of knowledge management*[J]. International Journal of Information Management,2008,28: 403-412.

[97]Romano, P. *Coordination and integration mechanisms to manage logistics processes across supply networks* [J].Journal of Purchasing&Supply Management, 2003, 9: 119-134.

[98]Lewis, I., Talalayevsky, A. *Improving the interorganisational supply through optimization of information flows* [J].The Journal of Enterprise Information Management, 2004,17(3): 229-237.

[99] 程新章. 供应链问题的文献综述 [J]. 科技进步与对策 ,2006(10):196-200.

[100] 李龙洙. 制造业供应链的协调问题探讨 [J]. 航空制造技术 ,2002(5):42-44.

[101]Sahin, F., Robinson, E. P. *Flow coordination and information sharing in supply chains: review, implications, and directions for future research* [J]. Decision Sciences,2002,33(4):505-536.

[102]Xu, L., Beamon, B. M. *Supply chain coordination and cooperation mechanisms: An attribute-based approach* [J].The Journal of Supply Chain Management, 2006, 42(1):4-12.

[103]Lee, H.L., Padmanabhan, V., Whang, S. *Information distortion in a supply chain: the bullwhip effect*[J]. Management Science, 1997(43): 546-558.

[104]Carlsson,C., Fuller R. *Reducing the bullwhip effect by means of intelligent, soft computing methods*[C].Proceedings of the 34th Annual Hawaii International Conference on System Sciences (HICSS-34).IEEE Computer Society Washington, DC, USA: [s.n.], 2001:3027.

[105]Barbuceanu, M., Fox, M.S. *The architecture of an agent building shell*[C]. Proceedings of the 1995 conference of the Centre for Advanced Studies on Collaborative research. Canada: IBM Press, 1995:2.

[106]Barbuceanu, M., Fox, M.S. *Cool: A language for describing coordination in multiagent systems*[C].Proceedings of First International Conference on Multi-Agent Systems.[S.l.]: AAAI Press, 1995:17-24.

[107] 张许杰, 刘刚. 供应链知识管理研究 [J], 价值工程, 2006,11:52-54.

[108] 杨敏才, 凌超, 王槐林. 供应链的知识管理系统 [J], 研究与发展管理, 2004, 16(1):45-48.

[109] 韩耀东, 王耀球. 供应链管理中的知识流问题研究 [J]. 中国储运, 2006,3: 101-103.

[110] 钱莹. 供应链节点企业知识管理方法研究 [J]. 科技管理研究, 2006,1:128-131.

[111] 孙衍林. 供应链企业间的知识管理研究 [J]. 中国管理信息化, 2007,10(4):9-10.

[112] 陈英华. 基于供应链的知识管理研究 [D]. 山东: 山东大学硕士学位论文, 2005.

[113] 邱均平, 张荣. 基于知识管理的供应链管理研究 [J]. 情报杂志, 2004,8:14-18.

[114] 王大文. 知识管理在供应链管理体系中的应用 [J]. 企业活力, 2007,8:86-87.

[115] 高瑾. 知识管理在供应链中的应用研究 [J]. 物流科技, 2005,28:50-53.

[116] 杜鹃, 张李义. 基于协同商务的知识管理研究 [J]. 科技进步与对策, 2004(2): 118-120.

[117] 约瑟夫·萧塔纳著, 祁国宁译. 制造企业产品数据管理原理概念策略 [M]. 北京: 机械工业出版社, 2000.

[118] 仲智刚. 敏捷供应链中若干关键技术问题研究 [D]. 杭州: 浙江大学博士学位论文, 2001.

[119] 罗海滨, 范玉顺, 吴澄. 工作流技术综述 [J]. 软件学报, 2000,11(7):899-907.

第 2 章
研究理论基础

2.1 供应链管理

2.1.1 供应链的基本概念及其特征

供应链的概念在 1980 年代就已经提出,在不同时期,由于人们对供应链认识不同,对供应链的定义也不同。如:

Billington 认为供应链是由获取原材料,将其转化成中间件和成品,然后通过分销系统把产品交付给客户的一些机构组成的网络[1];

Christy 和 Grout 指出供应链是组织之间的一系列交易活动构成的交易关系,并且这种交易关系将最终增值于产品和服务[2];

Stevens 认为供应链是通过价值增值过程和分销渠道控制从供应商的供应商到客户的客户的整个过程,它始于供应的源点,终于消费的终点[3];

Croom 等认为供应链是一个组织网络,所涉及的组织从上游到下游,在不同的过程和活动中对交付给最终用户的产品或服务产生价值[4];

美国供应链协会指出供应链包括了涉及生产与交付最终产品和服务的一切努力,从供应商的供应商到客户的客户[5]。

国内学者也给出了各种关于供应链的定义,王宁综合目前对供应链的各种定义,将其归纳为各有侧重点的五大类[6]:

①连锁论。这种定义侧重于"链"的思想和最终客户的思想,认为供应链是以从供应商、生产商和流通商到最终消费者的全过程的物资流动为对象,将满足最终客户的要求作为构建"链条"的基础。

②物流论。这种定义突出了物流在供应链中的重要性,提出供应链主要是解决企业之间的物流问题,供应链管理是物流管理的一种新形式。

③信息论。这种定义认为供应链不是一种实体组织,供应链企业之间的联结是信息的连接,供应链的构建就是构建信息网络。

④统合论。这种定义是从系统的观点出发看待供应链,认为供应商、生产商、流通商和顾客形成一个整体,要从完整的商品流通渠道角度来认识供应链,这样才能产生总体的最佳效果。

⑤战略论。这种定义是从战略管理的角度认识供应链的,将涉及商品流通的各企业组合起来以增加价值创造能力,战略要素是影响企业未来发展的重要力量。

王宁指出,所有这些定义虽然有差别,但有个共同特点,那就是都关注组织的外部环境。

到目前为止,关于供应链的定义基本上可以达成这样一个共识,即供应链是围绕核心企业,将供应商、制造商、分销商、零售商直到最终用户连成一个整体的功能网链结构模式,对从采购原材料、制成中间产品以及最终产品,到最后由销售网络把产品送到消费者手中整个过程中的信息流、物流和资金流进行控制,如图2.1所示[7]。

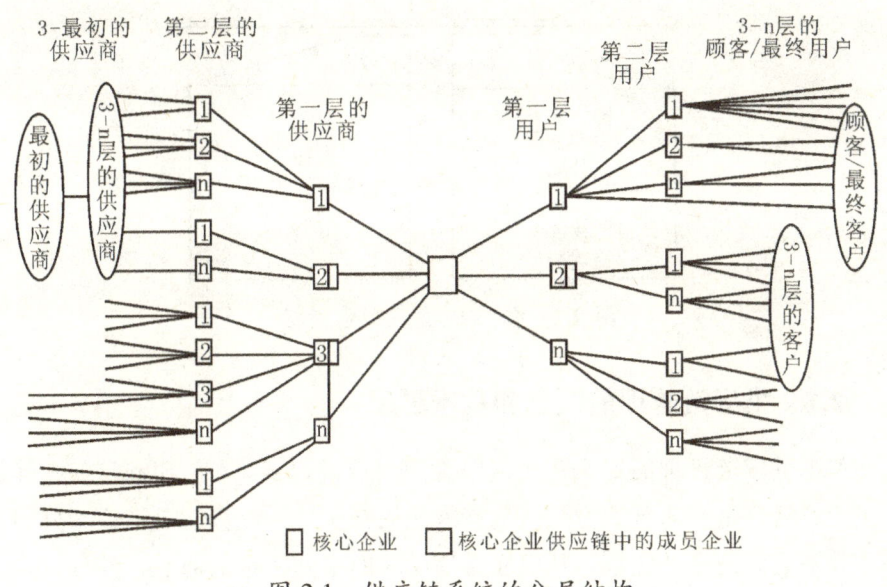

图 2.1　供应链系统的分层结构

供应链主要有以下特征:

①复杂性。供应链往往由多个不同性质、规模和类型的节点企业组成，使得供应链的结构模式呈现出复杂性。

②动态性。为适应市场变化和匹配核心企业的发展战略，供应链的节点企业需要动态地更新，这就使得供应链具有明显的动态性。

③面向用户需求。供应链的形成、存在、重构，都是基于一定的市场需求而发生的，并且在供应链的运作过程中，用户的需求拉动是供应链中信息流、物流和资金流运作的驱动源。

④交叉性。节点企业可以是这个供应链的成员，同时又是另外一个供应链的成员，众多的供应链形成交叉结构，增加了协调管理的难度。

从最终用户的角度出发，供应链价值衡量的指标可以归纳为服务（Service）、质量（Quality）、成本（Cost）和提前期（Lead-time）[8]。（见图2.2）

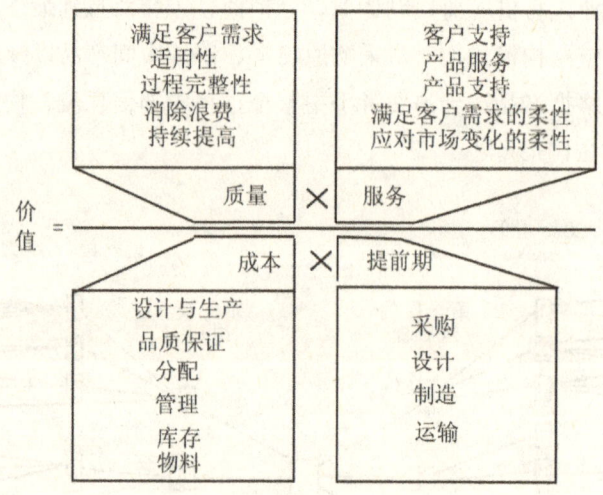

图 2.2 供应链价值衡量指标

2.1.2 供应链管理的概念和基本思想

关于供应链管理的定义在不同时期也出现过很多，如：Simchi-levi 等认为供应链管理是一系列的方法，这些方法用来实现供应商、制造商、分销商和零售商之间的有效集成，从而在合适的时间生产适量的商品，并且以合适的数量将它们运送到合适的地点，实现系统成本最小化，同时满足客户对服务水平的要求[9]。

Chase 等指出供应链管理是应用系统的方法来管理从原材料供应商到制造商、分销商直到最终顾客的整个信息流、物流和服务流的过程，它着眼于企业每天必须完成的核心活动，目的是满足需求，并减少不确定性与风险。它对库存水平、库存周转次数、生产过程和最终用户的服务水平等都有着直接的促进作用[10]。

王迎军认为供应链管理是用系统的观点对供应链中物流、信息流进行设计、规划和控制，对成本流进行分解与控制，并使供应链中成员获得相应利益的一种管理理念[11]。

马士华等认为供应链管理是一种集成的管理思想和方法，它执行供应链中从供应商到最终用户的物流的计划和控制等职能。它通过前馈的信息流和反馈的物料流及信息流，将供应商、制造商、分销商、零售商，直到最终用户连成一个整体，使供应链上各企业分担的采购、生产、分销和销售的职能成为一个协调发展的有机体[7]。

目前人们对供应链管理的共识是，供应链管理是指通过对整个供应链中的物流与信息流的设计、控制和优化，将适当的产品、以适当的数量、在适当的时间送到适当的地点，满足客户需求，通过对供应链上多个企业之间的有效协调，实现供应链无缝连接的集成管理过程。其基本思想如下[12]：

（1）系统思想。将供应链看作由相互联系、互相依赖的组织组成的有机整体，以向最终顾客提供产品或服务，并实现供应链的整体绩效最大化为目标。

（2）协调思想。虽然供应链中各参与组织都有自己的目标，甚至存在目标冲突和竞争，但他们可以通过各种方法努力减少冲突和内耗，更好的协调合作，发挥供应链的整体优势，使整个供应链获得"1+1>2"的效果。

（3）合作思想。供应链管理视供应链中所有参与组织为合作伙伴，力图通过信息共享、责任与风险分担以及共同解决问题来达到共赢的目的。

（4）顾客服务思想。供应链管理的最重要的目标就是更好的满足顾客的需求，在恰当的时间，将正确数量，恰当质量的产品或服务以正确的状态送到正确的地点，并使供应链的总体利润最大化。供应链管理的重要思想就体现在这种以顾客需求为驱动和目标的思想上。

（5）信息系统的核心作用思想。信息技术的发展使现代管理发生了巨大的变革,基于信息系统的供应链管理方法得以大量实现。因此在供应链成员之间建立有效,便捷和快速的信息连接成为供应链管理中的一个主要方向,信息系统在供应链管理中也发挥了其核心作用。

(6) 核心竞争力思想。在供应链管理的哲理中,企业专注于发展其核心业务,将非核心业务转包给外部企业完成,与这些外部企业形成合作伙伴关系以便充分利用外部资源。外包企业通过专业化的技术和知识、资源的集中利用以及规模经济可以降低成本,从而体现其核心竞争力,同时借助其他企业的核心竞争力来形成、维持甚至强化自己的核心竞争力。这样就可实现多个企业的竞争力的提高,达到共赢的目的。

2.1.3 供应链管理实践中的问题及挑战

供应链管理是一种集成的管理思想和方法,是企业基于自身核心竞争能力的组织间横向联合的经营模式。供应链管理实践中的问题及挑战包含[13]:

(1) 冲突。通常,参与市场竞争的企业都是利益性主体,即追求自身利益或价值最大化。这种追求个体利益最大化的自私行为,是一种理性的市场经济原则,是"看不见的手"推动的。一个企业无论它是否参与或加入到某一供应链的运作,它追求自身利益最大化的目标是不变的。但是,供应链管理的核心理念是系统思想,强调各节点企业从供应链系统全局出发,统一计划、控制、协调,使供应链整体利益最大化。因此,这就容易导致供应链内各节点企业所追求的个体利益目标与供应链系统所追求的整体利益目标不一致的问题出现。这种利益目标冲突的问题如果得不到及时解决将直接影响到供应链系统运行的效率和质量,甚至影响和破坏供应链系统的稳定。

(2) 协作。从前面对供应链概念的分析得知,供应链是由相互间存在供需关系的节点企业组成,而且这些节点之间相互联系、密切协作,共同完成供应链系统的使命。然而,供应链系统中的这些节点企业,可能分布在不同地区、不同国家,时间和空间距离相距遥远。这种时空间隔阻碍了供应链中节点企业之间的协作。而且,全球化经营背景下带来的全球化市场、全球化消费者需求,也增加了供应链节点企业之间及节点内部的协作难度,因为不同地区的文化通常各不相同,节点企业内部的员工也可能来自不同的地区和(或)不同的国家,因此它们的文化也可能存在较大的差异。这种在异构环境中的供应链运作,使供应链内节点企业之间及其内部的协作问题面临严峻的挑战。

（3）牛鞭效应。牛鞭效应 (Bullwhip effect)，即需求信息放大效应，是需求信息扭曲在供应链中传递的形象描述。其基本思想是：当供应链的各节点企业只根据来自其相邻的下级需求信息进行生产或供应决策时，需求信息的非真实性会沿着供应链逆流而上，产生逐级放大的现象，当达到最源头的供应商后，其获得的需求信息和实际消费市场中的顾客需求信息发生了很大的偏差，需求变异系数比制造商和分销商的需求变异系数大的多。由于这种需求放大效应的影响，上游供应商往往维持比下游企业更高的库存水平。这种"牛鞭效应"给链内各节点企业带来的直接影响和（或）危害主要表现在：

①库存积压；
②过度频繁的需求变化使企业生产计划变化加剧，导致额外成本增加；
③用户需求得不到及时满足，服务水平差；
④制造商投入的生产能力大于实际的需求。

这些负面影响和（或）危害的积累将最终影响到整个供应链的竞争能力，从而危及链中所有企业的生存与发展。

2.1.4 供应链管理的内容和目标

供应链管理主要涉及四个领域：供应、生产计划、物流、需求。除了企业内部和企业之间的运输问题和实物分销以外，供应链管理还包括以下主要内容[7]：

①战略性供应商和用户合作伙伴关系管理；
②供应链产品需求预测和计划；
③供应链的设计；
④企业内部与企业之间物料供应与需求管理；
⑤基于供应链管理的产品设计与制造管理、生产集成化计划、跟踪和控制；
⑥基于供应链的用户服务和物流管理；
⑦企业间资金流管理；
⑧信息与IT；
⑨绩效评价与激励机制；
⑩逆向物流和绿色问题。

供应链管理的原则是以客户为中心，运用信息技术，通过供应链成员之间的密切合作，共享利益，共担风险，实现价值增值，从而达到共赢的目的。其总体目标是在保证一定的客户服务水准的前提下，尽可能降低系统成本，即在提高客户服务水平和降低系统成本间谋求平衡点。提高客户服务水平就是指让客户在正确的时间、正确的地点、以最优的价位获得正确的产品。降低系统成本就是指有效控制整个供应链上发生的制造、运输、存储等费用。提高服务水平和降低成本具体体现在[13]：

①根据市场需求的扩大，提供质优价廉的产品组合；
②根据市场需求的多样化，缩短从生产到消费的周期；
③根据市场需求的不确定性，提高供应链的柔性；
④根据物流在整个供应链体系中的重要性，企业要克服各种损益，从而降低整个物流成本及物流费用水平。

2.1.5 供应链管理的要素

供应链管理要素包括目标、行为、参与者及其相互依赖性[14]。（见表2.1）

表 2.1 供应链管理的简要描述

参与者	供应商，制造商或装配商，分销商和客户
行为	物流和信息流的处理
相互依赖性	物流运输和定购，资金转移，信息共享，支配和控制
目标	最小化定单履行周期，最小化库存水平和成本，最小化不确定性，保持鲁棒性
整体目标	调整个体的目标，优先考虑的原则是：达到最佳"平均"表现，或取"最差情况"的上限

此外，还可以从另一方面考虑供应链管理的关键要素。供应链的目标是最大化所产生的总价值。供应链所产生的价值是指顾客愿意支付最终产品的价值与供应链在满足顾客要求所付出代价之间的差额，它与供应链收益紧密相关。供应链的收益是指顾客所带来的收入与整个供应链的全部成本之间的差额，是供应链各阶段所分享的全部利润。供应链收益越高，供应链绩效越好，供应链管理就越成功。显然，要想使供应链管理更加成功，就要首先找到供应链收入与成本的来源，然后处理好它们的关系。对于任何供应链，收入的唯一来源是顾客，而供应链中所有的信息流、物流和资金流又都要发生成本。这样一来，也就提出了如何协调好供应链响应度和供应链效率的问题。供应链响应度是指

供应链处理下列事项的能力：

①响应大量的产品需求；

②实现较短的交货期；

③处理各种各样的产品；

④开发高度创新性的产品；

⑤实现较高的服务水平。

而供应链效率是指为顾客制造和递送产品的成本。

由此，可以推测影响供应链响应度和效率的因素也就是供应链管理的关键要素。从功能的角度，可将供应链管理的关键要素分为库存、运输、设施和信息四个方面[15]。

（1）库存。库存针对供应链中所有的原材料、在制品和产成品等物料。库存之所以是重要的供应链管理要素，在于改变库存策略可以显著地改变供应链的效率与响应度。例如，零售商可以通过储存大量库存使自己作出更迅速的响应。拥有大量库存，零售商很可能就在店铺立即满足顾客的需求。然而，大量库存会增加零售商的成本，进而使其效率低下。降低库存会提高零售商效率，但会损害其响应度。

（2）运输。运输承担着物料从供应链某一场地到另一场地的移动。它可以采取许多方式与线路的组合，每一种组合都有其自身的绩效特性。运输选择对供应链响应度与效率有很大的影响。例如，若利用联邦快递（Federal Express）运送货物，可使供应链响应更迅速，但由于较高的联邦快递成本而使其效率变低。相反，若利用陆地运输运送货物，使供应链提高效率，但限制了其响应度。

（3）设施。设施是供应链网络中物料储备、装配或制造的场地。其中两种主要的设施是生产场地和储备场地。设施的功能、定位、能力以及灵活性都对供应链绩效有重要影响。例如，努力增强响应度的汽车配送商可能把许多仓储设施建在靠近顾客的地方，即使这样做会降低效率。相反，高效率配送商为了提高效率而设很少的仓库，即使这样做将降低响应度。

（4）信息。信息由供应链制造、库存、运输、设施和顾客等相关数据和分析资料组成。由于信息直接影响着其他每一种要素，因而它是潜在的、对供应链绩效影响最大的要素。信息为管理者提供了使供应链响应更迅速、效率更高的机会。例如，有了顾客需求模式的信息，企业管理者可以在预测顾客需求的情况下生产和储备产品。这会使供应链响应非常迅速，因为当顾客需要产品时他们就能立即发送。这种需求信息还可以使供应链产生更高的效率，因为企业可以更好地预测需求和只生产所需要的数量。

总之，不同库存水平、运输选择、设施设置会造成不同的客户服务水平和交易成本，而信息直接影响着其他要素，是潜在的、影响供应链绩效的最关键要素。因此，在供应链管理中必须把握好这些关键要素。

2.1.6 供应链管理的关键业务过程

供应链管理是对整个供应链系统进行计划、协调、操作、控制和优化的过程，是一种集成的管理思想和方法，也是对一系列关键业务过程的集成，这些关键业务过程如图2.3所示。

①客户关系管理（Customer relationship management）：与重要客户建立产品/服务协议；通过对顾客的了解准确地预测顾客需求，改善客户服务水平；对客户进行分类，减小产品可变性。

②客户服务管理（Customer service management）：提供客户信息，管理产品/服务协议；通过顾客获取需求信息，同时为顾客提供产品的价格、交货期等相关信息；为客户提供在线、实时的订单状态信息。

③需求管理（Demand management）：利用销售点数据（Point on sale，POS）系统和关键顾客的相关数据获得需求和供应信息；协调市场需求和生产能力之间的关系；使需求和生产同步化，并提供实时库存信息。

④订单执行（Order fulfillment）：快速、柔性地执行客户订单；将制造、分销、运输计划集成在一起；与供应链成员建立合作伙伴关系，降低运输成本，高效率地完成订单。

⑤制造流管理（Manufacturing flow management）：将基于生产计划的Push（推动式）生产模式转变为基于客户需求的Pull（拉动式）生产模式；制造过程必须具有对市场需求变化的柔性，能够进行客户化生产；对产品制造过程进行管理，合理制定生产计划，缩短生产周期，降低在制品库存。

⑥供应商关系管理（Supplier relationship management）：与主要的供应商建立战略性合作伙伴关系；将采购与供应过程集成，提高供应链效率。

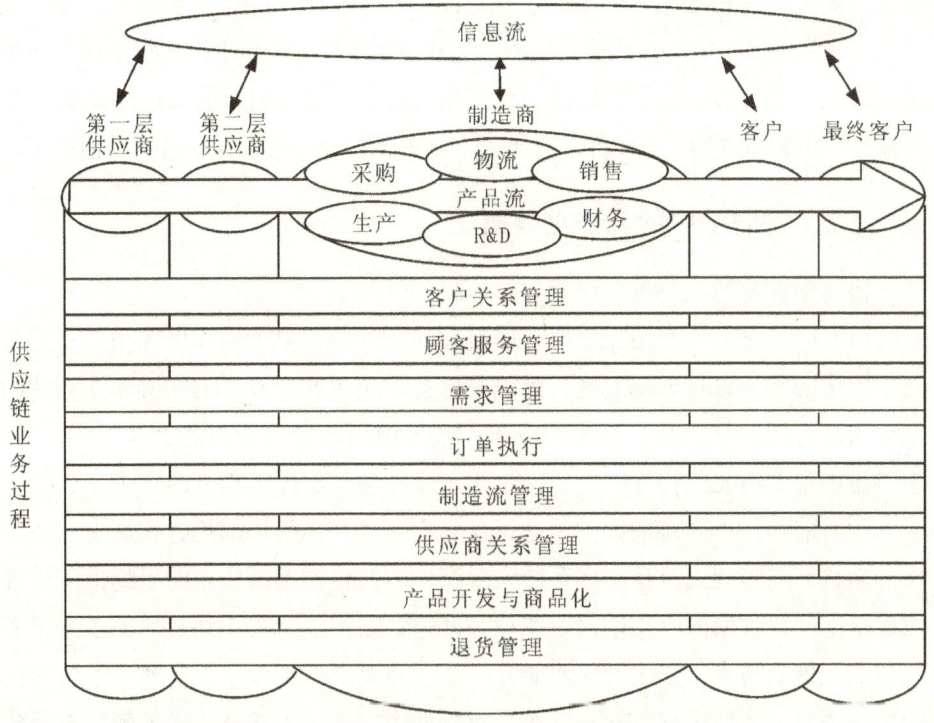

图 2.3　供应链管理的关键业务过程[16]

⑦产品开发与商品化（Product development and commercialization）：让顾客和供应商参与到新产品的开发过程中；缩短新产品上市时间，以最快的速度生产顾客需要的产品。

⑧退货管理（Returns management）：对销售的产品进行跟踪回访，建立产品档案；根据有关规定对有质量问题的产品实施召回和退货政策；由质检部门对问题产品进行检测和分析，并把信息反馈给相关部门。

2.2　协同学

系统科学之一协同学（Synergetics）是 1970 年代由德国学者赫尔曼·哈肯（H.Haken）教授提出的。Synergetics 源于古希腊语，本意是合作，亦即协同作用，哈肯称协同学为"协调合作之学"、"协同工作之学"。协同学研究由完全不同性质的大量子系统（如电子、原子、分子、细胞、神经原、力学元、光子、器官、动物乃至人类）所构成的各种系统，研究这些子系统是通过怎样的合作才在宏观尺度上产生空间、时间或功能结构的，尤其是集中研究以自组织形式出现的那类结构，从而寻找与子系统性质无关的支配着自组织过程的一般原理[17]。协同学对物理、生物系统的信息研究，对于供应链这一社会系统也有一定的借鉴意义。

2.2.1 协同学中的几个重要概念

协同学涉及的几个重要概念如下：

（1）序参量。系统由无序向有序转化的过程中，单个组元好像由一支无形之手促成的那样自行安排起来，但正是这些单个组元通过它们的协作才创建出这只无形之手。这只使一切事物有条不紊地组织起来的无形之手称为序参量。序参量由单个组元的协作产生，反过来，序参量又支配各部分的行为。

（2）涨落。子系统的独立运动以及它们可能产生的局部耦合，加上宏观条件的随机波动等因素，反映在系统宏观量的瞬时值常常偏离它的平均值而出现的起伏上。这种偏离平均值的现象称为涨落。很多涨落得不到其他大多数子系统的响应便表现为阻尼大而很快衰减下去，只有那个得到大多数子系统很快响应的涨落，才能由局部波及系统，得到放大，成为推动系统进入新的有序状态的巨涨落。这种涨落的内容就是序参量。

（3）吸引子。从相空间上看，系统演化的目的体现为一定的点集合，代表演化过程的终极态或目的态，满足以下三个特点的点集合称为动力学系统的吸引子：

①终极性，即处于目标态的系统自身不再愿意或无力改变这种状态；
②稳定性，即目标态是稳定的；
③吸引性，即目标态对现实状态具有吸引力，牵引着系统向目标态运动。

（4）自组织。在一定的环境条件下，由系统内部自发组织起来并通过各种形式的信息反馈来控制和强化这种组织的结构称为自组织结构，相应的描述称为自组织理论。自组织理论是协同学的核心理论，序参量是通过自组织状态来描述的。协同学研究的是形成自组织结构的最根本的内在动力学机制。

2.2.2 协同学的基本思想和方法

协同学的基本思想包括[18]：

（1）能发生自组织的系统都是由大量子系统组成的，子系统之间存在协同作用或合作行为，在一定条件下，子系统的集合能执行有组织的、协调的集体运动和功能。组成系统的子系统可以是原子、分子、光子、细胞、植物、动物，甚至是广义的对象如模式等。

（2）对于每个子系统都应合理地写出运动方程，在运动方程中考虑合作效应，即应考虑其他子系统对所考虑的子系统的作用。一个子系统受决定性力的作用同时还受起伏不定的随机力的作用。

（3）系统包括的子系统数量巨大，哈肯发现了系统中的"支配现象"，引用"绝热近似"的方法来简化问题。

协同学的基础是一些最普适的基本理论和方法，它们是：概率论，信息论，随机论，动力论。此外，协同学还与统计学、热力学等密切相关，它以动力学和统计学相结合作为基本方法，由此系统的运动和转变由动力学得出的必然性与统计学得出的随机性共同决定。

协同学提出了三个基本原理：不稳定性原理，序参量原理和役使原理。不稳定性在新旧结构转换中起重要的媒介作用，由此产生序参量，序参量又导致役使原理。役使原理包括慢变量原理、绝热消去原理和中心流形原理，它们说明系统在临界点附近的竞争和协同的动力学理论。

按照协同学的观点，协同与有序为一对辩证因果关系，即协同是有序的原因，有序是协同的结果。结果反馈于原因，使得这种协同作用愈加明显与和谐，系统愈加向有序方向演化直至形成稳定的动态结构。这里，协同表征子系统内部各要素或子系统之间相互作用的一种特殊方式，而有序则表征子系统形成结构的趋势及结构稳定性的程度。整体结构从无序到有序的转变，表现在微观层次上，就是部分之间从没有协同转变为高度协同。这样，协同学通过协同与有序这对辩证的因果范畴，进一步从更深层次上动态地刻画了系统演化或系统结构形成的机制，从而使人们从整体上对系统形成的规律较之一般系统理论有了更深的认识。

2.2.3 协同学中的信息

在协同学发展的新阶段，哈肯用信息这种工具处理自组织系统。哈肯指出协同学中的信息和申农信息的区别是：前者是对封闭系统而言的，且同任何意义无关；后者信息是对开放系统而言的，且是有意义的[19]。

从信息的观点看来，序参量起着双重作用：它通知各原子如何行动，此外，它又告诉了观察者系统的宏观有序态情况。虽然要描述所有原子状态，我们需要大量的信息，但一旦有序态已建立，便只有一个量是必须的，此时信息被大大压缩了。从这个角度考虑，可以称序参量为"信息子"。涉及序参量并且反映着体系集体性质的那部分信息称为"协同学信息"，它是由系统的合作产生的。伴随着宏观层次上新质的出现，出现了新的意义，即意义的自创生，也即新信息的产生。哈肯指出信息层次链在自组织系统中的普遍存在。在低层次，各个部分能够发射触发系统其它部分的信息，信息交换可能是偶然的，但各信息之间展开竞争或合作，因而最终达到一种新的合作状态。这种新的状况由一个或一组序参量来描述，或者等价的用一种或几种信息子来描述。当系统的各个部分达成特定的一致，或者说发生了自组织的同时，发生了信息压缩。在宏观层次上，信息出现，而且在很多情况下，它增强了系统的可靠性或效率，或使两者都增强，或用于如上所述的其他特定目的。

2.2.4 协同学中的信息效应

在协同学中，将一个系统，比如气体、生物细胞或者经济学的状态在微观、中观或宏观层次上用一组量 q_i 来表征，随着时间的推移，诸 q_i 可能改变。定义态矢量 $\tilde{q}(t) = (q_1(t),\cdots,q_N(t))$，$q$ 的时间演化（即系统的动力学）便由微分方程 $\dfrac{d\tilde{q}}{dt} = \tilde{N}(\tilde{q},\alpha) + \tilde{F}(t)$ 确定，$\tilde{N}$ 是决定论部分，$\tilde{F}$ 代表涨落。如果没有涨落，只要给定初始时刻的 $\tilde{q}$ 值，控制参数 α 保持不变，则 $\tilde{q}$ 的未来进程是唯一确定的。随着时间的推移，它将趋于一种吸引子。当出现涨落 $\tilde{F}$ 时，系统状态从一个吸引子跳到另一个吸引子，如图 2.4 所示。

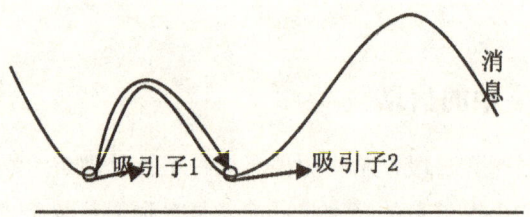

图 2.4 系统在两个吸引子之间的跃迁

这种情形也可用图 2.5 来表示，一个消息可由于系统内的涨落到达两个不同的吸引子上，即两个吸引子受消息的影响。

图 2.5　一个消息到达两个不同吸引子

更为复杂的情形如图 2.6 所示。在此情况中，定义"消息的相对重要性" P_j 和吸引子的"相对重要性" P_j'。把相对重要性赋予各吸引子，第 0 个吸引子 $\tilde{q}_0$ 的数值为 0，而其他吸引子的可能数值为 $0 \leq P_j' \leq 1$，且 $\sum_j p_j' = 1$，P_j' 的确定依赖于动力系统必须完成的任务。消息的相对重要性 P_j 不仅依赖于动力系统，而且依赖于它必须完成的任务。引入量 $S^{(0)} = -\sum P_j \ln P_j$ 和 $S^{(1)} = -\sum P_k' \ln P_k'$，假定 $\sum_k P_k' = 1$ 且当 $\sum P_j < 1$ 时，出现信息欠缺（即系统收到的消息不能改变系统的吸引子态），那么，如果 $S^{(1)} < S^{(0)}$ 成立，就称为信息湮灭或信息过剩（见图 2.6b）；如果 $S^{(1)} = S^{(0)}$ 成立，称为信息守恒（见图 2.6a）；如果 $S^{(1)} > S^{(0)}$ 成立，称为信息产生（见图 2.6c）。

关键的问题是，各消息的数值 P_j 是什么？在维象协同学中，哈肯定义信息 $i = -\sum P_j \ln P_j$，通过使信息在约束条件 $\sum_j P_j f_j^{(k)} = f_k$ 和 $\sum_j P_j = 1$ 下达到极值的方法来确定 p_j。

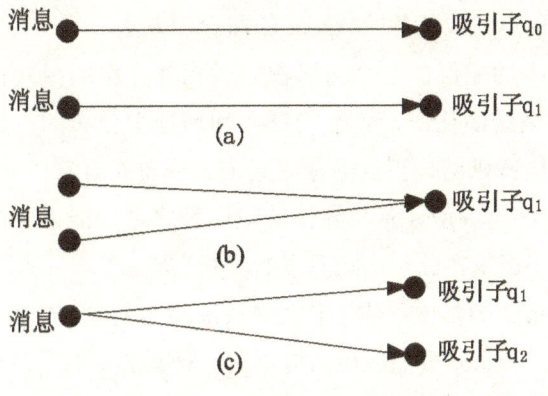

图 2.6　消息到达吸引子的各种可能

2.3 Agent 与多 Agent 系统的基本理论

2.3.1 Agent 技术的产生背景

智能软件 Agent 技术的诞生和发展是人工智能技术 (AI) 和网络技术发展的必然结果。从 20 世纪 60 年代起，传统的 AI 技术开始致力于对知识表达、推理、机器学习等技术的研究，其主要成果是专家系统。专家系统把专业领域知识与推理有机地组合在一起，为应用程序的智能化提供了一个低级而实用的解决办法。作为人工智能的一个分支，AI 计划理论的研究成果使应用程序有了初步的面向目标和特征，即应用程序具有了某种意义上的主动性；而人工智能的另一个分支——决策理论和方法，则使应用程序具有了自主判断和选择行为的能力。人工智能围绕着知识所进行的广泛研究和应用正逐步形成一门新的学科，这就是知识工程，它涉及知识的获取、存储和管理等许多课题。所有这些技术的发展加快了应用程序智能化的进程[20]。

Agent 技术在计算机领域中的研究和应用源于 1970 年代麻省理工学院的研究人员关于分布式人工智能的研究。麻省理工学院的研究人员在对信息系统处理复杂问题的能力进行分析时发现，通过协作将一些简单的信息系统组成一个大系统可以显著提高系统处理复杂问题的能力。并通过定义合理的协作机制可以提高整个系统的智能水平。由此产生了使用具有一定智能，能响应信息处理的需求，除了完成事先指定的任务外，还能主动地预测适应乃至积极地寻找最佳途径以支持用户完成任务的 Agent 的概念和方法。

随着网络技术的发展，多个应用程序间相互作用的模式正从单一的集成式系统向分布式系统演化。一个在物理上和地理上分布的应用程序之间通信与合作的网络底层基础结构正逐渐建立起来。分布式对象技术（如 C0RBA 或 DCOM 技术）则进一步使分布与异构的应用程序之间能以一种共同的方式提供和获得服务，实现了在分布式状态下的"软"集成。

智能化和网络化的发展促成了软件 Agent 技术的发展，Agent 技术正是为解决复杂、动态、分布式智能应用而提供的一种新的计算手段。国内许多学者对 Agent 技术、多 Agent 系统和多 Agent 系统的应用开展了广泛的研究。目前，

Agent 技术已被广泛地应用于图形处理、产品开发过程管理、冲突协调、计算机辅助设计、车间调度、决策支持、供应链管理、开放式信息系统结构、集成平台与集成框架、工程流管理、办公自动化、电子商务、Internet 等众多领域。

2.3.2 Agent 的定义

英文中单词"Agent"主要有三个含义：一是指对其行为负责的人；二是指能够产生某种效果的，在物理、化学或生物意义上活跃的东西；三是指代理，即接受某人的委托并代表他执行某种功能。基于对 Agent 英文原意的理解，它常被称为代理，但人工智能等领域也广泛使用"智能体"或"智能主体"的称谓。从不同的研究领域和内容出发，Agent 被赋予许多不尽相同的定义。可从人工智能、计算机、经济学、复杂性研究、社会心理学、博弈论等领域对 Agent 的研究中梳理出 Agent 研究的脉络[20]。

1. 人工智能当中的 Agent——理想 Agent 和智能 Agent

（1）理想 Agent。人工智能的本质是研究如何制造出人工的智能机器或智能系统，来模拟人类智能活动的能力，以延伸人的智能的科学。人类智能活动的能力一般是指人类在认识世界和改造世界活动中，由脑力劳动表现出来的能力，具体概括如下：

①接受环境信息的能力：通过视觉、听觉、触觉等感官活动，接受并理解文字、图像、声音、语言等各种外界的自然信息。

②问题求解能力：通过人脑的活动进行信息处理，将感性信息抽象为理性知识，并进行分析、判断和推理的能力，即认识和理解客观事物、提出概念、建立或调用方法、进行演绎和归纳以及做出决策。

③学习能力：通过教育、训练和学习过程，日益丰富自身的知识和技能。

④自我适应能力：对变化多端的外部环境条件，如干扰、刺激等作用能灵活的做出反应。

⑤协作能力：能与其他人合作，解决单个人无法解决的大型复杂问题。

目前，随着 Agent 概念的发展，人工智能研究者认为理想 Agent 应当具有上述五种职能。所要研究的 Agent 应当是 AI 各个领域的研究成果集成为一个具有智能概念的计算实体。大部分人类智能行为都涉及多个人构成的社会团体，大型复杂问题的求解也需要多个专业人员或组织协作完成。计算机上的复杂信息处理可对应为多 Agent 系统来完成。

（2）智能 Agent。目前的人工智能技术还难以实现理想 Agent 的智能行为。智能 Agent 是指能在某一环境中运行，并能响应环境的变化，灵活、自主地采取行动以满足其设计目标的计算实体。这类 Agent 通常由当前的人工智能技术来实现，一般具有某种程度的感知、推理、学习、自适应和协作能力，如某些智能控制系统、实时专家系统等。

近年来，新的人工智能定义为：人工智能是计算机学科的一个分支，其目标是构造具有一定智能行为的 Agent。Agent 的研究仍然是智能的核心问题。

2. 计算机领域的 Agent——软件 Agent

软件 Agent 是从软件设计的角度研究"Agent"，"Agent 是一种在特定环境下连续、自主地运行的软件实体，通常与其他 Agent 一起联合求解问题"[21]。

连续与自主的需求来自我们需要 Agent 以一种灵活和智能的方式完成其活动，无需人为的引导与干扰而响应环境的变化。最理想的情况是，一个 Agent 能够在一种环境中连续的运作一段较长时间，并能从它自己的经验中学习。而且希望一个 Agent 能够与其他 Agent 同处于一个环境，并能相互通讯和协同，或从一个地方移动到另外一个地方求解问题。目前，大部分软件 Agent 都十分脆弱并针对特定目的，还没有一个系统能以普遍适用的方式完成这些功能。

倡导研究软件 Agent 的另一种观点类似于早期对面向对象的研究，将其作为设计和实现软件系统的新范例。正如一些算法用面向对象的方法比用面向过程的方法更易于表达和理解，有时对开发者和用户来说，根据 Agent 来设计程序的行为，比使用对象更容易。

我们希望 Agent 能够像人一样完成分配给它的一些特定任务，能够从我们告诉它的内容中推导出所需结果。Agent 只有在"知道"有关请求的背景知识时才能做到这一点。因此，最好的 Agent 不仅需要特定形式的专家知识，而且需要考虑用户和当前状态的独特性。

虽然至今尚未有一个统一的定义，但更多的研究者对于关于 Agent 的弱定义观点较一致。Agent 的弱定义为，具有以下特性的硬件系统或基于软件的计算机系统被称为 Agent：

（1）自主性（Autonomy）：在无人或其它系统的直接干预下可自主操作，并能够控制其行为和内部状态；

（2）社会性（Social ability）：通过 Agent 通讯语言可与其它的 Agent（也可能是人）进行交互；

（3）反应性（Reactivity）：感知所处的环境，并对环境的改变做出实时的反应；

（4）能动性（Pro-activeness）：不仅仅简单地对环境做出反应，而且可主动地表现出目标驱动的行为。

Agent 的弱定义的概念已在许多领域被研究人员所接受。但在人工智能领域，许多研究者更强调 Agent 应具有更多人类的特质，即人类的精神状态，于是提出了 Agent 的强定义。

Agent 的强定义除包括弱定义的四个特性以外，还具有：

（1）知识和信念。不仅具有动态收集信息的能力，而且可对信息进行推理，甚至可根据特定的环境选择相应的推理策略；信念是对当前事实的看法，随环境变化，并可与其它 Agent 交互和共享；

（2）意图和义务。意图反映了 Agent 在整个生命周期中的长期目标，该目标将产生许多短期目标。为了达到短期目标，Agent 将执行一些单独的任务，并负责任务的完成，即对此任务具有义务；

（3）诚实和理性。Agent 有义务反映真实情况，即为诚实可靠的；Agent 的行为是为了满足目标，而不会企图阻止其目标的实现，即为有理性的。

3. 经济学当中的 Agent

在信息经济学文献中，常常将博弈中拥有私人信息的参与人称为"代理人（Agent）"，不拥有私人信息的参与人称为"委托人（Principal）"。也就是说，经济学中的 Agent 是相对于委托人的一个概念，经济学中对代理研究都是给定信息结构下，研究委托人—代理人模型。例如隐藏行动的道德风险模型，签约时信息是对称的（完全信息），签约后，代理人选择行动（如工作努力还是不努力），委托人只能观测到结果，而不能直接观测到代理人的行动本身。因此，委托人的问题是设计一个激励合同以使代理人从自身利益出发选择对委托人最有利的行动。

4. 复杂性领域的 Agent

在复杂系统研究中，把组成复杂系统的具有主动性的个体或单元称为 Agent，研究这些 Agent 的个体行为如何导致整个系统的整体行为。正如霍兰所说,"复杂自适应系统毫无例外地皆由大量具有主动性的元素组成,为了说明具有主动性的元素,同时不求助于专门的内容,我借用了经济学中的Agent一词,这个术语是描述性的。如果我们准备搞明白大量Agent的相互作用,我们就必须首先能够描述单个Agent的性能,将Agent的行为看成是由一组规则(刺激一反应规则)决定的,是很有用的。"

5. 社会心理学领域的Agent

在社会心理学研究领域,把Agent作为一个人或者拟人的个体,它们具有人的思想和行为,通过Agent对人的模拟来解释、预测一些人类社会的行为和现象。

6. 博弈论中的Agent

博弈论的研究中,或者有些使用博弈论进行分析的研究中,把参加博弈的个体称Agent,研究这些Agent如何交互与决策以达到各自利益或者整体利益的最大化。

这几个领域中的Agent研究不是截然分开的,各领域的研究相互联系,相互借鉴。本书的研究主要涉及软件Agent、智能Agent和复杂性领域的Agent。下面将要介绍的Agent理论正是出于这个角度。

2.3.3 Agent的特性和分类

1. Agent的特性

从Agent的定义可知,Agent首先是智能的,它应对环境有响应性、自主性和能动性等;同时,Agent是具有社会性的。

(1) 自主性:一个Agent在没有与环境的相互作用或来自环境的命令的情况下自主执行任务。这是Agent区别于普通软件程序的基本属性。

(2) 响应性:Agent必须对来自环境的影响和信息做出适当的响应。

(3) 能动性:Agent不仅对环境变化做出反应,而又在特定情况下采取主动行动,这种自身采取主动的能力需要Agent有严格定义的目标。

(4) 社会性:也称为协作性,能够通过某种Agent通讯语言与人或其他Agent相互作用。

(5) 推理学习/自适应能力:Agent的智能由三个主要部件来完成,即内部知识库、学习或自适应能力以及基于知识库内容的推理能力。另外,根据其应用情况还可有其它特征,例如移动(能够在电子网络中漫游)、诚实(不会故意发送错误信息)、合作(同其他 Agent 一起为完成同样的目标而努力)、竞争(同其他 Agent 竞争)。

值得注意的是,由于组成实际系统的个体的形式和内容都是多样的,也许某些个体不具备 Agent 的显著特征,但是有时为了方便,也可能称之为 Agent。实际上,在社会科学领域中讨论的 Agent,更多的时候被认为是"对象"的扩展,如圣塔菲研究所(Santa Fe Institute,SFI)就认为"在广义的基于 Agent 的建模中,Agent 是系统中任一部分通俗、优雅的描述"。

2. Agent 的分类

针对不同的应用领域,研究者设计了多种类型的 Agent,按工作原理和属性可以将智能 Agent 或软件 Agent 分为思考型 Agent(Deliberative Agent)、反应型 Agent(Reactive Agent)和混合型 Agent(Hybrid Agent)三种类型[22]。

思考型 Agent 是一种知识系统,用符号人工智能的方法来实现 Agent 的表示和推理。有些研究者认为应当在思考型 Agent 模型中引入意识态度,如信念、愿望、意图、目标、承诺、责任等,将 Agent 看作一种作为人类个体或社会行为的智能代理的意识系统,能够表现出被代理者的意识态度。目前代表性的工作是 Rao 和 Georgeff 对 BDI 模型的研究,他们采用三个模态算子刻画信念、愿望和意图,提出了描述 Agent 意识态度的 BDI 逻辑。国内石纯一等也在这方面做了大量研究工作。但从形式逻辑的角度对 Agent 理性的研究仍缺乏实用性,而且不能保证 Agent 做出最优决策。另一种研究 Agent 理性行为的方法是基于决策理论的方法,信念模型将 Agent 每个行为的可能后果(到达何种状态)赋予概率,愿望模型用实数表示那些可能状态的效用,Agent 的合理行动就是期望效用最优化的行动,这就是效用理性。上述两种方法各有侧重,需要进行融合。

思考型 Agent 设计与建造的复杂性以及理论缺陷使其缺乏实用性,于是有研究者提出了反应型 Agent。反应型 Agent 的思想基础是行为主义心理学,认为 Agent 不需要知识,只须感知环境的变化并做出相应的反应动作。反应型 Agent 虽然对外部环境的变化有很高的响应速度,但智能程度低,缺乏灵活性,多用于自动控制、系统仿真等领域,往往与硬件结合。

混合型 Agent 的结构可分为两层,底层是反应层,不采用符号表示和推理,可快速响应并处理外部环境的突发性变化,通常具有较高的优先级;高层采用传统的人工智能方法进行规划、推理和决策。混合型 Agent 综合了前两者的优点，既有高的响应速度，又有较高的智能和灵活性。

2.3.4 多 Agent 系统概念

面对复杂系统，用单个 Agent 来描述显然是不合适的，必须要用多个 Agent 来刻画、抽象这样的系统。通常，将这种由多个 Agent 组成的系统称为多 Agent 系统（MAS）。多 Agent 系统的研究方法是用模拟人类社会系统的运作机制来提高计算机系统解决复杂问题的能力的。如同一个人无法完成许多复杂和大型的任务一样，单个 Agent 也无法设计成有足够的能力来解决面临的复杂问题，因此，采用多个 Agent 进行协作，通过任务分解和任务协调提高整个系统的能力是一个可行的途径。另外，通过多 Agent 之间的合作还可以克服单个 Agent 知识不完全，处理的信息不确定等缺点[23]。

多 Agent 理论的研究实质上是分布式人工智能 DAI（Distributed Artificial Intelligence）的一个分支。分布式人工智能侧重于对计算机制的研究，如对分布的传感器数据的分析、组织结构和协调协议等的研究。这方面的研究已开展了近 20 年，逐步走向成熟。但是，随着传统的人工智能研究的深入，出现了协商理论、分布推理、Agent 间的学习和通讯语言等新兴领域。这些研究工作的深入，也使得 DAI 的研究重点逐渐转向以多个具有智能和自主性的 Agent 为主体对象的多 Agent 理论研究。

同时，多 Agent 理论的研究也是以网络技术的广泛应用为背景的。近年来，Internet 技术的成熟，使得过去应用于单一环境的 Agent 系统将面临一个开放的分布式环境。在这个开放的复杂系统中，信息资源、通讯连接和 Agent 的参与都处于不可预知的变化状态中。如目前应用于 Internet 上的 Agent，有许多是从事信息获取、信息过滤和信息收集等智能工作的。这些 Agent 间的互操作和交互中的协调，对于完成此类信息操作尤为重要。所以，将 Agent 的研究扩展到以多个 Agent 为主体的多 Agent 理论研究，是推动信息网络化的迫切课题。

2.3.5 多 Agent 系统的特点

MAS 具有以下特点：

（1）高层次的交互。MAS 除了可以描述传统的客户/服务器类型的交互方式外，还可以描述复杂的社会交互模式：合作、协调和协商。而且面向 Agent 的交互与其他软件工程有着本质的不同：面向 Agent 的交互是在知识层次上进行的，而且是一种柔性交互，需要在实际运行中通过对环境的观测来做出相应的交互，这与在系统设计时就预定好的其他软件工程中的交互是不同的。

（2）Agent 之间丰富的组织关系。由于 Agent 可以用来代替某个组织或个人，因此 MAS 通常反映了这种组成环境，Agent 之间的关系可以是来自于组织者中的各种关系，例如同等关系、上下级关系等，Agent 系统的结构可以是来自组织中的结构，例如团队、群组和联盟等。而且这种关系和结构可以随着 Agent 之间的交互而不断演化，例如新的 Agent 加入团队中或者团队的解散。

（3）数据、控制、资源的分布性。MAS 特别适合于需要多个不同的问题求解实体相互作用，求解某个共同问题或它们各自领域的问题。多数情况下，这些实体、数据和资源在物理或逻辑上是分布式的。

（4）强有力的问题求解能力、鲁棒性和灵活性。通过协作可以解决单个 Agent 不能解决的问题，所以具有强有力的问题求解能力；由于求解时有多个 Agent 参与，功能上常常有冗余，所以单个 Agent 失效时，它所承担的问题求解任务可由其它 Agent 代替，可靠性较好；各 Agent 既可单独工作又可协同工作，具有较好的灵活性。

2.3.6 多 Agent 系统的开发方法及工具

从软件工程的角度研究多 Agent 系统的开发也是 Agent 研究领域的一个重要课题。由于多 Agent 系统本身的分布性、复杂性和智能性，成功地开发这样的软件系统需要新的软件工程方法和工具的支持。由于 Agent 的抽象方式与对象的抽象方式具有一定的相似性，所以面向对象技术的相关内容可以作为借鉴。虽然到目前为止还没有公认的多 Agent 系统的成形的开发方法和工具，但一些已经取得的研究成果仍具有很强的借鉴意义[23]。

1. 面向 Agent 的软件工程

工业应用软件通常由大量的相互作用的部件组成，系统十分复杂，而且这种复杂性源于工业体系本身内在的复杂性。软件工程就是要为更容易地处理这种复杂性提供结构和技术上的手段和方法。处理系统复杂性的一个重要方法是采用层次化的结构,即将系统分解成多个相互关联的子系统,每个子系统仍然采用层次结构来组织。系统中基本组件的选择可以采取多种方法,这主要取决于观察者的目标。层次化系统比起类似规模的非层次化系统可以更好地完成系统功能的演变和进化。

面向 Agent 的技术最适合开发复杂的软件系统,主要有三方面的原因:第一,面向 Agent 的分解是对复杂的系统问题进行空间划分的有效途径;第二,面向 Agent 的软件抽象方法是对复杂系统进行建模的自然方式;第三,面向 Agent 的哲理可以满足复杂系统对动态组织关系和结构进行管理的需求。

面向 Agent 的软件开发生命周期包括需求定义、系统实现和系统检验等阶段。Agent 系统进行需求定义的主要方法包括意图性系统和精神状态的说明。一旦完成了系统说明,下一步就是实施一个能够正确反映系统说明的软件。有两种可能的办法来实现从抽象的说明到具体的计算软件系统的转化:直接运行 Agent 说明或者使用自动翻译技术将说明编译成具体的计算格式。一旦完成了具体系统的开发,必须证明这个系统相对于原先的说明是正确的。尤其是在开发过程中加入了许多非正式因素的情况下,这样的检验就显得更为重要。系统检验的方法可以分公理式和语义式(模型检验)两类。

面向 Agent 的软件工程方法实际上还处于研究的开始阶段,目前没有成套的被广泛接受的理论和工具。虽然涌现出了大量的 Agent 应用,但这并不说明面向 Agent 的软件工程方法已经成熟。事实上,目前所有的 Agent 系统的开发都没有遵循固定的软件工程方法,这同软件工程出现之前就开发了大量的软件系统的道理一样,软件工程的研究是为了解决软件开发过程中的问题,面向 Agent 的软件工程方法也是要解决 Agent 系统开发过程中所面临的新的问题。对于从事 Agent 系统应用的设计开发人员,越早地意识到问题的存在并且着手开发相应的技术去解决问题,在实际工作中所付出的代价就会越小。

2. 多 Agent 系统开发平台

面向 Agent 的软件工程方法远没有成熟。如今 Agent 项目的开发基本上都是依据一些基本的软件工程实践的经验从头做起的。许多开发 Agent 系统的公司通过将 Agent 系统中的底层服务部分抽取出来,抽象形成可重用的应用编程接口,以期简化以后能够开发类似 Agent 系统的工作。在此工作的基础上形成了大量的多 Agent 系统开发工具,这些工具被冠以不同的名称,如平台、环境、语言、框架或者底层结构等。

目前存在多种多样的多 Agent 系统开发工具。对这些 Agent 工具可以采用不同的标准进行分类和区别。如有的 Agent 工具是由软件公司开发,以形成商品化软件为目的;有的则是在大专院校中开发的,以学术研究为目的。有的使用像 Java 这样跨平台的语言;有的则使用 Agent 编程语言 Oz,只能在 UNIX 环境下运行。有的支持 Agent 移动;有的不提供 Agent 移动功能。有的支持底层的消息传递;有的同时还支持知识层交互。有的只提供消息路由等基本的管理机制;有的则提供复杂的 Agent 间协调机制。有的除了基本的 Agent 底层结构外还同时侧重一些特殊的技术支持,如 Agent 协商、冲突管理等。有的包含一些人工智能的功能库;有的则不考虑单个 Agent 的功能实现。

尽管有这种多样性,目前的多 Agent 系统开发工具也存在一些共同的特点,例如采用 Java 语言和以通信为核心等。Java 语言由于其跨平台、天然的支持移动等特点已经成为对 Agent 开发的首选语言,越来越多的 Agent 开发工具基于 Java 语言,Java 语言的面向对象的特点使得 Java 编程接口具有更好的重用性,同时,Java 语言的普遍流行也是其优势之一。Java 语言在 Agent 实现上的大量应用使得采用其他 Agent 编程语言(如 Tcl 和 Oz)开发的应用越来越少。另外,目前的多 Agent 开发工具大都是以实现通信为核心的,这包括支持多种通信协议和通信方式,以及实现移动 Agent 的功能等等。Agent 系统的开发工具也已经开始在底层通信的基础上支持知识的交换,如使用 KQML 语言等。Agent 系统的开发工具除了满足 Agent 间基本通信机制和知识层交互实现的需求外,还提供了 Agent 间协调、协商和规划管理方面的高层协议和服务功能,这些高层的服务功能有利于简化 Agent 的社会性行为的实现方式。另外,商业产品类和学术研究类的多 Agent 系统开发工具由于其开发目标的不同而呈现出不同特点。商业类开发工具更注重底层通信等基本服务的完善和健全以及系统的可靠性和安全性,因此所用的大多是相对较成熟的技术,而学术研究类的开发工具大多是为了表达一种新的软件技术思想,因此对系统的通用性、可靠性和安全性等方面的因素考虑得较少。

2.4 委托代理理论

2.4.1 供应链委托代理问题的产生

在信息经济学的文献中,常常把博弈中拥有私人信息的参与人称为"代理人(Agent)",不拥有私人信息的参与人称为"委托人(Principal)"。委托代理问题是由于参与人拥有的私有信息不对称引起的。

委托代理问题在经济生活中普遍存在,只要当事人各方拥有的信息具有不对称,就存在委托代理问题。虽然供应链中节点企业以最终用户的满意为目标,协同组织生产,但是与纵向一体化不同,供应链的企业间是一种动态的联盟,每个企业都是独立法人实体,都以利润最大化为目标。根据迈克尔·波特的竞争战略理论,企业与其它节点企业进行商务往来时,为了在谈判中获得优势,通常会保留某些私有信息,如原材料或产品的成本、产品质量和企业生产能力等。正因为如此,在供应链中,核心企业与直接相关的辅助企业,由于存在信息不对称引发委托代理问题。

2.4.2 委托代理理论

从法学角度讲,委托代理关系是指这样一种情形:委托人与代理人签订一个契约,由代理人代表委托人来行事。在行事过程中,代理人可以选择自己的行动,这一行动导致相应的结果,该结果不仅会影响委托人的利益而且也影响代理人的利益。在经济学中,更强调委托人和代理人之间存在信息不对称性。掌握信息优势的一方称为代理人,处于信息劣势的一方称为委托人。

经典的委托代理理论问题,是由 Adolf Berle 和 Gardnier Means 于 1932 年提出的。他们看到在大公司中所有权和控制权相互分离这一事实,于是对传统的股东权益理论提出质疑,并试图探讨这种分离是否存在组织的和公共政策的后果。他们提出的问题,后来被称为"伯利—米恩斯之谜"。他们提出的因两权分离带来的代理成本问题,即作为委托人的股东怎样才能以最小的代价使作为代理人的经营者愿意为委托人的目标和利益努力地工作,成为委托代理问题研究的中心。

Ross 于 1973 年提出了委托人—代理人一词。委托人—代理人理论，是由信息经济学的一个分支——非对称条件下的经济分析发展起来的。它集中研究"如何设计一个补偿系统（或激励契约）来驱动代理人为委托人的利益行动"。该理论中，委托人—代理人关系泛指任何一种涉及非对称信息的交易，在交易中具有信息优势的一方称为代理人，另一方称为委托人。因此，该理论认为委托代理理论产生的原因从一般意义上讲就是因为委托人和代理人之间的利益不一致和信息不对称。

委托人—代理人理论有一个较为严格的数学模型，以此来研究非对称信息下的激励模型和监督约束机制。Mirrlees（1974，1975，1976）的三篇论文，奠定了委托人—代理人理论的基本分析框架。Mirrlees 开创的分析框架后来又由 Holmstrom（1979，1982）等人进一步发展，在委托—代理文献中，被称为莫里斯—霍姆斯特姆方法（Mirrlees—Holmstrom Approach）[24]。

委托代理理论包含下面的基本假设[24]：

（1）代理人的隐藏行为。委托人无法完全观察代理人的工作行为和工作努力程度，只能监督和激励代理人努力工作；

（2）代理人的私人信息。代理人比委托人更了解工作的过程，掌握委托人不具有的私人信息；

（3）代理人行为结果的非确定性。代理人行为结果并不完全由代理人行为本身决定，行为结果是一分布依赖于代理人行为的随机变量；

（4）行为结果的可观测性。委托人和代理人都可以观测代理人的行为结果，相对完全信息来说，私人信息和不可观测行为会引起工作效率损失。

委托—代理理论研究限制代理人私自行为的管理机制及各种控制和激励机制。其试图解决如下问题：委托人想使代理人按照自身的利益选择最优行动，但委托人却无法直接观测到代理人选择的具体行动类型，能观测到的只是另外一些变量，这些变量由代理人的行动和其它的外生随机因素共同决定。委托人的问题是如何根据观测的这些变量信息奖惩代理人，以激励代理人从自身利益出发选择对委托人最有利的行动。当委托人关于代理人的信息不完备时，委托人将某项任务授权给与自己不同目标的代理人就会产生很多问题，这也正是激励问题的起源。如果代理人具有不同的目标函数但没有私人信息，则委托人可以通过提供一个完全契约来控制代理人的行为，并使其按照委托人的目标进行选择，于是代理过程中的激励问题就不复存在。但是当代理人具有私人信息，而委托人无法完全监控代理人的行为时,激励问题就成为影响代理成本的核心要素。对于委托人如何影响代理人的问题,目前的研究大多集中在激励契约的设计上。在契约关系中,委托人和代理人的目的都是为了实现自身利益最大化,但他们之间存在利益冲突,委托人需要签订契约来控制代理人的行为,在最大化代理人效用的同时最大化自身效用,从而产生了代理成本。委托代理理论就是研究如何设计一种给代理人以足够动力的契约或机制,使代理人在追求个人效用最大化的同时,实现委托人效用最大化。

2.4.3 供应链委托代理理论模型

供应链上的企业在相互合作过程中形成委托代理关系,该关系成为供应链企业间合作关系的一种体现,这种委托代理问题,不同于其它在市场交换中许多供应商和顾客之间的委托代理问题,它强调企业间的合作和协调:各自从自身的利益出发,并结合合作对策,形成独具一格的委托代理机制。供应链委托代理理论模型如图 2.7 所示[24]。

委托代理问题是由当事人各方的信息不对称引起的。从不对称发生的时间看,信息不对称性可能发生在当事人签约之前,也可能发生在签约之后,分别称为事前不对称和事后不对称。研究事前不对称信息博弈的问题称为逆向选择问题 (Adverse selection),研究事后不对称信息博弈的问题称为道德风险问题 (Moral hazard),且这两类问题往往是并存的。

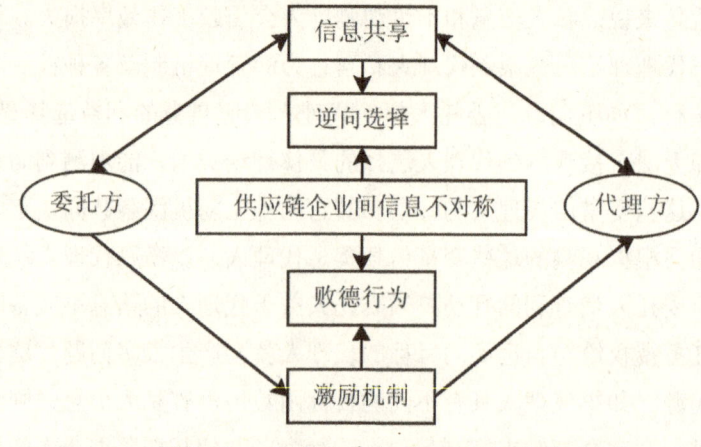

图 2.7 供应链委托代理理论模型

(1) 逆向选择问题。制造商（委托人）在选择供应商（代理人）时，供应商掌握了一些制造商不知道的信息，而这些信息可能对制造商不利，供应商因此与制造商签订了对自己有利的契约，致使制造商受到损害（可能表现在供应商内部管理存在问题），这种信息不对称条件下的决策导致了"逆向选择"——制造商误选了不适合自身实际情况的供应商。

(2) 败德行为问题。假设供应商与制造商在签订契约时各自拥有的信息是对称的，但签成契约后，制造商无法观察到供应商的某些行为，或者外部环境的变化仅为供应商所观察到。这种情况下，供应商在有契约保障之后，可能采取不利于制造商的一些行为，损害制造商的利益。当制造商集中精力于内部的生产管理、销售与服务、产品设计、市场调查时，不可能全面、细致的了解供应商的运作过程，供应商此种行为可能给制造商的生产带来不确定性，表现在供应商供货的推后或者产品质量的降低上。这种隐藏行为导致了"败德行为"——供应商降低了服务水准、增加了潜在费用。

契约指出交易各方达成的具有法律效力的文件，其中一方（通常理解为供应商）答应在一定的条件（如数量、质量、价格、送达时间等等）下向另一方提供商品或服务，而另一方（通常理解为采购商）根据契约的规定（包含契约的激励和惩罚因素）向对方支付一定数量的报酬。供应链契约指通过提供合适的信息和激励措施，保证买卖双方协调、优化销售渠道和绩效的有关条款。

委托代理理论发展了以风险共担、利益共享的协调机制，委托人要实现利益最大化就必须使代理人期望效用满意优化，但委托人只能观察到代理人行为的结果，对其行动及信息并不清楚，因此为防止代理人的"败德行为"，必须实施协调和约束，而契约正是实施有效协调的重要手段。供应链中企业的协作、控制、管理以及物流、资金流和信息流等在企业间的流动都需要合理的契约安排来完成。供应链契约为交易双方提供界定未来业绩和配置未来事件风险的方式，可以促进企业间更紧密的合作，确保有效安排生产及库存计划，合理分配收益，并达到降低供应链成本，保证产品质量，提高用户满意度，提高整个供应链绩效的目的。

参考文献

[1]Billington, C. *Strategic Supply Chain Management* [J]. OR/MS Today, 1994(4): 20-27.

[2]Christy, David P., Grout, John R. *Safeguarding supply chain relationships* [J]. International Journal of Production Economics, 1994, 36 (3): 233-242.

[3]Stevens,Graham C. *Successful Supply-Chain Management*[J]. Management Decision, 1990,28(8).

[4]Croom, S., Romano, P., Giannakis M. *Supply Chain Management: An Analytical Framework for Critical Literature Review*[J].European Journal of Purchasing & Supply Management, 2000,6(1): 67-83.

[5]Supply chain council. *Supply chain operations reference-model overview* 8.0. https://www.processworld.com/docs/sponsor-docs/SCOR-8.0-Overview-Booklet.pdf,2006

[6] 王宁. 电子化供应链管理协同机制研究 [D]. 上海：同济大学 ,2006.

[7] 马士华, 林勇. 供应链管理（第二版）[M]. 北京：高等教育出版社 ,2003.

[8]Naylor, B., Naim, M. M., Berry, D. *Leagality: Integrating the lean and agile manufacturing paradigms in the total supply chain* [J].International Journal of Production Economics, 1999, 62: 61-73.

[9]Simchi-Levi, D., Kaminsky, P., Simchi-Levi, E.*Designing and Managing the Supply Chain: Concepts, Strategies and Cases*[M]. New York: McGraw-Hill, 2000.

[10]Chase, R.B, Aquilano N.J, Jacobs R. *Production and Operations Management: Manufacturing and Services*[M].McGraw-Hill,1998.

[11] 王迎军. 供应链管理实用建模方法及数据挖掘 [M]. 北京：清华大学出版社 ,2001.

[12] 鲁其辉. 供应链信息的协调管理机制研究 [D]. 上海：复旦大学 ,2006.

[13] 白世贞等. 供应链复杂系统资源流建模与仿真 [M]. 北京：科学出版社.

[14] 弗兰西斯·路纳, 本尼迪克特, 史蒂文森. SWARM 中的经济仿真：基于智能体建模与面向对象设计 [M]. 景体华 等译. 北京：社会科学文献出版社 ,2004.6

[15] 刘永胜. 供应链协调理论与方法 [M]. 北京：中国物资出版社 ,2006.

[16][美] 道格拉斯·M. 兰伯特 (Douglas M. Lambert). 供应链管理：流程、伙伴、

业绩 [M]. 第 2 版 . 王平 译 . 北京 : 北京大学出版 ,2007.

[17](德)H· 哈肯 . 高等协同学 [M]. 郭治安译 . 北京 : 科学出版社 ,1989.

[18] 吴绍艳 . 基于复杂系统理论的工程项目管理协同机制与方法研究 [D]. 天津 : 天津大学 ,2006.

[19](德)H· 哈肯 . 信息与自组织——复杂系统中的宏观方法 [M]. 成都 : 四川教育出版社 ,1988.

[20] 黄伟建 . 多 Agent 技术在供应链管理中的应用研究 [D]. 天津 : 天津大学 ,2004.

[21]ShohamY *Agent oriented programming*[J].Artificial Intelligence,1993,60(l):51-92.

[22] 倪志伟 , 李锋刚 , 毛雪岷 . 智能管理技术与方法 [M]. 北京 : 科学出版社 ,2007.

[23] 范玉顺 , 曹军威 . 多代理系统理论、方法与应用 [M]. 北京 : 清华大学出版社 ,2002.

[24] 李善良 . 供应链委托代理问题分析 [D]. 上海 : 复旦大学 ,2005.

[25] 杨华 . 闭环供应链的契约协调机制研究 [D]. 长春 : 吉林大学 ,2009.

[26] 蓝伯雄 , 郑小娜 , 徐心 . 电子商务时代的供应链管理 [J]. 中国管理科学 ,2000,8(3):127.

[27] 苏士哲 . 英汉物流管理辞典 [M]. 北京 : 清华大学出版社 ,2001.

[28] 单汨源 , 孙亚 . 供应链管理及其应用研究 [J]. 中南工业大学学报 (社会科学版),2000，6(3):202-203.

[29] 于涵 . 面向供应链协调的信息共享与信息价值研究 [D]. 天津 : 天津大学 ,2008.

[30]Sunil Chopra, Peter Meindl *Supply Chain Management: Strategy, Planning and Operations* [M].New Jersey: Prentice Hall, Inc., 2001.

[31] 姜金菊 . 基于智能代理的供应链仿真方法的研究 [D]. 上海 : 同济大学 ,2004.

中 篇

供应链管理中的信息协调

第3章
供应链信息协调框架及要素

3.1 供应链信息协调

3.1.1 供应链信息及其特征

关于信息的定义,不仅自然科学各学科(如信息科学、物理学、电子与通信技术等)有不同的解释,而且社会科学如哲学、管理学等也有不同的解释,均因研究视角和关注点不同,所以信息的定义总体讲多达上百种,如信息论的奠基者香农指出信息是用来消除随机不确定性的东西,控制论的创始人维纳指出:"信息就是信息,既不是物质也不是能量。"还有的学者分别将信息定义为表现事物特征的一种普遍形式,数据加工的结果,系统有序的度量以及帮助人们做出决策的知识等等。关于信息最通俗的解释为消息、情报、通知、资料等。一般认为,信息是反映客观世界中各种事物的特征和变化,可以通讯的知识。管理信息系统中常用的定义是:信息是经过加工的数据,它对接收者的行为能产生影响,对接收者的决策具有价值[1]。

供应链信息指供应链各企业从外部获得,或在供应链内、外部流动并传播的、对企业经营决策和运作有用的消息之和。内部信息反映各企业内部的生产、经营活动状况,外部信息在供应链企业间传递,使供应链既能对市场及时做出响应,满足市场需求,又能节约供应链成本。供应链信息的种类十分广泛,例如按照信息的性质可分为[2]:

(1)决策信息:包括供应链中各企业的各种计划决策、成本决策、质量决策和销售决策中传递和使用的信息。根据各个企业具体目标,利用所掌握的决策信息,运用知识发现、数据挖掘等技术帮助管理者作出决策。

(2)监控信息:指的是对生产过程中的状态进行数据采集、数据分析处理和特征抽取得到的信息,以便判断系统的运行状况,及时发现并处理异常情况。

(3) 物流信息:指从客户订货到将产品送到客户手中这个过程中有关物料流动的信息。物流信息的传递和管理是提高供应链管理效率的关键。

(4) 交易信息:包括需求信息和供给信息。供应链中企业与企业的合作关系,主要通过交易信息体现,交易信息按照企业间的协议标准进行交换。交易信息的安全传递及管理是实现供应链管理的重要因素之一。

另外,每个供应链节点企业都面临不同渠道的不同信息,如零售商信息渠道涉及顾客、供应商、企业外部环境、竞争对手和合作伙伴。不同渠道的信息又多种多样,例如:供应商的信息包括生产信息、订单状态信息、库存信息、产品信息、供应能力信息、促销信息等。供应链上的信息指导着物流的运动。在激烈竞争的市场环境下,有效利用信息保持或提高企业的竞争优势,是供应链上每个企业的策略之一。从某种意义上说,供应链实际上就是一个用于满足顾客需求的信息驱动事务链。

供应链信息具有管理信息的基本特征。从供应链协调的目的出发,应该对供应链信息的以下特征给予重视:

(1) 事实性。事实是信息的中心价值。不符合事实的信息不但没有价值,还可能产生负价值。因此,供应链信息的第一和基本的特征是事实性。由于供应链上的信息可能存在传递、被感知和认识的误差,所以在使用信息前需要确保信息是符合客观事实的,否则会导致错误的决策而影响供应链绩效表现[3]。

(2) 等级性。供应链的管理涉及各企业成员,而企业的活动分为战略层、策略层和操作层,相应地,各层活动所需要的信息也具有层次性。不同层次的信息来源不同,寿命长短不同,保密程度不同,精度也不同。

(3) 流动性。信息可以流动、扩散。信息的流动跨越不同部门和企业,同一信息既需要在企业内部进行流动,同时也可能需要在部分企业之间进行流动。信息的流动比物流更加快捷。因此,尽量增加信息的流动和扩散而减少物流的运动,会增加企业运作效率。

(4) 共享性。信息拥有者在传播信息时,并未失去信息的享有,而接受者又可共享此信息,即信息的共享性。作为同一级的信息,其信息量在使用过程中互不影响、互不冲突,这种共享性能同时实现,并且不会因多次使用而出现自然损耗。而物质资源的拥有则具有唯一性,至少同一时间点上具有唯一性。信息的这一特性对增强供应链企业间的合作有着非常积极的作用。共享的信息为企业决策带来更多的依据，而现代通讯技术的发展也为信息共享创造了技术条件。

（5）动态性。供应链上各企业经营活动及其相关要素始终处在不断发展和变化的动态过程中。随着时间的推移，企业经营及其环境会不断呈现出新的状态。市场供求的数量、品种和价格水平、消费者的购买偏好和能力、竞争对手的战略、企业内部库存和生产状况，等等，所有这些都在不断变化，从而不断生成并传送出大量新的信息。由于供应链的环境复杂性，信息的动态变化对企业及时、准确地发现和利用信息提出了更高的要求。

（6）来源多样化。如前所述，供应链信息不仅包括企业内部信息（生产信息、库存信息等），还包括企业外部信息（市场信息等）。企业竞争优势的获得需要供应链各参与企业之间相互协调合作，协调合作的手段之一是信息及时交换和共享。

（7）价值的不确定性。供应链信息虽然在不同程度上客观地反映了企业经营中何时、何地发生了何事，其内容是相对确定的。但这些信息的意义，它对人们的启示及利用它所获取的价值是不确定的。

（8）强调为客户服务。横向信息传递的最终目的是提高企业对客户的服务水平和服务质量。

3.1.2 供应链信息协调

1. 协调

协调的概念来源于对系统的研究。系统协调的目的是希望通过某种方法来组织和调控所研究的系统，使之从无序转换为有序，使系统达到协同状态。系统协同程度越高，输出的功能和效应越大，系统的负效应越小，结果就越有价值。一般来说，需要进行协调的系统往往包含若干个相互矛盾和冲突的子系统或者对各目标有不同评价标准的参与者。对于这些系统，如果不能通过协调妥善处理各种冲突，那么该系统功能将由于系统宏观结构失稳而无法得到好的结果，甚至产生负效应，即出现系统的整体功能小于各子系统功能之和[4]。

协调是对各种活动间依赖性的管理，目标是获得独立个体所不能达到的整体目的。协调的对象可以是业务、功能或组织，还可以是任务或资源[5-6]。Thompson从组织理论的角度研究如何在公司之间的业务过程和业务功能实现活动中获得高效的协调,他针对公司之间合作的紧密程度将协调分为标准化协调、计划协调等类型[7]。Galbraith 指出由于完成任务时缺乏信息或信息不准确而导致任务不确定性。组织必须具备与它所拥有的信息量相当的信息处理能力,否则,只有减少信息量才能减小不确定性[8]。基于此,Danese 等将信息处理能力引入协调理论[9]。信息处理包括信息的收集、加工、存储和传输。

供应链协调是组成供应链的各部门、企业之间的协调,是使供应链部门乃至成员企业的个体目标和利益与整个供应链的目标和利益相平衡,使供应链中各节点企业减少冲突及内耗,从而更好地分工合作,减小不确定性。供应链失调对运营绩效的影响包括以下几个方面[10]:

(1) 使产品的生产成本增加。由于牛鞭效应,供应商、制造商面临的需求变动性要比分销商面临的需求变动性大得多。为了应付这种增大的变动性,在供应链失调的情况下,供应商、制造商就要扩大生产能力或增加库存量,这两种做法的结果都会加大单位产品的生产成本。

(2) 使供应链库存成本大大增加。在供应链失调的情况下,供应商、制造商为了应付增大了的需求变动性,要保有比牛鞭效应不存在时还要高的库存水平。同时,高水平的库存还增加了必要的仓储空间,结果导致供应链库存成本大大增加。

(3) 使补给供货期延长。由于牛鞭效应增加了需求的变动性,与平稳需求情形相比,供应商、制造商的生产计划更加难以安排,往往会出现当前生产能力和库存不能满足订货需求的情况。在供应链失调的情况下,必然导致供应链中的供应商、制造商的补给供货期延长。

(4) 使运输成本增加。一般来说,供应商、制造商在不同时期的运输需求与订单的完成密切相关。由于牛鞭效应,运输需求将会随着时间的变化而剧烈波动。在供应链失调的情况下,供应商、制造商需要保持富余的运力来满足高峰期的需求,从而使运输成本增加。

(5) 使送货和进货的劳动力总成本增加。一般来说,供应商、制造商的送货和进货劳动力需求将随着订单的波动而波动。为了应付这种订单的波动,供应链的各个成员有不同的选择,在供应链失调的情况下,有的可能保有剩余劳动力,有的可能变动劳动力数,但无论是哪种选择,都会增加劳动力总成本。

(6) 降低产品的供给水平。订货的大幅度波动使得供应商、制造商无法及时向所有的分销商和零售商供货,从而导致分销商和零售商出现货源不足的概率增大,降低了产品的供给水平,进而导致供应链销售额减少。

这里从信息视角出发,结合订单执行过程,作者认为解决供应链失调应该使供应链各企业通过内、外部必要的信息传递、交流或共享进行通力协作,增强信息处理能力,制定较精确的各项计划/决策,从而减小供应链订单执行过程中的不确定性,减小牛鞭效应和供应链库存并缩短订单满足周期,最终达到降低成本,提高客户服务水平,增强整个供应链竞争力的目的。

2. 信息协调

信息是供应链的驱动因素之一。对于供应链系统的生成、维持、运行和演化,信息起整合力和组织力的作用,它使其他三种供应链驱动因素(库存、运输和设施)能够为创造一个协调的供应链一起发挥作用。无论是组成部分之间和层次之间的整合,还是系统与环境之间的整合,都是通过一定的信息运作实现的(所谓信息运作,指信息的获取、传输、加工、存取、创生和利用等)。因为供应链系统的生成、维持、运行和演化都包含大量信息作业;所以,研究供应链系统的一个极为重要的视角是考察有关的信息作业。

供应链信息协调指从信息作业的视角考察供应链协调。供应链协调的实现离不开供应链信息处理能力。信息处理包括信息的收集、加工、存储和传输。供应链的信息处理能力包括组织内部信息处理能力、组织之间信息处理能力、获得用以加工信息的各种知识的能力以及决策制定能力。

目前关于供应链信息流研究使用比较多的概念是信息共享。信息共享就是供应链中各个企业共同拥有一些知识或行动。还有些文献直接引用信息协调的概念,且指出通过信息共享实现信息协调。那么,是不是实现了信息共享就等于实现了信息协调?信息协调与信息共享两个概念之间有无差别?本书认为,信息协调不等同于信息共享。信息共享是实现信息协调的必要条件和重要内容之一,但实现信息共享并不意味着就实现了信息协调。信息协调是信息共享的目的,它不仅强调通过信息共享加强供应链成员间的协作,而且强调共享信息的价值(即这些信息应该是对供应链绩效有重要影响的关键信息)、这些信息的运作机制以及通过信息技术和信息集成加速供应链上的信息流动,实现信息的及时传递,从而推动物流和资金流的快速流动,最终提高供应链整体运作的绩效。因此,信息协调更明确地表述了供应链信息流研究的目的。所以,本书从信息流的角度研究供应链订单执行过程中的协调时采用信息协调的概念。通过信息协调，减小供应链中的不确定性，降低企业合作风险，缓解牛鞭效应，提高供应链的绩效表现。

3.2 供应链信息协调总体框架

供应链信息协调总体框架包括信息协调种类和信息协调要素两大部分，如图 3.1 所示。

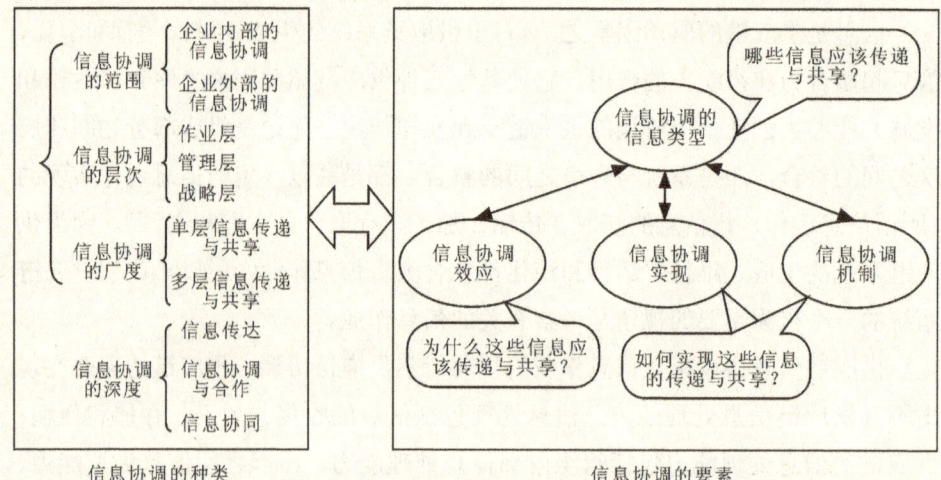

图 3.1 供应链信息协调总体框架

该框架从四个方面对供应链信息协调的种类进行划分，其中根据信息协调的范围可以分为企业内部信息协调和企业外部信息协调；从信息协调的层次可以分为作业层信息协调、管理层信息协调和战略层信息协调；从信息协调的广度可以分为单层信息传递与共享和多层信息传递与共享；从信息协调的深度可以分为信息传达、信息协调与合作以及信息协同。信息协调要素包括信息类型、信息协调效应、信息协调实现与信息协调机制等。其中信息类型指的是可传递与共享的信息种类或内容；信息协调效应指的是信息的传递与共享对供应链绩效的影响；信息协调实现和信息协调机制则是指如何实现信息的传递与共享。每种信息协调都包含了信息协调的四种要素。

3.3 供应链信息协调的种类划分

1. 根据信息协调的范围进行划分

根据信息协调的范围进行划分，可分为企业内部信息协调和企业外部信息协调。供应链各企业（如制造核心企业）首先需要进行内部信息的协调。企业内部信息协调是在企业生产和管理决策过程中，销售、生产、物料等部门能将准确的信息、在准确的时间、以准确的方式、传送给需要该信息的人，以利于制定较精确的生产计划、能力需求计划、原材料需求计划，从而缩短订单执行周期并减小停工待料、库存太多等损失，实现企业内部协作。内部信息协调之后企业管理达到一种新的层次，企业与供应链其他外部实体之间不同方式的信息协调会使供应链系统取得各种可能的状态，具体表现为供应链库存成本的高低、对顾客需求相应的快慢等。要选择这些状态，系统需要额外的信息。这种信息由系统其他部分（上游供应商或下游客户）来提供[11]。

2. 根据信息协调的层次进行划分

根据信息协调的层次进行划分，可分为作业层信息协调、管理层信息协调和战略层信息协调，如表3.1所示。

表3.1 信息协调的三个层次

层次	I级：作业信息层	II级：管理信息层	III级：战略信息层
说明	一般的交易与流程信息传递，以降低交易费用为目的	一般的企业运营信息传递和共享，以减少牛鞭效应、提高运营效率为目的	需求预测、产品开发等战略信息传递和共享，以快速反应、提高顾客满意度为目的
供应链协调程度	最低	中等	最高
目标	缩短订单处理时间，降低订单处理成本	降低库存成本，更好的产销协调	降低不确定性，增加对市场的快速反应，缩短新产品的开发、上市时间
信息种类	订单信息	生产能力，库存状态，供货提前期等信息	销售信息、市场预测、产品开发等信息

从上表可以看出，供应链信息协调从作业信息到战略信息，供应链协调度越来越高，战略信息的传递和交流将从根本上使供应链向无缝化发展，真正实

现供应链高效运作，达到"双赢"的目标。供应链应达到的信息协调层级依据供应链的不同会有所不同，主要决定因素有产品特性、制造方式、成员间的伙伴关系和成员的 IT 应用程度等[12]。

(1) 产品特性。按照产品的需求特性，可以将之分为功能性产品和创新性产品。功能性产品如生活必需品或日用品，需求稳定且可预测，产品生命周期较长，平均利润较低。而创新性产品如流行性产品或高科技产品，需求不稳定，预测较困难，生命周期短，但是利润率高。产品特性决定了产品适合的制造方式。

功能性产品通常采用按库存生产（Make to stock, MTS）方式，按照计划进行生产，管理重点在于如何降低销售成本、拓展市场销售量，可采用作业信息层或管理信息层的信息协调来降低成本，节省订单处理的时间和费用，提高处理效率，促进产销协调。创新性产品由于生命周期短，产品需求不稳定且不易预测，并强调上市时间的重要性，多采用按订单装配（Assemble to order, ATO）或者按订单生产（Make to order, MTO）方式，应用到的信息协调层级为管理信息层和战略信息层。总之，产品特性决定了产品的制造方式，而制造方式又影响了企业信息协调适用的层级，如表 3.2 所示。

表 3.2　产品特性与生产方式

产品特性	功能型产品	创新型产品
制造方式	MTS	ATO 或 MTO
信息协调层级	I 级或 II 级	II 级或 III 级

(2) 伙伴关系。供应链中信息协调的层级显然要受到成员间伙伴关系的影响。成员间的信任程度越高，合作关系越紧密，信息协调的层级就可以越高，反之亦然。

(3) IT 应用程度。企业应用 IT 的程度也影响着组织间的信息协调。一个企业是否具备良好的信息化基础设施，以及企业内部信息化应用程度对企业所处供应链信息协调能达到何种层次有重要影响。企业现有的信息系统使用程度越高，接受信息协调的意愿和能力也会越高，其能参与的信息协调层级也越高。

3. 根据信息协调的广度进行划分

根据信息协调的广度进行划分，可分为单层信息协调和多层信息协调。前者是在零售商——分销商、分销商——制造商或制造商——供应商之间进行信息协调,后者是任何企业可按照需求进行跨越层次的信息协调,如图3.2所示。

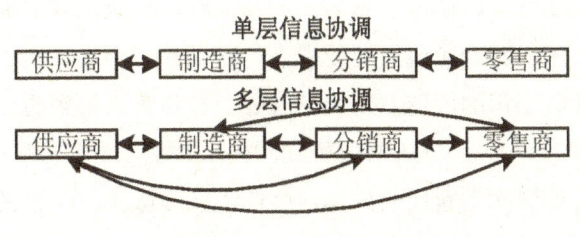

图 3.2　信息协调的广度

4. 根据信息协调的深度进行划分

根据信息协调的深度进行划分,可分为信息传达、信息协调与合作以及信息协同,如图3.3所示。不同层次交换的信息内容不同,信息协调的目标也不同。

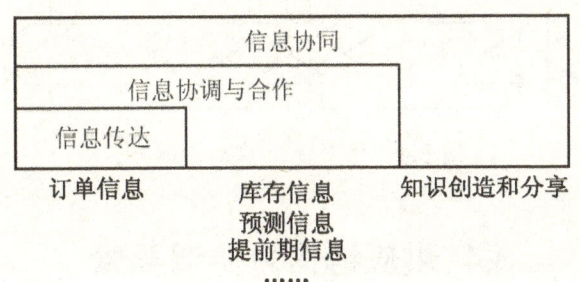

图 3.3　信息协调的深度

(1)信息传达(Communication)。这是最简单直接的一种信息交换状态,交换的信息内容只有订单信息(产品的需求数量、时间等),目的是使企业能根据需求开展基本运营活动,不涉及管理决策方面的信息需求。

(2)信息协调与合作(Coordination and cooperation)。在不断变动的市场环境中,为获得竞争优势,必须构造无缝(Seamless)供应链。协调与合作的目的是在供应链中生成透明的、可视信息流,以制定精确的决策。因此,除订单信息外,需要传递并共享更多的信息(如库存信息、提前期信息和预测信息等),以便消除隔阂,节约时间与成本,提高运营效率,谋求共同利益。

(3)信息协同(Collaboration)。协同是共同创造的过程:两个或两个以上具有互补技能的个体相互作用,达成个体所不能达到的共识[13]。这种共识可以是关于过程的，也可以是关于产品创造或事件处理的。从此意义上讲，协同是创造以前并不存在的东西。供应链中的企业与各合作伙伴在彼此相关的管理活动中（例如产品设计、供应链规划、市场预测、物流、营销等）通过知识分享来协同合作，创造新产品或发现新视点，以提升整个供应链的竞争优势。信息协同意指供应链知识的创造。知识是通过经验和实践得到的一系列数据、规则、程序和操作的集合。正如本书第二章中的"协同学信息"，它由系统合作产生，伴随着宏观层次上新质的出现，出现了新的意义，即意义的自创生，也即新信息的产生。供应链知识分布如图 3.4 所示[14]。

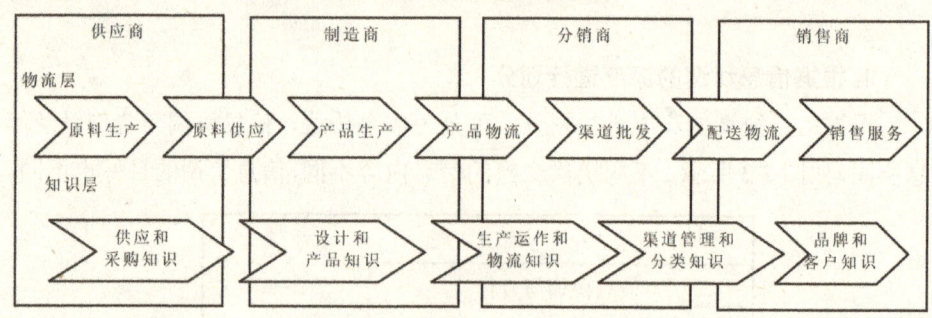

图 3.4　供应链流程知识分布

3.4　供应链信息协调要素

供应链信息协调要素包括信息类型、信息协调效应、信息协调实现与信息协调机制等。

（1）信息类型。鉴定信息类型是实现供应链信息协调的基础。订单执行过程的主要活动有三项：订单管理、制造和物流。其中订单管理负责接收客户订单并提交客户请求，在货源不足的情况下根据客户优先级派送货物；制造活动包括制定物料生产计划和能力计划以及对计划的控制等；物流活动主要包括库存管理和运输。以装配制造业供应链为研究对象，从供应链各企业的信息需求角度出发，结合订单管理、生产计划、库存管理等活动，订单执行过程中的信息协调涉及的信息类型见表 3.3 所示。

表 3.3　订单执行过程中的信息协调涉及的信息类型

信息类型	内容	信息类型	内容
（销售）订单信息	需求信息 需求变动信息 订单批量	预测信息	需求预测数据 预测模型
产品信息	新产品计划	能力信息	生产能力 关键设备的能力
生产信息	生产计划 在制品数量 生产线状况 生产提前期	供应信息	供应提前期 供应数量
库存信息	库存量 库存水平 库存补给策略	运输信息	运输提前期 在途状况

（2）信息协调效应。供应链信息协调的实现过程中，信息系统是载体，确定其中流动的信息内容是关键。企业之间共享信息需要成本支出（如信息系统的投资），共享信息获得的收益与支出成本之间的权衡需要在实现信息协调时首先确定各种可共享信息对于供应链平衡状态贡献的相对重要性，即确定信息协调的效应。它是实现供应链信息协调的动力之一。

供应链企业间信息交换的目的是获得供应链的平衡和稳定。从系统控制的角度，系统稳定性定义为：当系统处于某平衡状态时，若受到外来作用的影响，经过自我调整仍能回到原来的平衡状态，则称这个系统是稳定的，否则称系统不稳定。对于供应链系统来说，其平衡状态是指供应链上下游企业之间衔接紧密、生产连贯、需求保障到位，供应链评价指标在一定时间内稳定在某个固定的水平上。这种平衡状态就是供应链系统的吸引子，可以用诸如库存成本、订单满足率、提前期等指标表示。可以采用定性分析与定量研究相结合的方法鉴定各种信息对于这些吸引子的相对重要性。

需要指出，在定量研究方法的选择方面，协同学存在局限性。在哈肯的维象协同学的"硬核"中，利用最大信息熵原理计算各消息的数值 P_j。这些定量方法建立在对物理化学系统中的自组织现象的研究之上。对它们可以进行真实的实验研究，并建立数学模型（在物理学中，一个复杂系统被分解为一些特定部分，仅仅改变一个或很少几个参数，就能对这些部分的行为进行可重复的研究)。对于供应链这一复杂社会系统,从信息角度研究其自组织时,哈肯的基于近代科学还原论的定量研究方法存在着诸多困难:一方面,该系统中的复杂自组织现象,难以按照协同学中的方法建立模型系统从而进行真实的实验研究,且序参量及其低阶矩难以确定;另一方面,约束条件难以确定。因此,利用协同学原理对供应链订单执行过程中的信息协调进行定性分析,利用多Agent技术进行模拟与仿真实验,这两种方法相结合,能为供应链信息协调的研究提供有益的途径。

(3) 信息协调的实现。信息协调离不开信息技术的支持,信息技术是实现供应链信息协调的工具。随着计算机技术、通信技术、网络技术的迅速发展,现代信息技术可以为供应链信息协调提供统一的、协作的基础平台,实现供应链系统中各企业间充分地信息传递和共享。在供应链中各企业应用的信息技术主要包括 EDI、Internet/Intranet/Extranet 和 XML/Web 服务等。

信息技术的实施对订单执行过程有两个重要影响:一是对运营流程进行平滑,通过降低订单处理成本和订单处理时间,降低客户订货费用,缩短订单执行过程;二是提高供应链有效整合的能力,通过信息技术可以更方便地进行核心企业内部或核心企业与上下游成员之间的流程连接。总之,信息技术的实施能改善客户服务,减少库存,并改善资金流,使供应链中的企业均从中受益。

(4) 信息协调机制。虽然供应链中充分的信息传递和共享能降低订单执行过程的成本,提高客户服务水平,但由于供应链各企业具有自利性和欺骗性、共享信息存在风险和信息流程不完善等原因会导致供应链中的企业不愿意参与或参与困难。契约设计、激励和信息流协调等机制是实现供应链信息协调的保障,必须通过这些机制强化供应链中的合作伙伴关系,提高供应链中各成员之间的信任程度,改进信息流程,使信息协调得以实现。

3.5 供应链企业内部信息协调

企业内部信息协调是在企业生产和管理决策过程中,销售、生产、物料等部门为制定较精确的各项计划以缩短订单执行过程及减小停工待料、库存太多等损失而进行信息的收集、加工和传递,实现企业内部协作。图 3.5 表示了在订单执行过程中制造核心企业内部销售、生产、物料部门之间为了实现计划协调所进行的信息传递与共享。在订单执行过程中，销售部门的主要功能是完成订单管理，根据客户需求、库存信息（来自物料部门）、生产计划和能力信息（来自生产部门）确定订单交付日期并向客户派送商品。生产部门根据订单信息和预测信息（来自销售部门）以及提前期信息和库存信息（来自物料部门）制定生产计划并向车间下达生产任务。物料部门根据生产计划和能力信息（来自生产部门）制定物料采购计划并调整物料库存水平。通过销售、生产、物料部门之间的信息协调实现企业内部销售计划、制造计划与采购计划的协调。

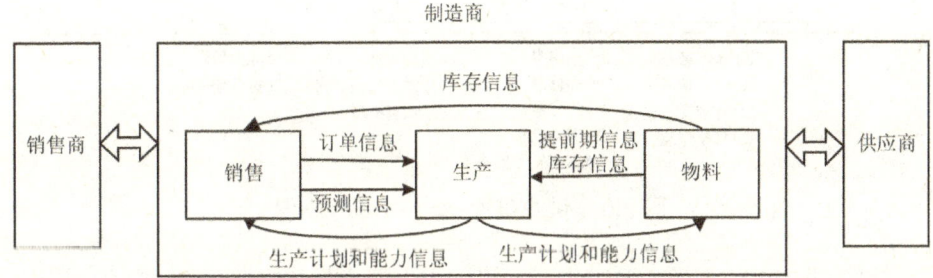

图 3.5 供应链企业内部信息协调

3.6 供应链企业外部信息协调

订单执行过程中为了实现有效的制造计划与控制活动，企业外部信息协调应包括制造商与销售商之间的信息协调、制造商与供应商之间的信息协调、供应商与销售商之间的信息协调以及销售商、制造商、供应商之间的信息协调。（见图 3.6）

（1）制造商与销售商之间的信息协调。制造商与销售商之间的信息协调涉及的信息主要包括库存信息、订单信息、预测信息和能力信息等。订单管理是销售活动中的一项重要内容，在下单之前销售商需了解制造商的库存水平、能力等信息以给客户恰当的承诺，并向客户解释供应约束，这对于提高客户满意度具有十分重要的意义。销售商向制造商提供订单信息、预测信息，能使制造商适时安排和调整生产计划。企业有了确定的需求信息，可以在制定生产计划时，减少为吸收需求波动而设立的库存，并使生产计划更加精确可行。另外，企业在获得客户的实际需求信息后，应将该信息在整个供应链成员之间传递，使各成员均按客户实际需求来生产零部件、中间品或最终产品等，而不是按照预测的订单来安排生产，从而避免信息失真。

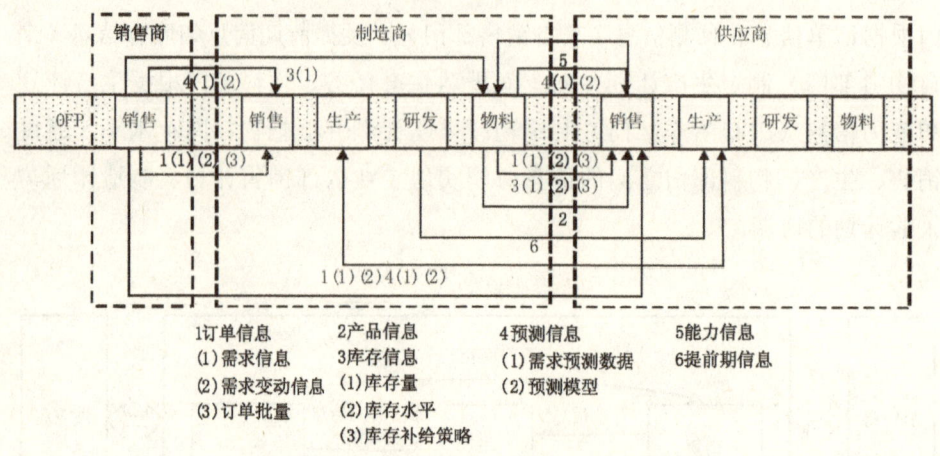

图 3.6 供应链企业外部信息协调

对于供应链的下游成员而言，如果知道上游成员的库存信息，就能知道自己的订货在多大程度上可以被满足，并据此调整自己的订货策略，如是否提前订货，或者减小原订货量转而寻找新的供应商，以避免缺货损失。

（2）制造商与供应商之间的信息协调。在激烈的市场竞争中，制造商越来越关注价值创造和客户服务，按照价值链原理对自身所在的供应链进行重组，将大量的非核心业务剥离和外包，越来越多的零部件制造和装配责任交给了第一层供应商，并提高了对供应商在服务和响应时间上的要求。供应商感受到的压力越来越大，不仅要能快速响应来自制造商的需求预测和生产计划变动，而且要确保供应链上信息传递的准确性。大多数情况下，供应商的这些努力必须得到制造商的协调与配合才能成功。由于制造商传统的零部件库存移到了供应商，成功的零部件供应商既要给制造商提供与以往企业内部库存供货一样的便利，自己又要避免高额的库存成本，若没有充分的信息协调，这些是难以实现的。

制造商与供应商之间的信息协调涉及的信息包括生产计划信息、库存信息、订单信息、产品信息、预测信息、提前期信息和能力信息等。制造商向供应商提供库存信息、订单信息、产品信息、预测信息以及能力信息供其安排生产时参考，增加了供应商对下游企业的可视性和预测的准确性，有利于供应商准确地制定生产计划，提高交货速度和准确率，同时降低库存。供应商向制造商提供能力信息、库存信息和提前期信息，制造商可以据此设置安全库存，调整生产，控制成本。供应商可以根据制造商的库存水平调整自己的生产计划，并协调对多个制造商的供给问题。

企业的生产决策决定了对其上游企业产品的需求，同时也影响对其下游企业产品的供给。供应链的下游企业需要根据上游供应商的生产来决定自己的库存和生产计划。同样，下游企业的生产状况又决定了它对供应商的需求，从而影响供应商的库存和生产计划。总之，供应链上任何一个环节的生产波动，必将影响到其他环节，因此，通过上下游之间的信息协调，可以更好地协调采购、生产和配送。

（3）供应商与销售商之间的信息协调。供应商并不了解所生产零部件的真实需求。对供应商来说，其客户是制造商，而不是最终消费者。供应商的生产计划是基于制造商提供的销售预测，而不是最终消费者的订单需求。因此，销售商向制造商的重要供应商提供订单信息和预测信息能让它了解更真实详细的需求，有利于两者互相配合与协调，更快更好地为最终消费者服务。

（4）销售商、制造商及供应商之间的信息协调。销售商、制造商及供应商之间的信息协调内容包括预测信息、订单信息、库存信息等，目的是避免多方需求预测。供应链上游企业在做产品需求预测时，使用的往往是其直接下游成员的预测信息。面对竞争日趋激烈的市场，供应链上各企业都会对未来市场的需求方向和需求量进行预测以制定自己的发展战略。预测信息具有客观性，但同时又受到人为影响。为供应链每个成员提供最终顾客真实需求信息，可以使他们利用该信息预测需求，避免多方孤立地进行需求预测，从而减小订单波动和牛鞭效应。

本章小结

本章首先对供应链信息及信息协调的概念进行界定，提出供应链信息协调总体框架。该框架包含信息协调种类和信息协调要素两大组成部分。信息协调的种类从四个方面进行划分，其中从信息协调的范围分为企业内部信息协调和企业外部信息协调；从信息协调的层次可以分为作业层信息协调、管理层信息协调和战略层信息协调；从信息协调的广度分为单层信息传递与共享和多层信息传递与共享；从信息协调的深度分为信息传达、信息协调与合作和信息协同。信息协调要素包括信息类型、信息协调效应、信息协调实现与信息协调机制等。其中鉴定信息类型是实现供应链信息协调的基础，确定信息的效应是实现供应链信息协调的动力，信息协调的实现中信息技术是采用的工具，信息协调机制是实现供应链信息协调的保障。最后，从制造核心企业的信息需求角度出发，根据订单执行过程的目标和约束，结合制造计划与控制活动，从企业内部的信息协调和企业外部信息协调两方面分析了信息协调涉及的信息类型及信息运作方式。

参考文献

[1] 薛华成.管理信息系统[M].北京:清华大学出版社.

[2] 陈廷斌.基于XML_Web服务的供应链信息集成技术与方法研究[D].大连：大连理工大学,2004.

[3] 王晶,王珺,贾经冬.供应链信息管理[M].科学出版社,2012.

[4] 顾培亮.系统分析与协调[M].天津:天津大学出版社,1998.

[5] Malone, T.W., Crowston, K.*The Interdisciplinary Study of Coordination* [J].ACM Computing Surveys, 1994, 26(1):87-119.

[6] Crowston, K.*A coordination theory approach to organizational process design* [J]. Organization Science, 1997,8(2): 157-175.

[7] Thompson, J. D. *Organisations in Action* [M].Transaction Publishers, New Brunswick, 1967.

[8] Galbraith, J. *Organisation Design* [M]. Addison-Wesley Publishing Company, Philippines, 1977:35-37.

[9] Danese, P., Romano, P., Vinelli, A. *Managing business processes across supply networks: The role of coordination mechanisms* [J]. Journal of Purchasing and Supply Management, 2004, 10(4): 165-177.

[10] 刘永胜. 供应链协调理论与方法 [M]. 中国物资出版社 ,2006.

[11] 张晴 , 刘志学. 供应链信息协调框架及要素研究 [J]. 情报杂志 ,2009,28(5):179-182.

[12] 于涵. 面向供应链协调的信息共享与信息价值研究 [D]. 天津 : 天津大学, 2008.

[13] Matthias Holweg, Stephen Disney, Jan Holmström and Johanna Småros, *Supply Chain Collaboration: Making Sense of the Strategy Continuum* [J]. European Management Journal, 2005, 23(2):170-181.

[14] 王宁. 电子化供应链管理协同机制研究 [D]. 上海 : 同济大学 ,2006.

[15] Romano, P. *Coordination and integration mechanisms to manage logistics processes across supply networks* [J].Journal of Purchasing&Supply Management, 2003, 9: 119-134.

[16] Simatupang, T.M., Wright, A.C., Sridharan, R. *The knowledge of coordination for supply chain integration* [J]. Business Process Management Journal, 2002, 8(3):289-308.

[17] Simatupang, T.M., Sandroto, I.V., Lubis, S.B.H. *Supply chain coordination in a fashion firm* [J].Supply Chain Management: An International Journal, 2004, 9(3):256-268.

[18] Lewis, I., Talalayevsky, A. *Improving the interorganisational supply through optimization of information flows* [J]. Journal of Enterprise Information Management, 2004,17(3): 229-237.

[19] 程新章. 供应链问题的文献综述 [J]. 科技进步与对策 ,2006(10):196-200.

[20] 李龙洙. 制造业供应链的协调问题探讨 [J]. 航空制造技术 ,2002(5):42-44.

[21] Huber, G.P. *Organisational information systems: Determinants of their performance and behavior* [J]. Management Science, 1982, 28(2): 138-155.

[22] 张旭梅 , 朱庆. 国外供应链知识管理研究综述 [J]. 研究与发展管理 , 2007, 19(1):34-41.

第 4 章

基于多 Agent 的供应链信息协调建模与仿真

4.1 多 Agent 系统与供应链管理

1990 年代以来，Agent 及与 Agent 相关技术之所以得到充分重视，主要来自两个基本推动力：第一，无论现在还是将来的计算机科学及应用领域中，由 Agent 组成的多 Agent 系统有能力扮演重要的角色；第二，在建立和分析人类社会的交互模型和理论方面，MAS 也可以扮演重要的角色。

因此，Agent 已成为计算机领域和人工智能领域研究的重要前沿。与此同时，许多领域也借鉴或采用该概念(或思想)开展研究工作，如经济学、管理科学、生物科学等，这其中包括了供应链管理领域。下面从 Agent 性质、Agent 之间的社会行为、认知以及组织设计四个方面来分析 Agent 及 Agent 系统与供应链管理之间的关系[1-3]。

(1) Agent 性质。本书第二章曾指出，Agent 的性质包括：自主性、反应性、能动性和社会性。自主性，即 Agent 不需要人或其它 Agent 的直接干预而自行完成大部分求解任务，它们可以控制自己的行为并拥有自己的精神状态；反应性，即 Agent 感知环境并及时响应变化；能动性，即 Agent 主动在合适的地方利用所有可能的机会实现自己的目标；社会性，即 Agent 在适当的时候同其它 Agent 进行交互，以完成任务并可以协助其它 Agent。

任何理论层面或应用层面上所讨论的 Agent 优越性，都来自于上述的本质属性。在面向供应链管理的应用中，无论 Agent 在整个供应链系统中扮演什么样的角色（供应商业务过程、制造商业务过程、零售商业务过程等），毫无疑问的是它都代表相应供应链成员的经济利益。作为市场经济中的经济实体，第一，该供应链成员都是自我控制自己的行为和内部状态，尽管它会受到供应链系统中其他成员和市场环境的影响，但他们有着独立决策和行动的能力，不需要外部的干涉（自主性）。第二，任何供应链系统都处于一定的市场环境中（区域的、全国的、全球的等），供应链成员必然会接受和（或）感知来自市场环境和供应链系统本身的内部环境的各种输入和变化，并要做出相应的反应（反应性）。第三，作为一个理性的经济实体，供应链成员必然会在可能的条件下追求其本身利益（或效用）的最大化，故供应链成员必然会利用一切可能的机会来采取主动的行为，以实现自己的目标（能动性）。最后，供应链系统中的成员之间存在着资源上、信息上、经济上等的相互依赖关系，单个成员为了实现自身的目标必须要寻求与其他成员之间的交互和协调（如协商、协作）（社会性）。显然，在利用 Agent 来为供应链系统建模时，为了全面地体现供应链成员和供应链系统的特征，Agent 必须要具备以上讨论的基本特征。当然，这些性质的获得最终取决于 Agent 所拥有的能力（社会行为、个体行为、认知能力等）。

（2）Agent 之间的社会行为。大部分实际应用问题都是分散的，可以用多个 Agent 来描述这些在时间、空间和控制上分散的系统。与此同时，这些 Agent 之间需要交互以处理它们的社会依赖关系并实现个体的目标。供应链成员之间以及供应链成员内部的部门之间都必须进行不同程度的交互和协调。具体来说，无论是整个供应链系统，还是单个供应链成员，都处于动态的环境中，共同面对诸如市场环境的变化、系统内部的意外事件等情况。在这样变化的环境中，Agent 必须具备动态协调能力，如协商。从这一立场出发，对基于 Agent 的供应链协调、特别是跨成员的协调（成员之间必须要达成某种协议）来说，这种能力至关重要。

（3）认知。在 Agent 的研究中，特别是分布式人工智能领域，认知已成为 Agent 的一个重要特征。典型的认知理论采用的是意向系统，即把系统看作理性主体，它通过信念、愿望和其它认知属性来预测它的行为。至于意向观点的合理性和有用性等问题，McCarthy 等学者指出"在将信念、愿望、意图和能力等意识概念赋予一台机器时，如果这种赋予对于机器而言，所表达的信息如同将它们赋予人所表达的信息一样，那么这种赋予是合理的；当这有助于我们了解那台机器的结构、它的过去或将来的行为，或如何修正和改进它时，这种赋予也是有用的……我们可以为机器建立比较简单的（与人相比）信念、知识和愿望理论，并最终将其应用于人……"。

在 Agent 领域，最有影响的认知模型当属 BDI 模型。简单地讲，BDI 模型将个体的认知描述为相应的精神状态——信念（Belief）、愿望（Desire）和意图（Intention），简称 BDI。直觉上，Agent 的信念与该 Agent 拥有的关于世界的信息相对应，愿望表示为 Agent 想要执行的行为的状态集，意图是指 Agent 承诺执行相关行为的状态集。BDI 模型是高层次抽象分析模型，主要通过概念化建模（不包含明确的程序化的信息）驱动行为的运作，是人们对人类思维过程的高层抽象。BDI 模型已在一些重要的研究中得到了应用，同时也是一些混合系统和分层系统的理论基础。

尽管 BDI 模型侧重于推理并由此激发相应的行为（忽略具体的实施和实现细节），实际应用的难度大，但是，对于任何需要显示其目标驱动的行为的 Agent 来说，都需要拥有基于 BDI 的构件或与之相似的构件。供应链成员或供应链成员内部的子系统都是目标导向的经济实体（如效用最大化、实现自我承诺等）。具体来说，首先，供应链系统中的经济实体是具有认知特征的智能体，尽管当前的认知模型（如 BDI）不能刻画经济实体所有的智能特征，但它可以很理想的在较高层次来描述经济实体的思维状态及其变迁（即推理）过程。其次，供应链系统的组成和运作，有赖于供应链成员之间的彼此认同，这种认同首先是高层次的、战略上的，认知模型可以很好地描述这种状况。最后，由于认知模型可以很好地描述供应链中经济实体的精神状态，同时，实体的行为是状态导向的，也就是通过有关世界的精神状态的描述来调整其行为，而这种状态导向与实体的目标（或愿望）相一致。因此，认知模型在面向供应链系统的集成与协调的 Agent 结构中，应予以充分重视。

（4）组织设计。组织设计是多 Agent 系统应用和面向 Agent 的软件工程领域中关注的一个重要内容，其主要目的是为基于 Agent 的应用提供方法论上的指导。支撑组织设计的中心概念是角色。供应链是个复杂的（跨功能、跨组织、跨区域，甚至跨国界）动态系统，在利用 Agent 来实现供应链系统的协调与集成时，需要来自组织设计理论的指导：一方面，基于角色的组织理论可以将实体内部结构与外部的关系有机结合起来；另一方面，对被赋予特定角色的 Agent 之间的协调具有特殊意义，因为从一般的意义上来说，协调就是管理依赖关系。

以上从四个方面分析了 Agent 系统与供应链管理之间的关系。除此之外，还可以从供应链系统的特征和多 Agent 系统的特征来分析两者的相似性。（见表 4.1）

表 4.1 供应链系统与多 Agent 系统的相似性

供应链系统的特征	多 Agent 系统的特征
供应链是由多个完成不同阶段任务的功能实体所组成	多 Agent 系统是由多个担当不同角色和具有不同功能的 Agent 所组成
供应链上的每一个实体都有自己的目标、具有完成一定任务的能力，并且遵循一定的业务规则	每一个 Agent 都有自己的目标、资源以及需完成的任务，并且具有用户所表示的决策规则
在供应链中需协调物流、信息流和资金流	Agent 在网络中通过通信与相互作用进行协调
供应链上的实体具有不完全信息，需要在不同实体之间进行信息共享	Agent 能和其它的 Agent 进行通信，且能通过交换信息来共享信息和知识
供应链中知识是分散的，决策需要实体之间的协商和协调	Agent 是自治的，对所监控的环境做出响应，主动地采取行为，并与人和其它的 Agent 相互作用
供应链上的成员需要学习和推理，为运作和计划做出个体或联合的决策	Agent 能够根据规则以及在开放的环境中所学到的知识进行推理
供应链的结构具有柔性，即可以采用不同的结构完成不同的策略	多 Agent 系统是一个柔性系统，可以采用不同的控制和连接结构
供应链中的任务可以分解成子任务，也可以进行统合	Agent 可以将它的任务交付给其它的 Agent，或与其它的 Agent 相互协调形成较高层次的系统
供应链具有动态性，即实体可以参与供应链也可以离开供应链	Agent 能加入一个多 Agent 系统，也可以退出一个多 Agent 系统

4.2 基于多 Agent 的供应链信息协调建模

4.2.1 面向 Agent 的系统分析

1. 基于 Agent 的建模思想

基于 Agent 的建模是一种自底向上的建模方法，它把 Agent 作为系统的基本抽象单位，采用相关 Agent 技术，先建立组成系统的个体 Agent 模型（大多数是比较简单的），然后采用合适的 MAS 体系结构来组装这些个体 Agent，最终建立系统模型。由于 Agent 是一种计算实体，所以最终模型就是该系统的程序模型，这给研究人员进行系统仿真和开发人员的应用带来极大的方便（从分析、设计到实现可平滑过渡）。

基于 Agent 建模的核心思想可以概括为[4]：

（1）对系统进行 Agent 抽象。根据系统目标和组成系统的物理实体的要求，将系统的相应实体（或特定功能）抽象为 Agent。

（2）Agent 之间的交互组成多 Agent 系统。为实现自己和（或）系统的特定功能，Agent 之间需要交换信息和（或）提供服务，所以要进行交互，协调运作（Agent 之间可能有冲突，必须相互协调）。多 Agent 系统可能只需要局部的信息就可以完成相应的使命，它们在地理上可以是分布式的。

（3）Agent 的智能。根据研究的需要和技术的可行性，可使 Agent 具有合适的智能特性（如理性、诚实性等）。

2. 面向 Agent 的系统分析

一般情况下，基于 Agent 的供应链系统模型是由若干个 Agent 组成的多 Agent 系统。为了建立多 Agent 系统模型，可按以下步骤实施。（见图 4.1）

（1）识别 Agent。即识别系统中所有反映问题域和系统目标的实体，并将其确定为相应 Agent 的侯选者。要处理的关键问题是：抽象的粒度（什么层次上的抽象）和抽象的内容（什么被抽象为 Agent）。建立多 Agent 系统，首先要确定各个 Agent 的功能，明确 Agent 与现实系统各个实体的对应关系，即确定 Agent 角色。有两种划分 Agent 角色的方法：功能分解法与物理分解法[5]。功能分解法把供应链运行的整个过程分解成为一个个串行或并行的功能，如订单处理、原料采购、生产计划、生产调度、库存管理、运输管理等，并设计相应的 Agent 来表示与实现这些功能。这种方法所划分出来的 Agent 与企业中的管理部门或物理实体没有严格的对应关系。

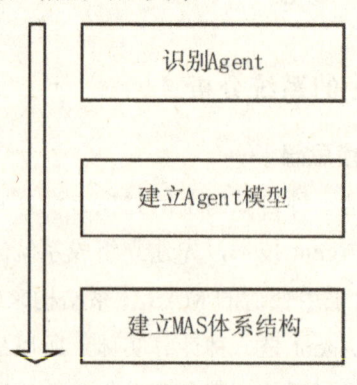

图 4.1　基于 Agent 的系统建模顺序

物理分解法则是严格依照实际存在的管理部门或物理实体，如工人、生产设备、运输设备、销售部门、采购部门和生产计划部门等，设计 Agent 与之对应。这种方法划分出的 Agent 与企业中的管理部门或物理实体存在一一对应的关系。

功能分解法往往要求 Agent 之间共享更多的状态变量，从而需要 Agent 进行更多的交互以协调解决问题；物理分解法则使 Agent 具有较好的独立性，从而减少了 Agent 交互的程度，但提高了对 Agent 自身处理问题能力的要求。

（2）建立个体 Agent 的特征模型。即确定 Agent 的结构与特征，包括内部状态（内部数据，如变量）和行为规则（如函数、方法等）。当前较为成熟的 Agent 模型（如反应型 Agent 模型和 BDI 模型等）可以统一按如图 4.2 的通用模型来处理，其中对每个 Agent 的状态和行为描述包括用来获取外部信息的感知器和作用于环境（或改变自身的状态）的效应器。

（3）建立 MAS 的体系结构。即对组成系统的各 Agent 进行集成，主要解决的问题是 Agent 之间的层次关系以及它们之间的交互（如通信和协调等）。

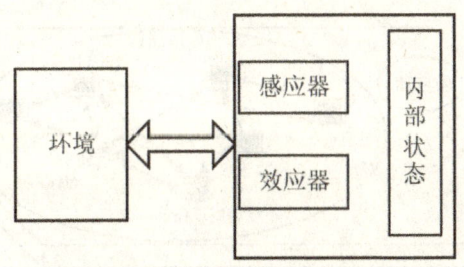

图 4.2　Agent 的通用模型

4.2.2 基于多 Agent 的供应链信息协调框架模型

在分布式供应链系统中，将供应链视作由多个子多 Agent 系统组成的网络，每一个 Agent 具有一定的功能，并可与其它 Agent 进行协作，图 4.3 是基于多 Agent 的供应链信息协调框架模型。

该模型分成三个层次：销售层、制造层和供应层。销售层直接与用户连接，获得用户需求的原始信息；制造层是生产基地；供应层是原材料或零部件的供应源。每个层次的每个企业实体均被视为一个多 Agent 的子系统，多个多 Agent 的子系统通过 Agent 之间的相互通信以及协调连接成一个供应链管理系统。各子系统涉及以下几种 Agent[6]：

（1）订单管理 Agent。负责处理客户订单。任务包括接收订单、检查库存可用性、向客户派送商品。当库存不足时,根据客户优先级分派商品。

(2) 物料计划 Agent。负责原材料的库存管理及采购。它的任务有两个:一是为制造过程需要的原材料制定采购计划;二是为生产计划 Agent 提供物料可用量信息。

(3) 生产计划 Agent。负责制定生产计划。从订单管理 Agent 接受订单后,根据产品到期日、生产能力和物料可用量,制定生产计划。

(4) 能力计划 Agent。记录制造系统的能力消耗,并为生产计划 Agent 提供可用能力的信息。

(5) 制造 Agent。负责执行制造过程,并向相关 Agent 汇报车间生产情况的信息(如机器故障等不确定性事件)。

(6) 库存管理 Agent。负责管理和更新成品库存。

(7) 供应商管理 Agent。负责供应商的选择与管理。

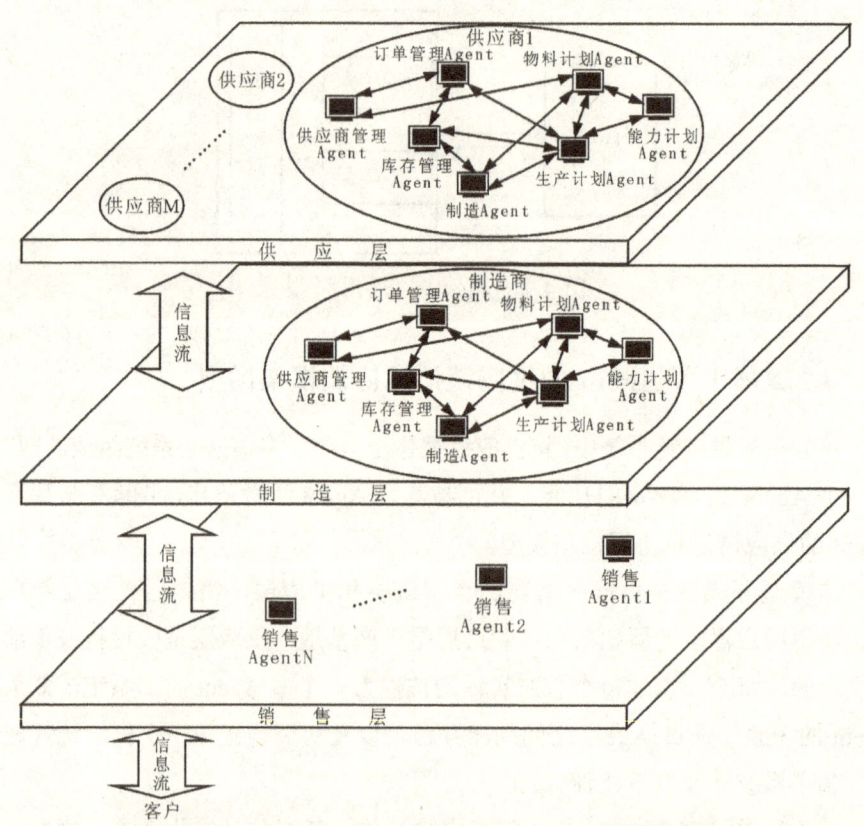

图 4.3 基于多 Agent 的供应链信息协调框架模型

4.2.3 供应链中各功能 Agent 的算法描述

1. 订单管理 Agent

订单管理的首要功能是接收到达的订单并向生产计划提供信息。在客户下单时间和订单被订单管理 Agent 接收时间之间存在时间延迟 T_0。T 时刻到达订单管理 Agent 的总需求为：

$$D(t) = \sum_{c=1}^{C} d(c,t) \qquad (4.1)$$

其中 c 为客户编号，t 为订单离开等待队列进入订单管理 Agent 的时刻，$d(c,t)$ 为 t 时刻客户 c 的需求量，$D(t)$ 为 t 时刻总需求，C 为客户总数。

制定生产计划时必须考虑预测需求量，因此订单管理 Agent 必须提供需求预测和预测误差的标准差。采用移动平均得到 t 时刻的预测需求为：

$$\hat{D}(t) = \frac{1}{T_f} \sum_{i=0}^{T_f - 1} D(t-i-1) \qquad (4.2)$$

其中 T_f 为时间窗口的长度，$\hat{D}(t)$ 为 t 时刻的预测需求。

预测误差的标准差为

$$D'(t) = \frac{1}{T_f} \sqrt{\sum_{i=0}^{T_f - 1} [D(t-i-1) - \hat{D}(t-i-1)]^2} \qquad (4.3)$$

订单管理 Agent 还需向客户派送商品。假设接收到订单时库存充足，则按需求量立即发货；如果库存不足，则优先满足重要客户。算法如下：

```
if(D(t)+U(t)<=F(t))
    {
    ∑_{c=1}^{C} y(c,t) = D(t)+U(t)
    U(t+1)=0
    }
else
    {
y(c,t)=0
while (F(t)>0){
    ∀c = 1......C
y(c,t)=y(c,t)+min[u(c,t),F(t)* α(c)/∑α ]
u(c,t+1)=u(c,t)+d(c,t)-y(c,t)
```

$$F(t)=F(t)-y(c,t)$$
}
}
$$U(t+1)= \sum_{c=1}^{C} u(c,t+1) \tag{4.4}$$

其中 $F(t)$ 为 t 时刻成品库存，$u(c,t)$ 为 t 时刻客户 c 的未满足订单数量，$U(t)$ 为 t 时刻未满足订单总量，$y(c,t)$ 为 t 时刻分派给客户 c 的商品数量，$\alpha(c)$ 为客户 c 的权重（客户越重要，其值越大），$\Sigma\alpha$ 为总权重。

此步骤完成后已分派商品进入运输队列，此刻与商品最终到达客户手中的时间存在物流延迟时间 T_d。

2. 生产计划 Agent

该 Agent 负责制定 t 时刻的生产计划。若用 T_p 表示生产提前期，则 $p(t+T_p)$ 表示在 $t+T_p$ 时刻的产量。生产的目的一方面是为了满足尚未满足的订单，另一方面是为了补充库存。在制定生产计划时还必须考虑生产能力的限制。因此：

$$p(t+T_p)=F^*-(F(t+1)+ \sum_{\tau=1}^{T_p-1} p(t+\tau) -U(t+1)-T_p \times \hat{D}(t)) \tag{4.5}$$

其中 $0 \leq p(t+Tp) \leq p_{max}$。$P_{max}$ 为最大生产能力，F^* 为库存目标水平。

3. 物料计划 Agent

物料计划 Agent 需要确定每个时刻 t 的采购订单。由于存在多个供应商以及不同的供应提前期，物料会在不同的时间到达，所以制定物料计划时还必须基于采购历史和采购提前期预测 t 时刻到达的总物料数量 $\hat{X}(t)$：

$$\hat{R}(t) = R(t)$$
$$\hat{R}(t+\tau) = \hat{R}(t+\tau-1) + \hat{X}(t+\tau-1) - p(t+\tau-1)$$
$$S(t+\tau) = \max[(R^* - \hat{R}(t+\tau)),0]$$
$$\forall \tau = 1... T_v^{max} \tag{4.6}$$

其中 $R(t)$ 为 t 时刻原材料库存，$\hat{R}(t)$ 为预测的 t 时刻原材料库存，$\hat{X}(t)$ 为预测的 t 时刻从各供应商收到的总原材料数量，$S(t)$ 为 t 时刻原材料库存不足量（即采购量），R^* 为原材料库存的目标水平，T_v^{max} 为预测的最长采购提前期。

当实际原材料库存超出目标水平时，不必进行采购，因此公式（6）保证了 $S(t)$ 总取非负值。

计算出 $S(t)$ 后物料计划 Agent 需要下达采购订单 $s(v,t)$。由于不同供应商

第4章 基于多Agent的供应链信息协调建模与仿真

的供应提前期可能不同，物料计划Agent要在可选供应商集合Ω中根据权重$\beta(v)$向各供应商分派订单。算法如下：

$$s(v,\hat{o}) = 0 \quad \forall \tau \geq t$$

$$\text{for } \tau = 1...\hat{T}_v^{max}$$
$$\{$$
$$\Omega = \{v : \hat{T}(v) \leq \tau\}$$
$$S^* = \sum_{\ell=t+1}^{t+\tau}(S(\lambda) - \sum_{v=1}^{V}s(v,\lambda))$$
$$\text{if}(\ \Omega \neq \Phi\ )$$
$$s(v,t+\tau - \hat{T}(v)) = s(v,t+\tau - \hat{T}(v)) + \frac{\beta(v)}{\sum_{v\in\Omega}\beta(v)}S^*$$
$$\}$$
$$\tag{4.7}$$

其中$s(v,t)$为t时刻向供应商v下达的订单数量，$\hat{T}(v)$为预测的供应商v的供应提前期，$\beta(v)$为供应商权重。

原材料库存为：

$$R(t+1) = R(t) + \sum_{v=1}^{V}x(v,t) - p(t) \tag{4.8}$$

其中$R(t)$为t时刻的原材料库存，$x(v,t)$为t时刻从供应商v接收到的原材料，V为供应商数量。

4. 库存管理Agent

库存管理Agent根据派送的客户订单和生产入库量更新成品库存：

$$F(t+1) = F(t) - \sum_{c=1}^{C}y(c,t) + p(t) \tag{4.9}$$

图4.4描述了各Agent之间的信息交互模型。

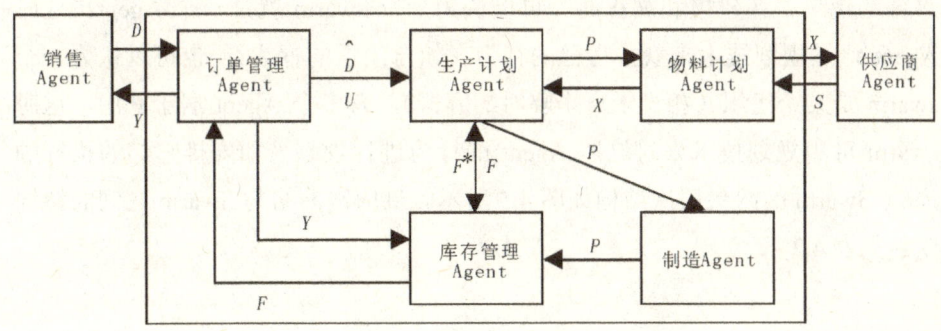

图4.4 Agent之间的信息交互模型

4.3 基于多 Agent 的供应链信息协调仿真分析

4.3.1 仿真平台 Swarm 简介

Swarm 是圣塔菲研究所为基于多 Agent 仿真建模开发的一组标准工具，目的是构建一个计算机仿真模拟的共享平台。Swarm 起源于圣塔菲研究所对人工生命的研究，后来发展为一个通用的体系，可以广泛应用于物理学、生态学、经济学等领域。Swarm 是一个开放源代码的免费软件，最初是为 UNIX 操作系统设计的，现支持 Windows 操作系统，并可用 Java 语言进行编程。由于它在计算机仿真领域中所表现出的卓越性能，渐渐被越来越多的人所接受。

1.Swarm 的建模思想和方法

Swarm 的建模思想是把个体（包括它的部件和时间表）封装起来，一个"swarm"代表一个个体的集合，包括它们的行为时间表。Swarm 具有模块化和组件思想，便于建立灵活的系统仿真模型。Swarm 可以嵌套，可以直接表示多层模拟，而且它们可以被个体用作自身环境的模型[7]。

Swarm 平台就是基于 Agent 的建模工具，其建模方法是自底向上，先构筑一个个 Agent，再将这些 Agent 组装起来形成整个系统的模型。在 Swarm 平台上，swarm 是基本组件，一个 swarm 就是一个对象，它实现内存的分配和事件的规划。在建模和编程时，可以认为一个 swarm 就是一个 Agent，这时 Agent 通过规划技术来安排自己的行为（如自治性的行为）；也可以认为一个 swarm 是某个组织（相当于一个临时的容器），有多个 Agent 居于其中，这时 swarm 可用规划技术来对这些 Agent 的行为进行规划（如安排它们的执行顺序）。Swarm 的网状层次结构如图 4.5 所示。供应链网络与 Swarm 之间的特性映射见表 4.2。

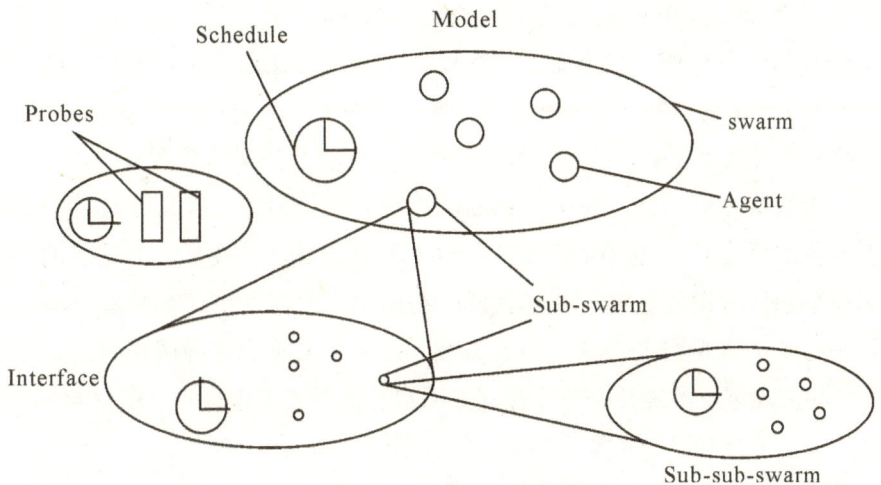

图 4.5 Swarm 的网状层次结构

表 4.2 供应链网络与 Swarm 之间的特性映射

供应链网络	Swarm 仿真系统
由自主或半自主的商业实体组成	模拟个体组成的 Agent 群体
商业实体执行不同的组织角色	Agent 由内在状态（变量）和行为（方法）构成
商业实体间的信息流	Agent 之间的消息传递
采购、制造、分销中的物流	离散事件仿真和 Agent 行为的执行顺序
每个实体的运作共同构成供应链的整体性能	个体行为的集成决定了群体的表现
供应链的能见度由共享信息的界限决定	消息传递的界限决定 Agent 间的能见度

2.Swarm 组件的结构

Swarm 仿真模拟系统是由若干个 swarm 组成，而每个 swarm 由蕴涵在其中的多个 Agent 和作用于这些 Agent 的时间表（schedule）组成。Agent 好比是虚拟世界中的物质，而时间表负责推动 Agent 按时序向前运动，从而解决了在虚拟世界中如何建立时间概念的问题[8]。

Swarm 应用包含两种，模型 swarm 和观察者 swarm。模型 swarm 处于核心地位，仿真模型封装于其中，真实世界中被建模的事物与模型中的对象一一对应。模型 swarm 包含时间表，时间表可用来更新对象,并且告诉对象何时行动。模型 swarm 还包含一系列输入输出功能。

一个实验不仅要包含实验对象,而且应该包含用于观察和测量的实验仪器。在 Swarm 仿真系统中，模型 swarm 就是实验对象，而仪器放在观察者 swarm

中。观察者 swarm 中最重要的对象就是模型 swarm，即模型 swarm 是观察者 swarm 的一个组件。打个比方，观察者 swarm 好比是一个培养皿，而模型 swarm 就是其中培养的一个生物世界。观察者对象可以向模型中输入数据（设置参数）或者从模型中读数据（统计反映 Agent 行为结果的数据）。

同模型 swarm 一样，观察者 swarm 中也有一个对象集（只不过这些对象代表各种实验仪器），也有时间表和一系列输入、输出。观察者时间表的作用是从模型中实时读取数据，并将其反映在图形用户界面上。观察者 swarm 的输入是为了配置观察者工具的相关参数，比如说要生成哪种图形界面，而输出的是相应配置下的观察结果。在图形用户界面模式下运行时，观察者 swarm 对象主要用于控制用户界面。Swarm 组件的结构如图 4.6 所示。

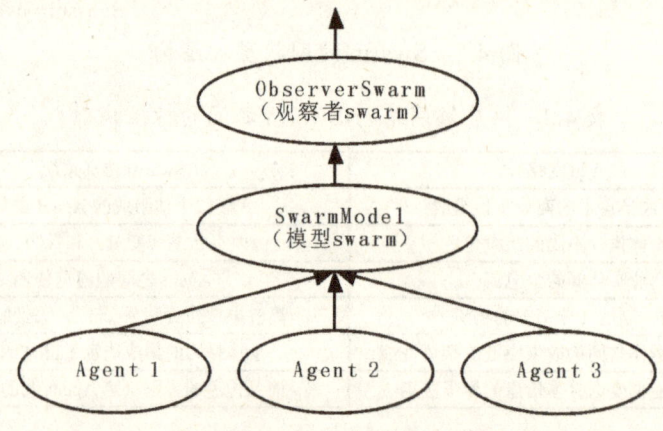

图 4.6 Swarm 组件的结构图

3.Swarm 所提供的 Java 软件包

Swarm 提供的常用 Java 软件包有：

（1）swarm.activity：全局控制 swarm 执行。它负责控制所有 Agent 的动作执行顺序，保证这些动作以正确的顺序发生在准确、可预见的时间点上。该包是在 Swarm 中进行动态地面向对象仿真模拟的基础，包含 ActionGroup、ActionGroupImpl、Schedule、ScheduleImpl 和 Activity 等类与接口。

（2）swarm.analysis：分析工具的集合。比如，在 swarm 和 GUI 之间连续提供数据的 ActiveGraphCImpl 类，动态地更新文件输出流的 ActiveOutFileCImpl 类，取数据平均值的 AveragerCImpl 类以及用来生成柱状图的 EZBinCImpl 类等都位于此包中。

(3) swarm.defobj：Objective C 语言的标准对象集。正是这个包支持了应用于整个开发平台的面向对象编程思想。此包定义了创建对象和分配内存时的标准模式，如 ZoneCImpl 类、FArgumentsCImpl 类和 FCallCImpl 类等，还提供了异常处理和调试支持，如 ErrorCImpl 类和 WarningCImpl 类等。

(4) swarm.collections：该包可参照 Java 语言的集合类来理解，它提供了 ArrayCImpl，ListCImpl，ListShuffler—CImpl 和 MapCImpl 等类和接口。

(5) swarm.gui：为 Swarm 提供图形用户界面的包。用户仅需在程序中声明所需用到的界面对象，并简单地加以定制，而无须理会界面代码是如何生成的。该包中提供了以下类：GraphCImpl，CanvasCImpl，ColormapCImpl 和 GraphElementCImpl 等。

(6) swarm.objectbase：为 Swarm 对象和 Probe 提供支持。该包含有用户设计 swarm 和 Agent 所要用到的基本对象类型，如 SwarmCImpl 和 SwarmObjectCImpl 等类；还包含 Probe 探测机制的对象库，如 ProbeLibraryCImpl 和 ProbeMapCImpl 等。

(7) swarm.random：随机数生成模块。仿真模拟实验中往往会用到大量的随机数，该包里有一系列生成随机数的类和接口，如 BasicRandomGenerator 等，还有一些用于概率分布的类，如 BernoulliDistCImpl（贝努力分布）、ExponentialDistCImpl（指数分布）和 NormalDistCImpl（正态分布）等。

(8) swarm.simtools：通用的仿真模拟工具集。包括 NSelectCImpl 类（随机地从一个集合（collection）中选择 N 个元素）、QSortCImpl 类（对某集合中的元素排序）等。

(9) swarm.simtoolsgui：与仿真模拟工具相关的图形用户界面包，包含 GUISwarmCImpl，ProbeDisplayCImpl 和 ProbeDisplayManagerCImpl 等类。

(10) swarm.space：提供在各种模拟环境下使对象可视化的工具。该包的目的是为交互中的 Agent 建立一个环境。事实上这个环境也可被认为是一个 Agent。由于该包提供了相似的环境代码，使得许多模拟都有着相似的环境。它包括用于生成二维空间环境的 Grid2dCImpl（二维容器）、Discrete2dCImpl（离散的二维空间）、Object2dDisplayCImpl（将对象以二维数组的形式显示）和 Value2dDisplayCImpl（将值以二维数组的形式显示）等类。

4.3.2 基于 Swarm 的供应链信息协调仿真模型

用 Swarm 仿真平台模拟供应链管理中的订单执行过程有两项任务：一是

利用 Swarm 平台定义各种 Agent 并建立它们之间的联系，对订单执行过程进行仿真；二是制定评估指标、进行实验并对结果进行分析。利用 Swarm 构建的供应链信息协调仿真模型如图 4.7 所示。该仿真模型中各 Agent 的主要属性和方法如表 4.3 所示，各 Agent 之间的信息交互如图 4.8 所示。在图 4.7 中，顶层的观察者 swarm（ObserverSwarm），用于控制整个仿真过程，它创建两个 Swarm，模型 swarm（ModelSwarm）和统计 swarm（StatisticsSwarm），同时也创建行为，并激活仿真过程。ModelSwarm 包含若干个供应链功能 Agent 对象。在 Agent 创建过程中，每个 Agent 的属性和生产信息会被初始化。订单执行过程由各功能 Agent 的行为组成，并在 ModelSwarm 被激活后激活。供应链系统中的功能 Agent 包括订单管理 Agent、库存管理 Agent，具有制造能力的企业还包含生产计划 Agent、制造 Agent 和物料计划 Agent 等。模型 swarm 拥有供应商、客户、提前期等信息，这些信息受内部 Agent 和其他 Agent 的影响，内部 Agent 完成一定的功能，驱动信息在实体内部和实体之间流动。StatisticsSwarm 用于对仿真过程中的数据进行统计分析。主要的仿真程序在本书后面的附录列出。

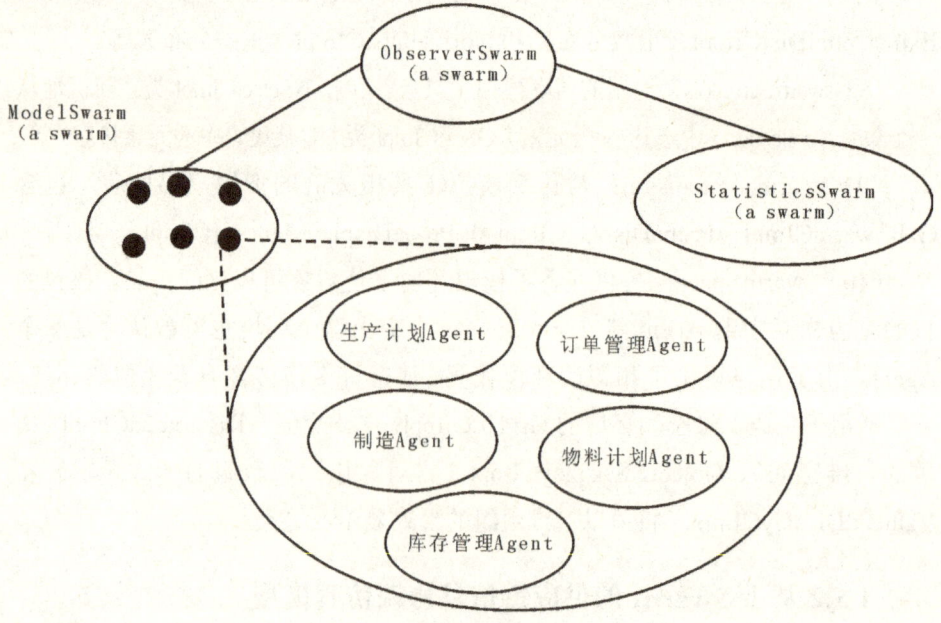

图 4.7 Swarm 平台上的仿真模型

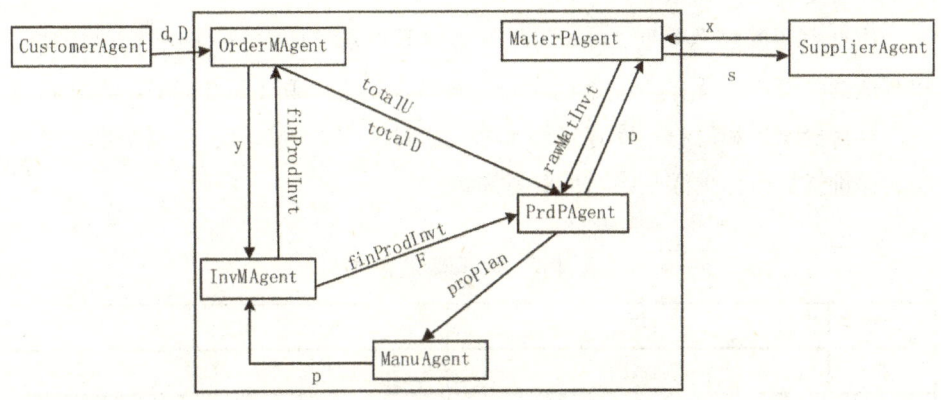

图 4.8 各 Agent 之间的信息交互

表 4.3 各 Agent 的主要属性和方法

类	说明	主要属性	主要方法
OrderMAgent	订单管理 Agent	totalD totalU numOfSatis numOfN	setTotalD() setNofN(*int*) getTotalU() getTotalD() orderM()
PrdPAgent	生产计划 Agent	proPlan prodLedT	setPara(*int,int,int,int,int,int*) getProdLedT() getproPlan() prdP()
ManuAgent	制造 Agent	p	setPLTandPP(*int,int*) getP() manu()
MaterPAgent	物料计划 Agent	rawMatInvt s vendLedT R x	getRawMatInvt() rawM()
InvMAgent	库存管理 Agent	finProdInvt F y	getF() invM() getSafeInofF()

4.3.3 系统仿真与结果分析

下面分别针对三种情况对生产计划和采购计划等决策活动中的信息协调进行仿真，仿真中的供应链由一个供应商、一个制造商和一个客户组成。

1. 稳定的客户需求

仿真中各参数设置见表 4.4 所示，客户需求 d 是稳定的，供应商供应能力和制造商生产能力无限。制造商采用的库存策略是"Just In Time"，在此将成品库存目标水平和原材料库存目标水平设为对应需求的 2 倍。仿真中供应链性能的评价指标为订单满足率和库存数量。

表 4.4 仿真参数设置

参数	说明	设定值
C	销售商数目	1
V	供应商数目	1
d	客户订单需求	150（10 个时间周期后为 160）
T_f	移动平均时间跨度	1
T_v	供应提前期	4
T_p	生产提前期	4
F^*	成品库存目标水平	需求的 2 倍
R^*	原材料库存目标水平	需求的 2 倍
P^{max}	最大生产能力	无限
p	期初完工成品数目	150
R	期初原材料库存	300
F	期初成品库存	300
S	期初总缺货数目	0
U	期初未满足订单总数	0
X	期初接收的原材料数目	150

仿真模型运行 100 个时间单位后的结果如图 4.9 所示，输出的客户服务水平为 62%。在其他参数不变的情况下，缩短供应提前期和生产提前期（均为 1）后再次将仿真模型运行 100 个时间单位的结果如图 4.10 所示，输出的客户服务水平为 73%。分析这两次仿真结果可以发现，rawMatInvt（原材料库存）、finProdInvt（成品库存）以及它们之间的关系呈现出规律性的变化并最终趋于一种稳定态，且当供应提前期缩短，制造商的原材料库存明显降低。

第 4 章 基于多 Agent 的供应链信息协调建模与仿真

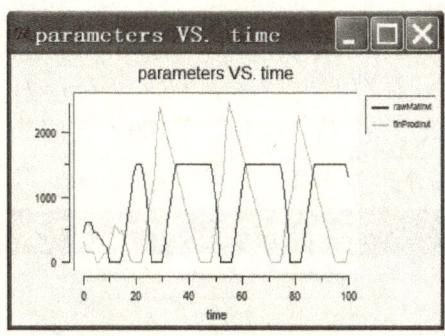

图 4.9 仿真结果（1）

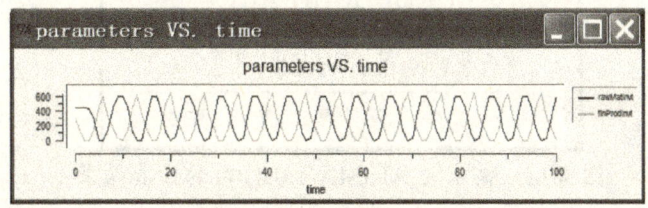

图 4.10 仿真结果（2）

2. 需求为 ARIMA(1,0,1) 平稳可逆时间序列

一个 ARIMA(p,d,q) 需求过程可以表示为：

$$\Phi_p(B)\nabla^d(D_t - \mu) = \Theta_q(B)\varepsilon_t \tag{4.10}$$

其中 D_t 是终端客户在 t 期的需求，ε_t 为一随机冲击，服从 $(0,\sigma^2)$ 的正态分布。多项式 $\Phi_p(B)$ 表示一个 p 阶自回归过程 (Autoregressive,AR(p))，$\Phi_p(B) = 1 - \phi_1 B^1 - \phi_2 B^2 - \cdots - \phi_p B^p$；多项式 $\Theta_q(B)$ 表示一个 q 阶移动平均过程 (Moving average,MA(q))，$\Theta_q(B) = 1 - \theta_1 B^1 - \theta_2 B^2 - \cdots - \theta_q B^q$；B 为后移算子，$B^j \varepsilon_t = \varepsilon_{t-j}$；$\nabla$ 为差分算子，$\nabla D_t = D_t - D_{t-1}$，$\nabla^d = (1-B)^d$。一个 ARIMA($p,d,q$) 需求过程中，$p$ 是自回归过程的阶，q 是移动平均过程的阶，d 表示最初过程的第 d 阶差分。

对于 ARIMA(1,0,1)，需求过程可以表示为：

$$(1 - \phi_1 B)D_t = \mu + (1 - \theta_1 B)\varepsilon_t \tag{4.11}$$

需求为：

$$D_t = \mu + \phi_1 D_{t-1} + \varepsilon_t - \theta_1 \varepsilon_{t-1} \tag{4.12}$$

其中：$|\phi_1|<1$，$|\theta_1|<1$ 为平稳可逆条件。

在仿真中,与需求过程相关的参数取值是 $K=2$, $\phi_{1,1}=0.5$ (步长为 0.1),$\theta_{1,1}=0.1$ (步长为 0.1),标准差 $\sigma=10$,$\mu=150$,$l_1=l_2=1$,供应提前期和生产提前期均为 1,其他参数不变。仿真模型运行 100 个时间单位后的结果如图 4.11 所示,输出的客户服务水平为 42%。

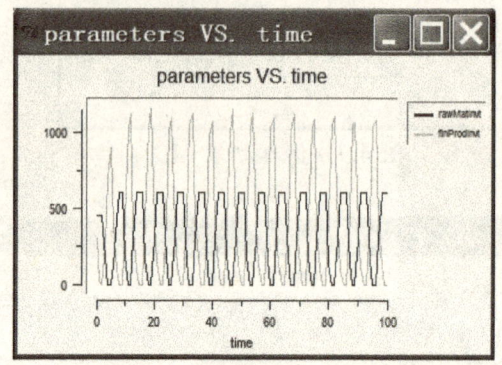

图 4.11　需求为 ARIMA(1,0,1) 时的仿真结果

3. 需求为 ARIMA(1,0,1)(采用适应性库存策略)

对于适应性库存策略,对任一阶段 k,在周期 t 末,订单 $Y_{k,t}$ 通过如下方式产生[9]:

$$Y_{k,t} = D_{k,t} + (S_{k,t} - S_{k,t-1}) \tag{4.13}$$

$S_{k,t}$ 是在阶段 k 和周期 t 的目标库存级别,随着周期 t 而改变,以便根据历史的需求情况反映未来的库存储备。这样,目标库存的设置可以根据需求状况的改变而及时调整,从而可以在保障服务级别的前提下,尽可能地减小库存储备,此为"适应性"所在。$S_{k,t}$ 的值由式 (14) 给出:

$$S_{k,t} = m_{k,t} + z_k \sqrt{v_{k,t}} \tag{4.14}$$

其中:

$$m_{k,t} = E(\sum_{i=1}^{l_k+1} D_{k,t+i} / D_{k,t}) = \frac{\mu}{1-\phi_1}[(l+1) - \frac{\phi_1(1-\phi_1^{l+1})}{1-\phi_1}] + \frac{\phi_1(1-\phi_1^{l+1})}{1-\phi_1}D_t - \theta_1(1+\phi_1+\cdots+\phi_1^l)\varepsilon_t$$

$$v_{k,t} = Var(\sum_{i=1}^{l_k+1} D_{k,t+i} / D_{k,t}) = \{1 + \sum_{j=0}^{l-1}[(\phi_1-\theta_1)\sum_{i=0}^{j}\phi_1^i+1]^2\}\sigma^2$$

z_k 是和最优库存费用相关的一个常量,$z_k = \Phi^{-1}(\frac{p_k}{p_k+h_k})$,$h_k$ 是保管费用,p_k 是短缺费用,Φ 是标准正态分布函数。

上述策略在无穷期内最小化了期望的保管费用和短缺费用。

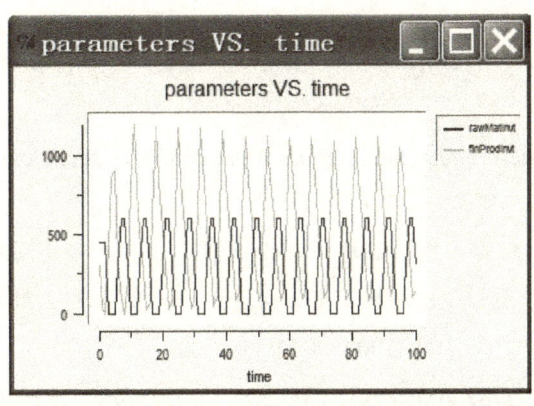

图 4.12 采用适应性库存策略时的仿真结果

设 h_k 为 2 个单位，p_k 为 3 个单位，成品目标库存的设置采用上述适应性库存策略，其他参数不变，仿真模型运行 100 个时间单位后的结果如图 4.12 所示，输出的客户服务水平为 59%。对比图 4.11 和图 4.12 可以发现，当需求为 ARIMA(1,0,1) 和需求为 ARIMA(1,0,1) 并采用适应性库存策略两种情况下，rawMatInvt（原材料库存）、finProdInvt（成品库存）的变化规律差别不大，只是后者的客户服务水平略有提高。

本章小结

本章结合订单执行过程，构建了基于多 Agent 的供应链信息协调框架模型，对供应链中各功能 Agent 进行了算法描述，提出各 Agent 之间的信息交互模型。利用仿真平台 Swarm 构建了供应链信息协调仿真模型。针对稳定的客户需求、需求为 ARIMA(1,0,1) 和需求为 ARIMA(1,0,1) 并采用适应性库存策略三种情况，对单供应商—单制造商—单销售商组成的供应链在订单执行过程中生产计划、物料计划等决策活动中的信息协调进行了仿真。仿真过程和结果表明利用多 Agent 系统为管理者提供决策支持是可行的。

参考文献

[1] 刘三(女牙). 基于 Agent 的供应链系统建模与协商 [D]. 武汉：华中科技大学, 2003.

[2] McCarthy J. *Ascribing mental qualities to machine*[R].Technical Report,Standford AILab,1978.

[3] 曾伟. 基于 MAS 的系统组织建模与设计 [D]. 武汉：华中科技大学, 2000.

[4] 刘三(女牙), 王红卫, 郭敏. 基于 Agent 的大型水利工程物资供应链建模与仿真 [J]. 系统仿真学报, 2002,14(5):656-660.

[5] Shen, W., Norrie, D.H. *Agent-based systems for intelligent manufacturing: A state-of-the-art survey* [J].Knowledge and Information Systems, 1999, 1(2):129-156.

[6] 张晴, 刘志学. 基于多 Agent 的供应链信息协调建模与仿真 [J]. 计算机应用研究, 2009,26(10):3709-3711.

[7] 黄超. 基于 Agent 的供应链管理系统建模与仿真 [D]. 武汉：华中科技大学, 2005.

[8] 曹慕昆, 冯玉强. 基于多计算机仿真实验平台的综述 [J]. 计算机应用研究, 2005(9):1-3.

[9] Heyman, D., Sobel, M. *Stochastic Models in Operations Research* [M]. New York: McGraw-Hill,1984.

[10] Kimbrough, S.O., Wu, D. J., Zhong, F. *Computers play the Beer Game: can artificial agents manage supply chains* [J]. Decision Support Systems, 2002, 33(3): 323-333.

[11] Fox, M.S., Barbuceanu, M., Teigen, R. *Agent-oriented supply-chain management* [J]. International Journal of Flexible Manufacturing Systems, 2000, 12:165-188.

[12] Swaminathan, J.M., Smith, S.F., Sadeh, N.M. *Modeling supply chain dynamics: A multiagent approach* [J]. Decision Sciences, 1998, 29(3):607–632.

[13] Allwood, J.M., Lee, H.J. *The design of an agent for modeling supply chain network dynamics* [J]. International Journal of Production Research, 2005, 43(22):4875-4898.

[14] Xue XiaoLong, Li XiaoDong, Shen QiPing, et al. *An agent-based framework for supply chain coordination in construction* [J].Automation in Construction, 2005, 14(3):413-430.

[15] 年劲飞, 黄道. 基于 Agent 的供应链协商模型 [J]. 华东理工大学学报, 2004,

30(3):296-300.

[16] 蔡勇,杨善林,何建民.基于Agent供应链成员协商机制研究[J].合肥工业大学学报(自然科学版),2004,27(9):1015-1018.

[17] 高翔,林杰,张炜.基于Agent的供应链仿真模型设计与实现[J].计算机工程与应用,2005,32:183-192.

[18] 林杰,冯凌,尤建新.基于Agent的供应链运作仿真技术的研究[J].工业工程与管理,2005(4):40-44.

[19] 姜金菊,林杰.基于智能代理的供应链仿真[J].系统仿真学报,2004,16(12):2847-2850.

[20] Lou Ping, Zhou Zu-de, Chen You-Ping, et al. *Study on Multi-Agent-Based Agile Supply Chain Management* [J]. International Journal of Advanced Manufacturing Technology, 2004, 23:197-203.

[21] 娄平.基于多Agent敏捷供应链若干关键问题的研究[D].武汉：华中科技大学,2004.

第 5 章
供应链信息协调的实现

5.1 基于信息技术的供应链管理的结构模型

供应链管理涵盖了由原材料供应商到分销商，直至最终消费者间物流、信息流和资金流的管理过程，将企业内部价值链延伸到外部供应链，以制造商为中心，协调上游供货商和下游流通销售渠道，涉及供应商管理、采购管理、库存管理、订货管理、信息管理、渠道管理和客户管理等多个环节。企业间的竞争与合作已由内部资源的竞争上升为整个供应链管理体系的对比与合作。新的供应链管理将使各流程与环节之间的协作关系进一步加强，信息和资源全面共享，从而打破原有的企业间的界限，通过建立新的商业系统和流程与更多合作伙伴实现紧密协作，使整条供应链更加灵活可靠、反应敏捷。因此，供应链系统是否健全和高效关系到企业竞争能力的高低，应用领先的供应链管理思想和方案，建立一套完善的供应链管理系统越来越重要[1]。

随着计算机网络等技术的兴起和不断发展，现代化的信息技术已越来越多地应用于社会各个领域，发挥着巨大的作用。供应链的协调运行建立在各节点企业高质量的信息传递、共享的基础之上，因此，有效的供应链管理离不开信息技术提供可靠的支持，信息技术的应用能够推动供应链管理的发展，对有效的供应链管理产生重大影响。基于信息技术的供应链管理围绕三个回路展开。（见图 5.1）

（1）作业回路：由客户化需求—集成化计划—业务流程重组—面向对象过程控制组成。

（2）作业单元回路：作业回路中的每个作业形成各自相应的作业性能与提高回路。其中，客户化策略—客户化需求—满意度评价回路主要涉及满意策略和顾客评价理论。信息协调—集成化计划—同步评价回路主要涉及供应一体化策略、供应链的信息组织与集成、同步化经营策略。调整适应性——业务流程重组——协调性评价回路主要涉及供需合作关系、战略伙伴关系等问题。创造性团队——面向对象过程控制——价值增值性回路主要涉及面向对象的集成化生产计划与控制策略、基于价值增值的多级库存控制理论、资源约束理论在供应链中的应用、质量保证体系、群体决策理论等。

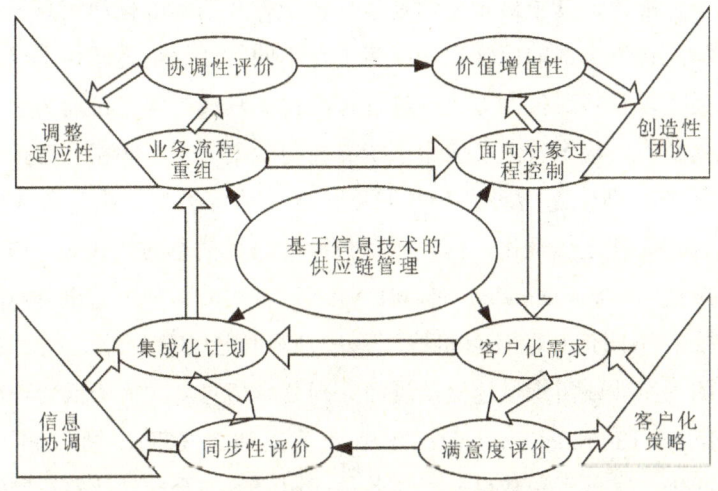

图 5.1 基于信息技术的供应链管理的结构模型

（3）性能评价回路：由客户化策略——信息协调——调整适应性——创造性团队组成。

以上三个控制回路形成相互协调的整体。

5.2 供应链信息协调实现的相关信息技术

5.2.1 支撑技术

（1）电子数据交换（Electronic data interchange, EDI）：指不同企业之间为了提高经营活动的效率，在标准化的基础上通过计算机联网进行数据的传输和交换，目的是通过建立企业间的数据交换网来实现票据处理、数据加工等事务性作业的自动化、及时化和准确化，同时通过有关生产信息、销售信息和库存信息的共享提高经营活动的效率。EDI 的主要功能表现在电子数据传输和交换、传输数据的存证、文书数据标准格式的转换、安全保密、提供信息查询、提供技术咨询服务和提供信息增值服务等方面，全球 500 家大企业都应用 EDI 系统与它们的主要顾客和供应商交换商业信息。

EDI 系统由四个方面组成：信息传送方式的规定、信息表达方式的规定、系统运行操作的规定和交易业务的规定。这些规定实际上是对这四个方面涉及的内容进行标准化，其中最重要的是信息传送方式的标准化和信息表示方式的标准化。信息传送方式的标准化是指为了在不同的计算机之间传送信息，对通讯线路的类型以及传送控制方式等进行标准化，具体内容包括通讯速度、数据格式、数据长度、检查方法及应用系统界面与数据格式之间相互转换方式。信息表示方式的标准化是指对应 EDI 网络传送的业务类型，确定该业务信息内容的表示方式并使之标准化，内容包括数据代码、信息的格式等。EDI 的通讯主要采用增值网（Value added network, VAN）方式，即利用通讯公司的通讯线路连接分布在不同地点的计算机终端形成信息传递交换网络。利用 EDI 可使供应链上的各企业或组织迅速交换进而共同分享信息，大大降低管理成本。

（2）Internet/Intranet/Extranet：Internet 是指通过 TCP/IP 协议将世界各地网络连接起来，实现资源共享、提供各种应用服务的全球性计算机网络，国内一般称因特网或国际互联网。Intranet 是采用 Internet 技术和设备建立的企业内部网，或者说是专用网，其使用范围限于企业内部（也可以是企业集团内部），其基本思想是：在企业内部网络采用 TCP/IP 作为通信协议，利用 Internet 的 Web 技术作为平台，通过防火墙把内部网络和 Internet 隔开。

在 Internet 出现之前，企业处理和共享数据采用客户/服务器（Client/Server, C/S）模式。该模式中，数据库应用的客户端软件包含两个主要功能：一是处理数据——根据用户的动作，向数据库服务器发出数据请求，并对返回结果进行处理；二是控制处理的结果显示。客户端的软件中这两个功能紧密结合，而这种紧密的联系，使得用户需求的任何变化（如处理逻辑或用户界面）都会导致整个程序需要重新编译和安装，而且随着功能需求和客户端数量的激增，C/S 模式面临着许多难以解决的问题，主要表现在客户端整体拥有成本上升、数据散乱且难以控制、系统维护困难等方面。因此，随着 Internet 的出现及发展，传统 C/S 模式向着浏览器/服务器（Browser/Server, B/S）的模式转变。（见图 5.2）

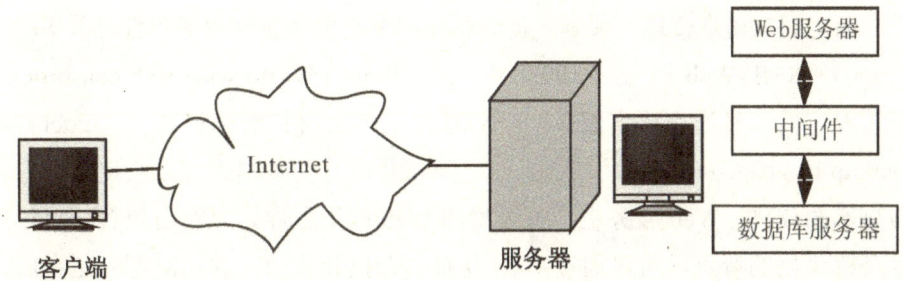

图 5.2 基于 Internet 的 B/S 结构

采用 B/S 结构，设计基于 Internet/Intranet 的供应链企业间信息传递与共享系统，连接供应链企业间的分布式数据库，能够更有效地实现企业内部和企业之间的信息组织与集成，其特点如下：

①供应链信息系统的信息处理在服务器端完成，而用户终端采用标准的浏览器软件，使用简单，降低了培训、维护的要求和成本，跨越了时间和空间的限制；

②Internet 面向全球用户为企业提供外部信息交换渠道，而 Intranet 把企业内各个职能部门的信息集成在一起，成为企业的内部信息交换渠道。对内支持日常事务处理，对外加强企业的产品宣传和信息发布，增进企业内各部门同供应链上合作企业的沟通与交流，进一步降低经营成本；

③采用 Internet 的标准技术，以更方便、更低成本的方式集成企业内部的各类信息系统，实现信息系统之间的信息交换。

Extranet 是一个使用 Internet/Intranet 技术使企业与其客户或其它企业相连来完成其共同目标的合作网络。Extranet 通常与 Intranet 一样位于防火墙之后，但不像 Internet 为大众提供公共的通信服务，也不像 Intranet 只为企业内部服务不对公众公开，而是对一些合作者开放或向公众提供有选择的服务。Extranet 访问是半私有的，用户是关系紧密的企业所结成的小组，信息在信任的圈内共享。Extranet 非常适合具有时效性的信息共享和企业间完成共有利益目的的活动。

总之，Internet 面对的是全球用户，是企业走向全球市场的"桥梁"，而 Intranet 面向企业内部，是企业内部凝聚各部门、职工的"蜘蛛网"，Extranet 则把企业内部存在的网络扩展到企业之外，使之可以完成一些合作性的商业应用（如企业和其客户及供应商之间的电子商务、供应管理等）。通过 Internet/Intranet/Extranet 的集成,形成企业全球化的信息资源网络,实现制造商、分销商、供应商之间的信息传递与共享，提高企业网络的整体运行效率和管理效率。

（3）XML/Web 服务：1998 年 2 月，W3C（World wide web consortium）组织制定的一种通用语言规范——XML，取名为可扩展标记语言（Extensible markup language），目的是加强企业之间以及内部的数据管理，实现数据内容与显示的分离。Web 服务是一种新型的 Web 应用程序，具有自包含、自描述以及模块化的特点，可以通过 Web 发布、查找和调用，其功能可以是完成一个复杂的商务流程。XML/Web 服务是在 Internet 上进行分布式计算的基本构造块。开放的标准以及对用户和应用程序之间的通信和协作的关注产生了这样一种环境，在这种环境下，XML/Web 服务成为应用程序集成的平台。应用程序通过使用多个不同来源的 XML/Web 服务构造而成，这些服务相互协调工作，而不管它们位于何处或者如何实现[2]。

利用 EDI 作为信息平台成本高，实施起来也有很多困难。随着网络技术的发展，Internet 全球化和基于 Web 的技术的广泛应用，可以利用以 XML 技术为基础的 Web 服务来解决这些问题。由于 XML 是跨平台的、与具体语言无关的，所以利用以 XML 为基础的 Web 服务能够整合不同语言开发的制造业供应链上各成员企业的信息系统，而且比使用 EDI 更简便，成本也低。

5.2.2 多 Agent 技术与应用软件

以支撑技术为支持，实现供应链信息协调的技术主要包括多 Agent 技术、应用软件等。

1. 多 Agent 技术

Agent 不仅能以智能的方式响应用户的需求，具有学习能力，具有与其他 Agent 协商、沟通以及对复杂问题进行联合求解的能力，而且使整个供应链的决策体系具有较好的鲁棒性和可重构性。另外，Agent 可以通过定义 Legacy 系统接口，配合公共对象请求代理体系结构（Common object request broker architecture,CORBA）等技术，直接在接口层进行 Legacy 系统的信息交换，这样，在进行系统集成或者对供应链进行重构时，程序设计者可以最大限度的使用原系统，而无需重新设计整个系统，大大减少了系统的开发时间[3]。

在进行供应链系统构建时，不同类型、功能的 Agent 具有不同作用，完成不同任务。但是不管什么类型的 Agent，其基本结构都可用图 5.3 表示[4]。

第5章 供应链信息协调的实现

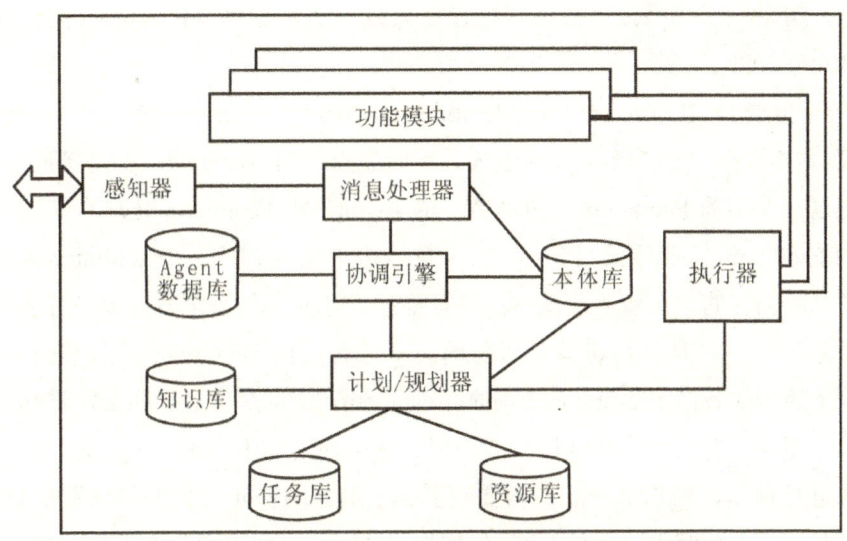

图 5.3 Agent 的结构

（1）感知器：负责处理 Agent 之间的通信以及对外界环境进行监控，接收并存储信息。

（2）消息处理器：处理从感知器获得的信息，将这些信息按优先级排序，并将信息送到协调引擎。

（3）协调引擎：根据 Agent 的目标做出决策，并将接受的任务信息传递到计划/调度器中；同时它也负责利用相应的协调协议和策略与其它的 Agent 进行协调。

（4）计划/调度器：负责 Agent 需完成任务的计划与调度。根据知识库中的知识，以及资源库中记录的可用资源，进行任务的规划，如果 Agent 的资源不能满足任务的需要，则将信息传递给协调引擎，协调引擎将会寻找其它的 Agent 来相互协作以完成任务。

（5）功能模块：为功能的执行提供一个信息、数据以及知识的公共交换区。每个功能模块相对独立，能完成一定的任务，在计划/调度器的指挥下可并行地执行。可以根据需要对这些功能模块进行增加或删除。

利用 Agent 进行供应链系统的构建时，整个供应链可以抽象为由多个自治、分布的 Agent 组建而成的 MAS，MAS 的组织结构直接影响基于多 Agent 的供应链信息协调实现的复杂程度。因而，针对供应链系统的特点，选择合适的组织结构，可对基于多 Agent 的供应链管理系统的实现加以简化。MAS 组织结构归纳起来有以下三种[5-10]：

①联邦结构。在联邦结构（Federation structure）中，系统由多个不同的联邦组成，每个联邦又由多个 Agent 组成。不同联邦中的 Agent 间不能直接通信，只能通过一个称为 Facilitator（协调者）的 Agent，由 Facilitator 传送给其它联邦中的 Facilitator，再传给目的 Agent，其结构如图 5.4 所示。Facilitator 主要是通过对所拥有的信息源服务能力的抽象描述，在服务的需求方与提供方之间起到桥梁的作用。具体地讲就是服务的提供方通过向 Facilitator 注册其能力，当有服务的需求者向 Facilitator 查询时，Facilitator 便将两者进行匹配，告知服务需求方相关信息，从而实现桥梁的作用。在这种结构中，由于 Agent 之间不能直接进行通信，所以 Agent 不需要较多关于其它 Agent 的功能与位置信息，从而可有效减少系统中的通信开销，但增加了 Agent 之间协商合作的中间层次。

②分布自治结构。在具有分布自治结构的系统中，所有 Agent 都是独立自治的，彼此之间完全平等。各 Agent 之间可直接进行通信、交互和合作，形成一种水平的结构形式[11]。（如图 5.5 所示）在分布式结构中，由于每个需通信的 Agent 都应知道通信对象的位置信息，因此要具有较多关于其它 Agent 的知识。对于由很多 Agent 组成的动态开放式大系统，这种结构将很难实现。

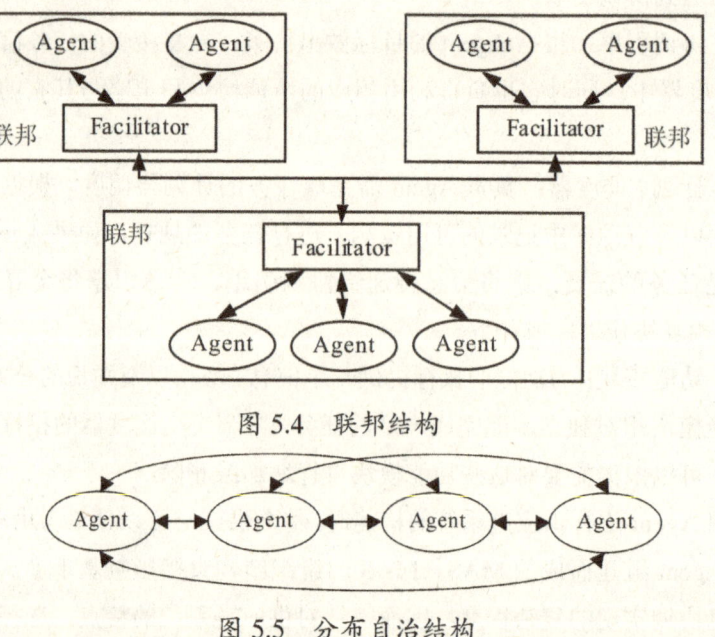

图 5.4　联邦结构

图 5.5　分布自治结构

③以中介为中心的联邦结构。与联邦结构相似，以中介为中心的联邦结构系统由多个子系统组成，每个子系统都有一个特殊的 Agent（称为中介），它为 Agent 提供其它 Agent 存在的位置信息。服务的提供方向中介注册其能力信息，当服务的需求方向中介提出查询时，中介将能力相匹配的 Agent 的地址信息传递给需求方，让服务方与需求方直接通信，减少了协商合作过程的开销。（见图 5.6）它和联邦系统最重要的区别是，不同子系统之间的 Agent 可以直接通信。

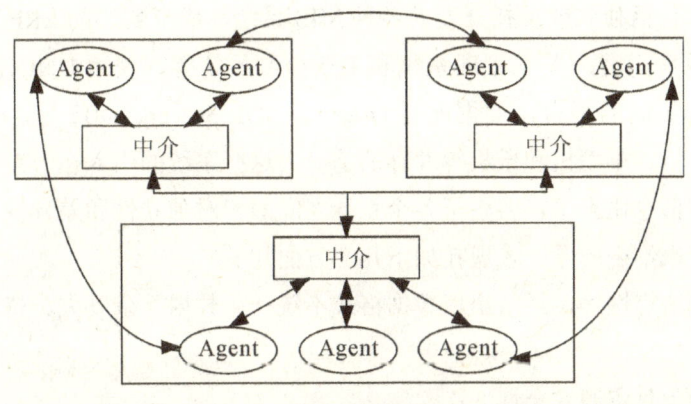

图 5.6　中介结构

在这三种组织结构中，分布自治结构具有较大的灵活性，但它需要每个 Agent 都要对环境有较多的知识，随着供应链所涉及的企业/部门数量的增多，系统中 Agent 的数目也大大增加，使得系统通信代价过大。因此，本书中基于多 Agent 的信息协调的实现采用以中介为中心的联邦结构来组织多 Agent 系统。

2. 应用软件

企业资源计划（Enterprise resources planning,ERP）、供应商关系管理（Supplier relationship management,SRM）和客户关系管理系统（Customer relationship management,CRM）等大量可供企业选择安装的应用软件，是促进供应链协调管理的基础和关键。另外，近年来随着供应链协同管理思想越来越受到广泛的重视，很多软件公司致力于供应链协同技术的研发，并取得了极大的进展。例如 SAP 公司的 mySAP 供应链解决方案可以帮助企业构建自己的协同网络，使供应链管理从线性转化为合作的共同体，使客户和业务伙伴能共享更多的信息；IBM 公司的协同供应链管理解决方案，以协同决策、透明化的信息传递为基础，通过强化进度安排、优化库存水平、避免失误和过程自动化等实现以最低的成本、最好的服务、最快的速度满足客户需求。其它如 EDS 公司的 TeamCenter 系统软件、PTC 公司的 Windchill 系统软件、MatrixOne 的产品 eMatrix 系统软件和 Smart Solution 公司的 SmarTeam 系统软件都是面向供应链协同管理的解决方案。

需要注意的是，随着信息化进程的不断推进，企业内部会出现越来越多的应用系统，包括独立或委托开发的各种 MIS 系统、成套购买的 ERP 系统、供应链管理系统、客户关系管理系统和工业控制系统等，使用 UNIX、Solaris、Windows 等不同的平台，数据库有 Oracle、SQL Server、DB2 等，硬件平台则呈现大型机、小型机和微机等并存的情况。这些系统的引入在一定程度上提高了企业的信息化水平，但由于各个系统之间的相对独立性和差异性，也给信息化建设带来不少问题，表现在如下几个方面[111]：

①系统兼容性差，经常出现数据格式不统一、数据冗余度大、资源浪费等问题；

②共享信息资源安全性低；

③随着新系统的不断增加，新旧系统整合难度加大，实施成本加大，效率低；

④数据没有实现整体管理，无法进行有效的数据分析和数据挖掘，不能提供全面的决策支持。

系统集成在供应链信息协调中扮演着重要角色，是完成供应链信息集成和业务集成的重要手段。改变原有的企业信息系统结构、建立面向供应链管理的新企业信息系统，是实施供应链管理的前提和保证。通过系统集成可以为实施供应链管理提供集成环境，从而保证供应链生产计划的同步化，实现企业间信息协调。因此，企业应用集成（Enterprise application integration,EAI）、面向服务型架构（Service oriented Architecture ,SOA）和企业服务总线架构（Enterprise service bus，ESB）等集成方法和技术应运而生。

企业应用集成 EAI 是将基于各种平台、用不同方案建立的异构应用系统集成的一种方法和技术。EAI 关注企业内部系统之间的信息交换和流程整合，相对供应链系统集成，系统集成范围小、系统之间的边界清晰、组织架构稳定、集成的软硬件资源可控、业务定义明确。通过建立底层结构来联系企业中的异构系统和数据源等，使企业内部的 ERP、CRM、SCM 和数据库乃至数据仓库，以及其他重要的系统之间无缝连接，共享和交换数据。有了 EAI，企业就可以将核心应用与新的 Internet 解决方案结合在一起。

为适应日益复杂的企业整合，满足商务随需应变的需要，应增加企业软件架构的灵活性。并且，供应链的系统集成涉及更大范围、更多系统、更多流程的集成，系统异构性方面更加复杂。同时，对集成系统的灵活性、开放性要求更高。因此，向业务看齐、以业务的敏捷应变能力为首要目标、松散耦合并支持重用的面向服务型架构 SOA 得到青睐。严格地讲，它不是一种产品或技术，而是应用软件一体化的概念，是一种软件系统架构和设计模式。

企业服务总线 ESB 是 SOA、Web 服务、可扩展标记语言(Extensible markup language,XML) 等技术相结合的产物，是一种分布式的集成框架，是 SOA 架构的具体实现。Web 服务技术是一个分布式计算模型，是 Web 数据和信息集成的有效机制，是实现基于 SOA 的企业服务总线集成方法的核心。它基于 XML、简单对象访问协议（Simple object access protocol,SOAP）、Web 服务定义语言（Web services definition language,WSDL）以及统一描述、发现和集成服务（Universal description discovery and integration,UDDI）等，它们为 ESB 提供了标准、松耦合的异构系统集成的解决方案。基于 SOA 的企业服务总线 ESB 集成系统的基本单元是服务，这些服务具有可互操作、独立、模块化、位置明确与松耦合等特点，可以通过网络查找其地址。服务间通过消息互相调用，通过协调完成一定的业务处理，服务请求者无须知道服务提供者的技术细节。

另外，云计算是继 SOA 之后的又一个研究热点，它利用网络将各种异构计算资源整合，形成一个抽象的、虚拟的和可动态扩展的计算资源池，再通过网络向用户按需提供计算云、存储云等服务。云计算带来了服务模式的转变，使计算资源成为一种专业服务，用户可以按需使用、随时获取、随时扩展、按使用付费。目前许多知名公司提供着各种各样的云计算服务，Amazon、IBM、Intel、Microsoft、Yahoo、Sun、EMC 和 Google 等大型 IT 厂商都纷纷提出了云计划，对云计算的商业价值给予了巨大的肯定。鉴于此，本章最后介绍了基于云计算的供应链信息协调。

5.3 供应链信息协调实现的阶段划分

5.3.1 阶段划分及信息技术支持

实现供应链信息协调可分为基础建设、职能集成、内部供应链信息协调、外部供应链信息协调四个阶段（见图 5.7），信息技术为各阶段提供相关支持。

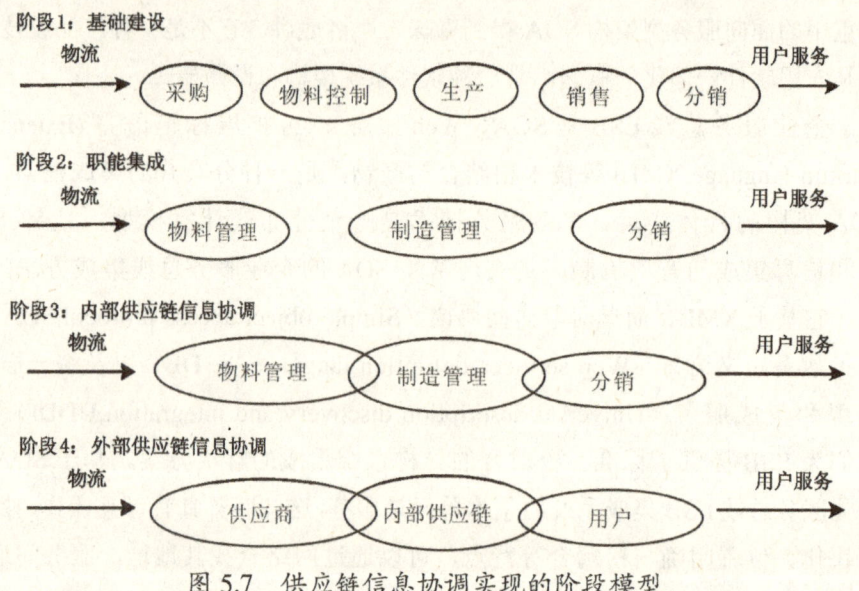

图 5.7 供应链信息协调实现的阶段模型

基础建设阶段主要是在企业原有业务流程和组织结构的基础上分析企业现状和外部环境，对流程进行梳理，完善各项业务的功能，加强企业的规范化管理。职能集成阶段主要是围绕核心职能进行业务流程重组，实施集成化物流管理，优化职能部门。这一阶段一般采用信息技术对企业的物料需求进行计划和控制，解决企业内部生产计划问题，但没有彻底解决由于分销网络的需求得不到准确预测而造成的需求与生产脱节的问题。内部供应链信息协调阶段采用的 IT 技术主要是 MRPII/ERP 和基于 C/S 体系结构的供应链计划（Supply chain planning, SCP）系统来实施集成化计划和控制。有效的 SCP 集成了企业所有的主要计划和决策业务，包括需求预测、库存控制、资源配置、设备管理、优化路径等。MRPII/ERP 系统集成了企业主要的业务流程和功能，包括订单管理、财务管理、库存管理和生产制造管理等。

外部供应链信息协调是实现供应链协调的关键阶段，它是指将企业内部供应链与外部的供应商和用户集成起来，形成一个集成的供应网络。一方面，SCM 为核心企业与主要供应商和用户建立良好的合作伙伴关系提供了有力的技术保证；另一方面，采用基于 Internet/Intranet 的信息协调可以为企业内部信息系统提供与外部供应链节点企业和用户之间良好的接口，达到信息共享和信息交互的目的。

随着市场竞争的加剧以及敏捷制造、敏捷供应链、虚拟企业等相关理论研究和实践的推进，为适应市场变化、柔性、速度、革新、知识等需要，供应链将向着集成化供应链动态联盟的方向发展，Internet/Intranet 以及 Agent 技术将在其中发挥重要的信息协调作用。

5.3.2 供应链信息系统集成技术的发展

在供应链信息协调实现过程中，涉及各种供应链信息系统集成技术，它们大概经历了以下几个阶段[11]：

（1）供应链单业务协调阶段。此阶段实现了单个业务间的数据交换和远程程序调用。这是供应链协调的初级阶段，双方业务协调范围比较窄，选择集成的业务系统是双方迫切需要进行信息交流的业务，合作双方的系统集成通过 EDI 进行数据交换，或通过远程程序调用的方法实现单个业务的部分整合。双方商定 EDI 格式，通过邮件服务器、FTP、MQ 等专门的数据传输系统，实现数据交换。如客户采购系统和供应商销售系统之间的系统集成。

（2）供应链多业务协调阶段。随着合作双方协作范围的扩大，双方在交换采购数据基础上，进一步扩大协作范围：库存系统的实际收货数据的确认反馈、财务系统之间的采购与销售的往来帐款结算等，单个业务系统的集成已不能满足合作要求，数据类型多样、系统环境更加复杂、数据变化和业务系统调整更加频繁，EDI 和远程调用的紧耦合系统集成方式无法适应多业务协作要求。开放、与平台无关的 XML、Web 服务远程调用方式成为系统集成技术的优先选择，双方将需要协调的业务单元封装成 Web 服务，然后部署到对方能通过互联网访问的企业门户网站或公共平台上。由于用 XML 定义数据交换接口，XML 具有支持异构环境的特点、Web 服务又具有开放性和分布式优势，使支持供应链多业务协调的系统集成简单易行。

（3）供应链多伙伴、多业务协调阶段。供应链是一个多层、链状的网络结构，企业要降低成本，提高整个供应链的执行效率，仅仅与单个或少数伙伴之间的协调还不够。企业需要与尽可能多的上游供应商、下游客户、第三方物流服务商协调，甚至包括部分集成供应商的供应商、客户的客户。这一阶段涉及的协调业务之间的数据交换更加复杂：数据所在的系统环境不同、数据文件类型不一致、数据格式不相同等，XML、Web 服务的初级应用无法解决复杂的数据交换，基于 SOA 的企业服务总线（ESB）技术成为解决复杂数据交换的一个关键技术。ESB 支持 SOA 的消息传递架构，是传统中间件技术与 XML、Web 服务等技术相互结合的产物，用于实现各种不同信息的准确、高效和安全传递。

（4）供应链同步化阶段。随着互联网和电子商务技术的发展，市场竞争的加剧，客户服务要求越来越高，企业希望借助网络技术，将供应链的上下游、第三方物流服务商集成在一起，动态部署并快速调整各自的业务流程，对市场变化做出同步响应。同步化的供应链需要供应链信息中心支撑，信息中心可以由具有领导地位的供应链核心企业主持构建，也可以由独立的第三方信息服务商组建，相应的供应链协同运作模式形成两大类：专有模式和开放模式。供应链同步化阶段业务协同的范围更广，涉及采购、库存、制造、运输、市场预测、结算等全方位的协同；业务协同的速度要求更快，包括订单响应时间、补货速度、通关速度等；参与协同的合作伙伴类型和数量更多。这个阶段对集成系统的要求已经不仅仅是数据交换和信息共享，伙伴间业务流程的快速重组和优化是集成系统需要解决的关键问题。由于这些参与协同的业务处理单元分布在不同伙伴业务系统中，集成系统要求这些业务处理单元能跨组织协同，基于 SOA 的 Web 服务组合技术正好满足了这一要求：将业务处理逻辑封装成对外发布的 Web 服务功能单元，并通过 UDDI 被其他程序发现和调用；通过对 Web 服务组合，协同完成更为复杂的业务功能。

5.3.3 供应链信息系统的建设阶段

企业导入供应链信息系统，应该是一个循序渐进、不断进行的过程。一般地，供应链信息系统的建设需要经历以下五个阶段[12]：

（1）导入企业内部的 ERP/MIS 系统。只有供应链成员尤其是核心企业拥有内部完善和成熟的信息系统，内部业务流程和信息流顺畅，才有可能在供应链成员之间实现切实可行的系统对接，保证上下游系统对接后数据的通畅交换和自动工作流的实现。因此，导入企业内部的 ERP/MIS 系统，是企业导入、实施供应链信息系统的前提。

（2）与供应链上下游成员企业制订实施协作计划，共同订立项目实施进程表。供应链信息系统是一个整合的系统，应该在核心企业和合作伙伴企业之间成立联合项目组，来共同确定项目采用的技术标准、平台、以及需要交换的数据和数据格式。在上面的事项确定以后，各个成员企业可以自己开展内部的系统整合工作。

（3）对供应链工作流程实施业务流程重组，最大化系统将来会带来的效益。供应链信息系统的建设，应该能够给相关的成员企业带来充分的效益。而系统能否带来充分的效益，取决于供应链流程是否进行了充分的优化，剔除了无效率环节。这需要通过对供应链工作流程实施业务流程重组来实现。供应链的流程再造既包括了成员企业内部的流程再造，又包括了成员企业与上下游企业之间的流程再造。

（4）整合企业之间的信息系统。在预先定义的技术平台、数据交换格式的基础上，依靠企业内部和企业之间的流程再造，真正实现供应链成员企业之间的信息系统整合。

（5）对供应链信息系统的运作情况进行评估，进一步协调成员企业之间的运作方式，并依据实际需要，对信息系统和业务流程进行调整，使之能够更加高效地为供应链服务。

5.4 外部供应链信息协调的实现模式

5.4.1 外部供应链信息协调的实现模式

外部供应链信息协调实现模式包含三个层次——信息传输、信息协调与信息协同，如图 5.8 所示。

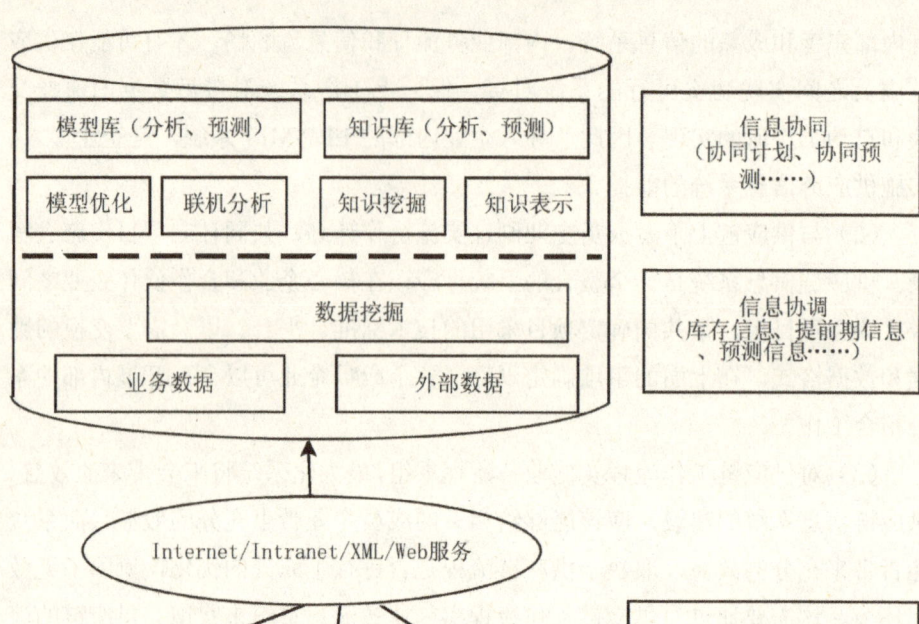

图 5.8　供应链信息协调的实现模式

从实现的角度来说，利用 EDI 等技术加快数据处理速度，降低处理成本等方法属于信息传达层次。信息协调层次则通过共享企业内部相关业务数据和获取外部数据，为供应链协调决策提供数据支持，并实现信息提取、分类和挖掘。信息协同则为供应链协调决策提供模型和知识支持。总之，供应链的外部信息协调通过分布的互联网应用系统，连接到商务合作伙伴的各类应用系统上，与上游的原料供应商、下游的分销商、客户连成一体，组建面向供应链的数据中心，从而为决策提供相关支持。

5.4.2 供应链信息协调实现面对的挑战

供应链信息协调通过供应链信息系统实现，不同的企业，由于内外部环境、人员素质的高低不同，在供应链信息系统导入时面对的挑战也不同，一般来讲，成功导入供应链信息系统主要面对四大挑战[12]：

（1）供应链相关企业的信息化水平。不管是企业自身，还是供应链的上下游企业,这些企业的信息化水平对于供应链信息系统导入的成败,影响深远。企业和合作伙伴企业信息化水平的高低,很大程度决定了所导入的供应链信息系统应该具备哪些功能。从这个意义上来说,供应链信息系统的导入是持续的、不断升级的过程,企业应该根据自身与合作伙伴的信息化水平,决定在某一个阶段,供应链信息系统应该达到什么样的目标。当信息化水平发展到更高层次以后,再将供应链信息系统进行升级。不顾当前信息化水平,盲目追求更高水平的信息系统,反而会增加供应链信息系统导入的风险。

(2)业务流程重组与业务需求实现。要让供应链系统发挥真正的效应,系统上线前对业务流程重组是一项重要的工作。业务流程重组是以任务为中心,最大程度地优化工作流程,提高流程的效率的过程。在系统上线前进行业务流程重组,能够使供应链信息系统帮助企业及其成员真正实现其业务需求,同时也能够帮助固定业务流程。

(3)所选择的解决方案的灵活性。现在的市场中,存在着众多的供应链信息系统解决方案,有一些系统解决方案具有很强的灵活性,而另外一些则没有;有一些解决方案是专门针对某个行业设计的,而另外一些是通用型的。企业应该根据自身业务的特性,尽可能地选择灵活性适合自己企业的解决方案。

(4)导入系统的项目管理能力。供应链信息系统的导入和升级是一项艰巨的任务,需要 IT 部门与供应链管理部门的紧密配合。在供应链信息系统的导入过程中,需要大量协调企业内部各个部门、企业与企业之间的关系和利益,严格控制项目的范围,确保获取足够的资源,最小化项目的风险。所有以上协调和沟通事务,可能需要在公司的组织结构上进行调整,并应该有一个强有力的项目管理团队,对项目的计划、组织、领导和控制进行管理。

5.5 基于多 Agent 的供应链信息协调的实现

5.5.1 基于多 Agent 的供应链信息协调体系结构

基于多 Agent 的供应链信息协调体系结构如图 5.9 所示,它在图 4.3 的基础上为每个子多 Agent 系统增加了一类信息中介。该结构中,每一个节点仍表示一个企业实体,被视作一个多 Agent 的子系统,每一个子多 Agent 系统都采用以中介为中心的联邦结构模式,其中有两种类型的 Agent:功能 Agent 和信息中介。各个功能 Agent(其功能介绍见 4.2 节)通过信息中介相互连接起来。信息中介负责其它 Agent 的注册服务,并将注册信息存储在本地数据库中。在本地数据库中,注册的 Agent 被分成两组:协作 Agent(属于本企业内部的 Agent)和自利 Agent(属于其它企业的 Agent)。信息中介 Agent 还为其它 Agent 提供查询与检索服务,为服务的需求者(Agent)提供服务提供者的位置信息。

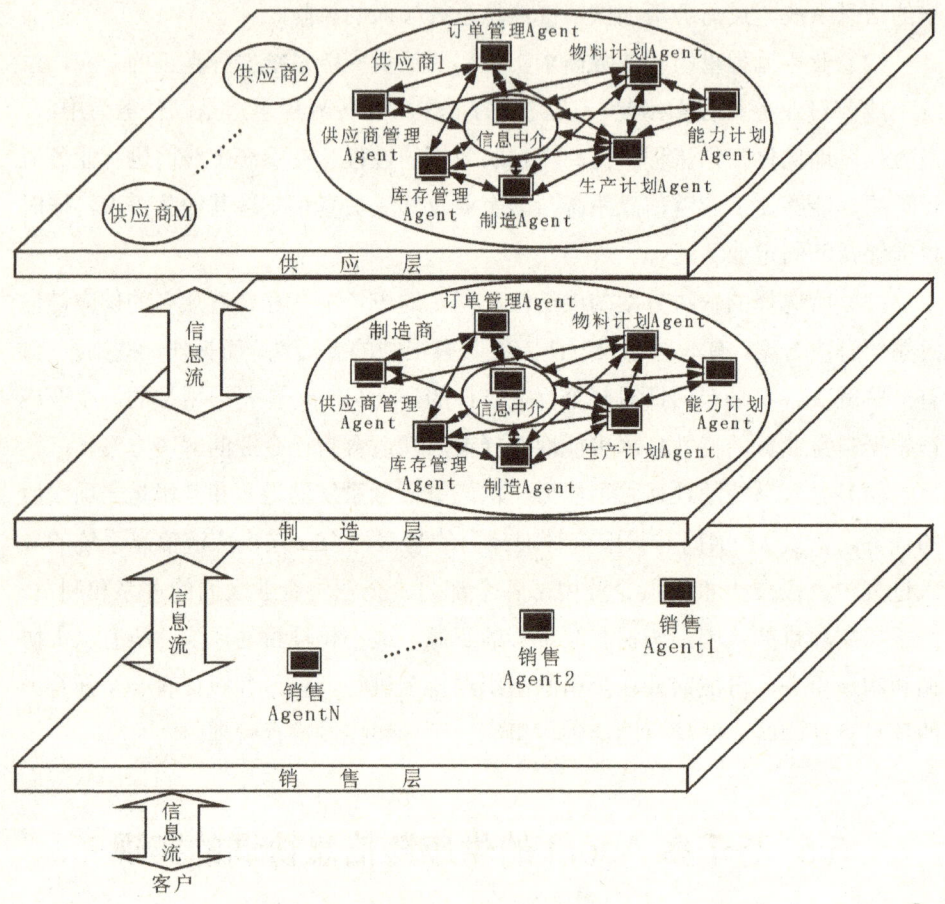

图 5.9 基于多 Agent 的供应链信息协调体系结构

5.5.2 企业内的应用系统的集成

基于多 Agent 的供应链信息协调从功能实现的角度而言,Agent 的作用表现在完成系统功能的调用。因此,一方面采用 CORBA 技术解决现有 Legacy

系统的集成问题,通过封装现有的 Legacy 系统,使 Legacy 系统的功能以基本的功能体形式向外提供;另一方面采用 Agent 技术对基本功能体进行 Agent 的封装来满足企业业务流程中各功能之间更高层次的相互协作以及业务流程不断变化的需求,如图 5.10 所示。

在图 5.10 中,将基于多 Agent 的供应链管理系统分为三个层次结构[13]:

(1) CORBA 封装层:通过采用 CORBA 技术对 Legacy 系统进行封装,将 Legacy 系统的功能以一组可供调用的 CORBA 对象的形式向外提供。新开发的基本功能同样符合 CORBA 规范;

(2) Agent 封装层:将 CORBA 封装层所提供的基本功能体映射成为 Agent 中执行器所能够执行的功能模块,通过感知器感知外界环境的变化,利用计划/调度器指导执行器执行相关的业务活动;

(3) Agent 协调层:多个 Agent 之间相互通信,相互协调与协商,并根据市场需求和运营的优化来建立、调整和重构 Agent 的联盟以及 Agent 活动的前后次序,从而和 Agent 封装层确定的业务子流程一起确定企业整个业务流程,实现企业内部业务流程的重组。

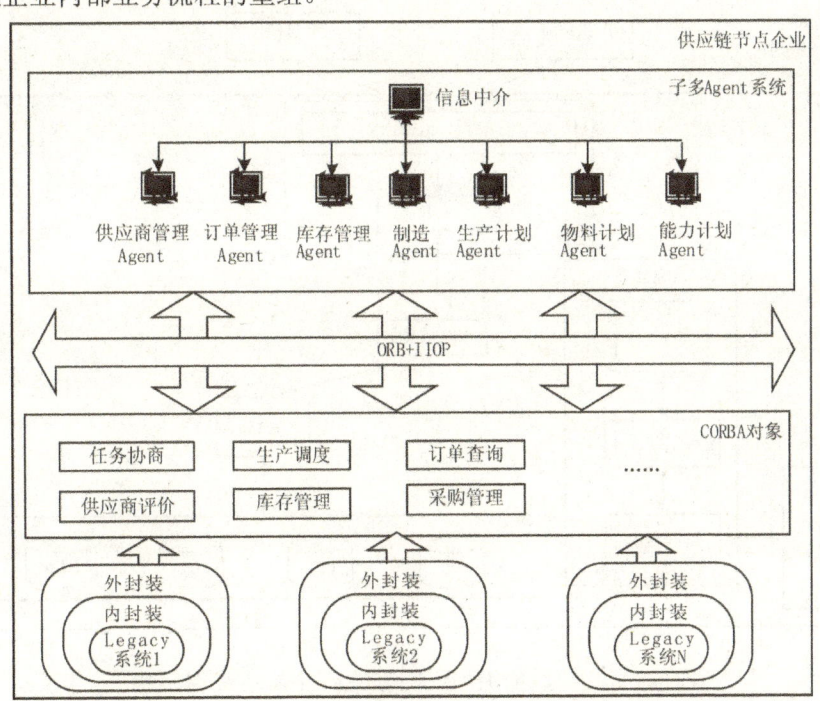

图 5.10　企业内的应用系统的集成

5.5.3 企业间应用系统的集成

在订单执行过程中,供应链节点企业之间需要进行信息协调以达到优化运行的目的,信息协调不但需要实现在不同数据库管理系统间传送数据,同时也需要让这些规模很大且相互独立的应用系统间能识别共享信息。这就需要采用有效的信息集成技术,从语法上到语义上充分实现业务数据的集成。

XML 是一种数据定义规范,与具体应用无关,因此,常见的网络结构、通信协议、加密协议都可与 XML 相结合,从而构成多样化的企业间数据集成的解决方案。基于 XML/Web 服务技术的企业间的信息交换模型,是采用 XML 文档作为信息交换载体,通过 Web 服务技术实现多个企业的异构应用间的自动的、平滑的信息交换过程,从而实现供应链中信息管理。并且,在基于 Web 的分布式数据库系统环境下,采用 XML 等信息技术、标准,结合信息挖掘、知识管理等理论和方法,可以实现更高意义层次上的智能信息集成。(见图 5.11)

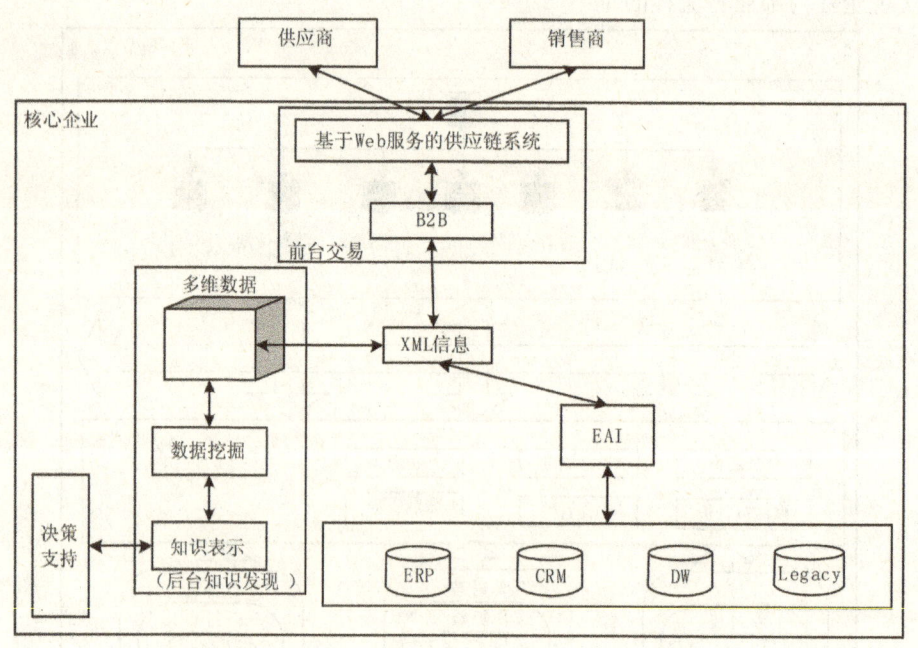

图 5.11 基于 XML/Web 的供应链信息协调架构

5.6 基于云计算的供应链信息协调

5.6.1 供应链信息协调中的云计算及其核心技术

1. 云计算的概念

云计算（Cloud computing）是分布式处理（Distributed computing）、并行处理（Parallel computing）和网格计算（Grid computing）的发展，是一种基于因特网的超级计算模式，在远程的数据中心里，成千上万台电脑和服务器连接成一片电脑云。云计算是指服务的交付和使用模式，指通过网络以按需、易扩展的方式获得所需的服务。这种服务可以是 IT 和软件等互联网相关的服务，也可以是任意其它的服务。

2. 供应链信息协调中云计算的核心技术

云计算系统中运用了许多技术，其中标准化技术、虚拟化技术、数据管理技术和平台管理技术在供应链信息协调中最为关键[14]。

（1）标准化技术。一是服务接口。供应链企业利用标准化服务接口接入云服务提供商后，与供应链盟主形成真正的信息互通。服务接口统一规定了在云计算时代使用计算机的各种规范、云计算服务的各种标准等。用户端与云端交互操作的入口可以完成用户或服务注册、对服务的定制和使用等。二是服务管理中间件。供应链盟主利用云计算服务提供商的服务管理来解决不同系统之间协调的问题，以达到控制协调。中间件位于服务和服务器集群之间，提供管理和服务即云计算体系结构中的管理系统。中间件对标识、认证、授权、目录安全性等服务进行标准化和操作，为应用提供统一的标准化程序接口和协议，隐藏底层硬件、操作系统和网络的异构性，统一管理网络资源包括负载均衡、资源监控和故障检测等；安全管理包括身份验证、访问授权、安全审计和综合防护等；映像管理包括映像创建、部署和管理等。

（2）虚拟化技术。云服务提供商的虚拟化技术可以将供应链企业不同系统的不同界面的软件虚拟成相同系统的相同界面，以达到供应链企业内系统之间、供应链企业与企业系统之间的数据协调、程序协调和界面协调。通过虚拟化技术可实现软件应用与底层硬件相隔离，包括将单个资源划分成多个虚拟资源的裂分模式，或者将多个资源整合成一个虚拟资源的聚合模式。虚拟化技术根据对象可分成存储虚拟化、计算虚拟化、网络虚拟化等，计算虚拟化又分为系统级虚拟化、应用级虚拟化和桌面虚拟化。

（3）数据管理技术。数据管理技术包括两个方面：一是海量数据分布与存储技术：云计算服务提供商为供应链企业提供了海量数据分布与存储技术。云计算服务提供商通过现有网络技术、并行技术和分布式技术将分散的供应链企业中的计算机组成一个能提供超强功能的集群，用于计算和存储数据，同时利用自己的硬件设备如价格昂贵的服务器及磁盘阵列等设备，用冗余存储的方式来保证供应链管理中数据的安全性与可靠性。二是海量数据管理技术。云计算可以对供应链企业中分布的、海量的数据进行处理、分析、存储，以达到在供应链管理中所必需高效的管理大量数据的要求。

（4）平台管理技术。由于云计算服务商的资源规模庞大、服务器数量众多，故可将一些服务器分布在地理位置不同的供应链企业附近，并同时运行着供应链企业不同的应用。云计算系统的平台管理技术能够使大量的服务器协同工作，方便地进行供应链企业业务的部署和开通，快速发现和恢复系统故障，通过自动化、智能化的手段实现大规模供应链管理信息系统的可靠运营。

5.6.2 基于云计算的供应链信息协调体系构建

1. 供应链信息协调的管理模式[14]

供应链采用云计算服务提供商与供应链盟主来进行信息管理，是一种新的模式。供应链信息协调结构模型如图 5.12。

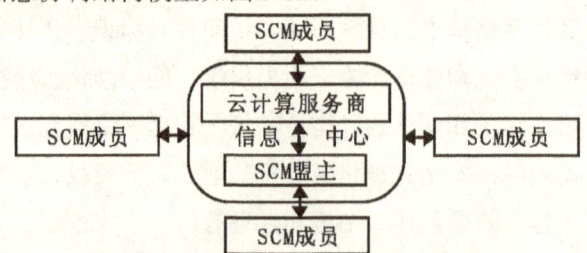

图 5.12　供应链信息协调管理结构

SCM 盟主由供应链中的核心企业来担任，以 SCM 盟主为核心与云计算服务提供商组成一个对供应链企业各成员信息管理负责的信息中心。信息中心是整个体系中的信息采集中心、信息加工中心、信息调配中心。供应链中除盟主外的成员企业分别与信息中心互联。

2. 供应链信息传递的方式[14]

在供应链的信息协调的管理模式中，云计算服务提供商和供应链企业成员之间的信息以何种方式传递，是一个较为关键的问题。供应链管理中最常用的信息传递方式有利用 EDI 专线传递，利用局域网进行数据传输，利用 Internet 网络进行数据传输等。在供应链信息协调的管理模式中，采取利用 Internet 来进行供应链数据的传输方式（见图 5.13），其原因是：随着信息技术的发展，Internet 网络传输技术日臻成熟，其安全性、稳定性、兼容性都得到不断提高，而且应用的范围也在不断扩大，成为一种普及化的传输方式。

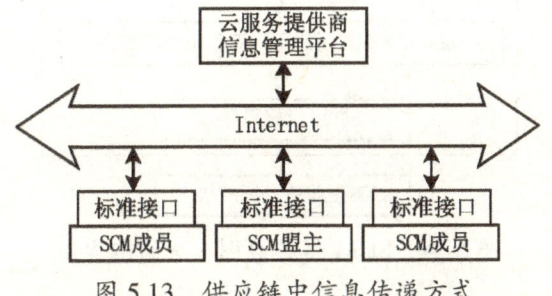

图 5.13　供应链中信息传递方式

较之 EDI、局域网等传输方式，Internet 的传输成本要低得多，企业只需要开通网络服务即可融入到 Internet 世界，无需添置额外的设备和增加专业的管理人员。在供应链信息协调的管理模式中，供应链是个动态的组织体系，信息服务的对象也是不断动态变化的，随时都有成员退出供应链或退出信息服务，同时也不断有新的成员加入到供应链或加入到服务客户行列，对于这样一个动态的组织形态，只有 Internet 的简单、便捷、低成本等特点才能满足供应链信息协调管理的特点。同时，云服务提供商还为所有的供应链企业提供接入 Internet 的标准接口。

3. 信息协调系统结构模型[14]

云计算服务提供商利用虚拟化技术将不同的系统（如 ERP、CRM 等）虚拟成统一的系统、统一的界面，如果以供应链作为一个企业，那么云计算服务提供商所虚拟的系统就相当于企业的 ERP 系统，联盟中的各个成员相当于企业的各个职能部门，企业用 ERP 系统来调配各个部门的资源和安排部门的工作计划，使得企业的资源利用率达到最大，企业效率达到最高；利用海量存储技术为供应链企业数据库提供海量存储空间；利用平台管理技术来协调分布在不同地点运行着不同系统的企业之间的数据；同时在供应链中，云计算服务提供商所虚拟的系统也起到调配信息资源，以减少供应链中信息失真，加快信息传递速度和准确性，提高供应链整体竞争力的作用。供应链信息协调系统结构模型如图 5.14 所示。供应链企业通过信息标准接口接入 Internet，与供应链信息中心的云计算服务商发生连接，并根据不同的用户权限登陆到云计算服务提供商虚拟管理系统中来进行数据处理。

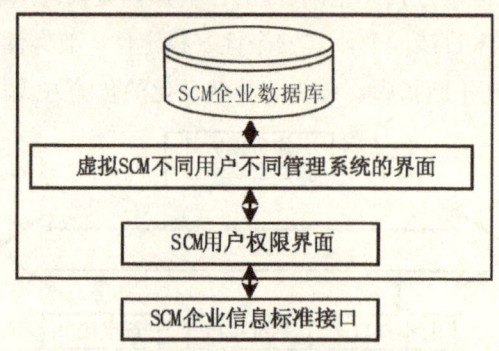

图 5.14　SCM 信息协调系统结构模型

本章小结

本章首先介绍基于信息技术的供应链管理的结构模型和供应链信息协调实现的相关信息技术，然后指出实现供应链信息协调可分为基础建设、职能集成、内部供应链信息协调、外部供应链信息协调四个阶段，并介绍供应链信息系统集成技术的发展和供应链信息系统建设的五个阶段。提出外部供应链信息协调的实现模式。从系统实现的角度建立了基于多 Agent 的供应链信息协调体系结构，分析了企业内应用系统的集成和企业间应用系统集成实现方法。最后介绍了基于云计算的供应链信息协调。

参考文献

[1] 叶春. 供应链管理系统的信息技术与模型方法研究 [D]. 武汉：武汉大学, 2005.

[2] 陈廷斌. 基于 XML_Web 服务的供应链信息集成技术与方法研究 [D]. 大连：大连理工大学, 2004.

[3] 王福寿. 基于响应时间的供应链决策与监控研究 [D]. 武汉：华中科技大学, 2006.

[4] Lou Ping, Zhou Zu-de, Chen You-Ping, et al. *Study on Multi-Agent-Based Agile Supply Chain Management* [J]. International Journal of Advanced Manufacturing Technology, 2004, 23:197-203.

[5] Cutkosky, M.R., Engelmore R.S., Fikes R., et al. *PACT: An experiment in integrating concurrent engineering systems* [J]. IEEE Computer, 1993, 26(1): 28-37.

[6] Kuokka, D.R., McGuire, J.G., Pelavin, R.N., et al. *SHADE: Technology for knowledge-based collaborative engineering* [J]. Journal of Concurrent Engineering: Application and Research, 1993(3):33-45.

[7] Baker, A.D. *A Survey of Factory Control Algorithms Which Can be Implemented in a Multi-Agent Hiberarchy: Dispatching, Scheduling, and Pull* [J]. Journal of Manufacturing Systems, 1998, 17(4):297-320.

[8] Shen, W., Barthes, J.P. *An Experimental Multi-Agent Environment for Engineering Design* [J]. International Journal of Cooperative Information Systems, 1996, 5(2-3):131-151.

[9] Norrie, D.H., Gaines B.R. *Distributed Agents Systems for Intelligent Manufacturing* [J]. Canadian Artificial Intelligence, 1996, 40:31-33.

[10] Wiederhold, G. *Mediators in the Architecture of Future information Systems* [J]. IEEE Computer, 1992, 25(3):38-49.

[11] 张启文. 基于 SOA 的供应链异构系统集成研究 [D]. 南京：东华大学, 2011.

[12] 陈建勋. NIKE 借助信息系统管理供应链之研究 [D]. 上海：上海交通大学, 2007.

[13] 娄平. 基于多 Agent 敏捷供应链若干关键问题的研究 [D]. 武汉：华中科技大学, 2004.

[14] 陈君. 基于云计算的供应链信息协同研究 [J]. 商业时代, 2011, 31:28-29.

[15] 孟祥旭 等. 云制造模式与支撑技术 [J]. 山东大学学报(工学版), 2011, 41(5):13-20.

[16] 林云, 田帅辉. 物流云服务_面向供应链的物流服务新模式 [J]. 计算机应用研究, 2012, 29(1):224-228.

第 6 章
供应链信息协调机制

6.1 供应链信息协调机制的分析框架

尽管信息技术的发展有利于供应链企业在合作过程中的信息传递和共享，但供应链是一个由社会系统和技术系统相互作用而形成的社会技术系统。社会技术系统理论的核心思想是：为了提高组织工作效率不能只考虑技术因素，还要考虑人的因素，使人和技术协调一致。在增进供应链企业间信息传递和共享过程中遇到的阻碍，除了跟信息技术、业务流程等因素相关外，更大的阻碍则是跟供应链具有社会系统这一特点相关，即各种组织、非正式组织和人的因素妨碍着信息的自由流通。为保障供应链信息协调的充分实现，必须在分析影响它的各种原因的基础上进行相关机制的分析与设计。供应链信息协调机制的分析框架如图 6.1 所示[1-3]。

1. 影响供应链信息协调的社会因素

影响供应链信息协调的社会因素有以下几种：

（1）利益冲突。供应链中参与信息传递和共享的企业往往不能从中得到相等利益。在供应链关系中，核心企业在供应链信息协调中处于主动地位，是信息协调发起者，有时它们会以停止业务关系相威胁，迫使其他节点企业进行信息传递与共享。尽管长期来看，所有的参与者均能获得好处，但在开始时，发起者获得利益一般较大。所以在相当长一段时期内，特别是在供应商数量较大，彼此之间竞争激烈且供应商与核心企业关系不稳定的情况下，非核心企业在信息协调中往往是"不得已而为之"，缺乏真正的主动性。

（2）信用缺乏。在理论上，供应链管理要求链内各企业间相互合作，通过分担责任与风险增强自身的竞争力和获取收益。但在各种机制还不很成熟的市场环境中，企业之间的信用氛围并没有真正形成，市场的运行缺乏有效的监督与约束机制。由于有限理性的存在，上下游企业缺乏信任，很少用系统的方法进行思考。于是链内企业合作时就会互相隐藏一些信息，使信息在供应链传递过程中发生波动和偏差，增加整个供应链系统的不确定性，降低系统的运作效率。

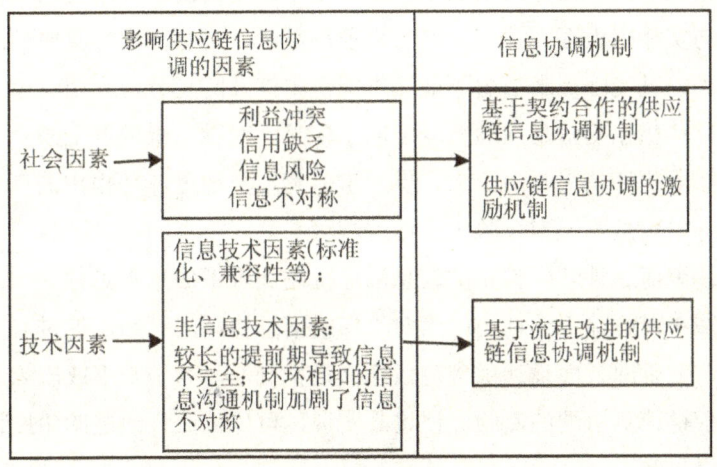

图 6.1　供应链信息协调机制的分析框架

（3）信息风险。供应链中节点企业过度隐藏自己的信息，对整个供应链会造成一定的信息风险。同时信息共享加大，对节点企业本身造成的风险也是不可忽视的。因为企业之间的无缝集成意味着可能导致企业核心技术和财务等机密外漏，核心技术的缺失会使企业失去核心竞争力，从而很可能失去在整个供应链中的地位，致使企业承担很大的风险。

（4）信息不对称。供应链企业间存在的信息不对称现象会引发"逆向选择"和"道德风险"问题。制造商在选择供应商时，由于供应商掌握了一些对制造商不利但不为其知的信息，因此供应商与制造商签订了对自己有利的契约，致使制造商受到损害，导致"逆向选择"——制造商误选了不适合自身实际情况的供应商。假设供应商与制造商在签订契约时各自拥有的信息是对称的，但签成契约后，制造商无法观察到供应商的某些行为，或者外部环境的变化仅为供应商所观察到。这种情况下，供应商在有契约保障之后，可能采取不利于制造商的一些行为，损害制造商的利益，表现在供应商供货的推后或者产品质量的降低上，导致"败德行为"——供应商降低了服务水准、增加了潜在费用。

2. 影响供应链信息协调的技术因素

影响供应链信息协调的技术因素除了包括信息技术因素（如信息的标准化程度、信息系统的兼容性等）之外，还包括如下非信息技术因素：

（1）较长的提前期导致信息不完全。由于缺乏提前期内的需求信息，需求预测必然与实际需求存在误差，并且提前期越长，进行需求预测时信息不完全的程度越大，且实际需求信息不能在供应链中被及时充分地利用。

（2）环环相扣的信息沟通机制加剧了信息不对称。供应链上游企业一般通过其下游企业的订单来判断需求，供应链所有成员通过环环相扣的订单信息相互沟通。订单信息不一定反映供应链终端用户真实丰富的需求信息，它可能滞后或失真，因而这种环环相扣的信息沟通机制加剧了信息不对称。

为了减小或解除上述社会因素对供应链信息协调的制约，促进其实现，可以从契约、激励两方面设计供应链信息协调机制，而为了减小或解除上述技术因素对供应链信息协调的制约，促进其实现，可以从流程改进的角度设计供应链信息协调机制。

6.2 基于契约合作的供应链信息协调机制

6.2.1 合作伙伴等级结构

供应链合作伙伴关系是指供应链成员之间为实现特定的目标而相互支持，并同意在一定时期内基于利益共享和风险共担达成的一种协议关系。根据信息发布主体与信息接收主体之间的合作密切程度，可以将供应链上企业之间的合作关系定义为三个级别，即非合作伙伴、次要合作伙伴、重要合作伙伴。非合作伙伴指与信息发布主体不具有合作关系，也没有合作协议，必要时偶尔合作，合作结束后，何时再发生业务关系不确定；次要合作伙伴是与制造商合作次数相对较多、关系不很密切的合作伙伴；重要合作伙伴是与制造商关系密切、少而精的合作伙伴。根据供应链的运作特征，其中的信息发布主体和信息接收主体有供应商、制造商、销售商和客户，而每一主体又有不同级别的合作伙伴，其类型与等级结构如图 6.2 所示。

根据企业的业务发展情况以及合作伙伴的业绩、用户满意度、产品质量、交货期执行情况等，三种合作伙伴可能会发生变化，如重要合作伙伴可能会转化为次要合作伙伴，甚至会转化为非合作伙伴，而非合作伙伴可能会转化为次要合作伙伴，甚至转化为重要合作伙伴等。

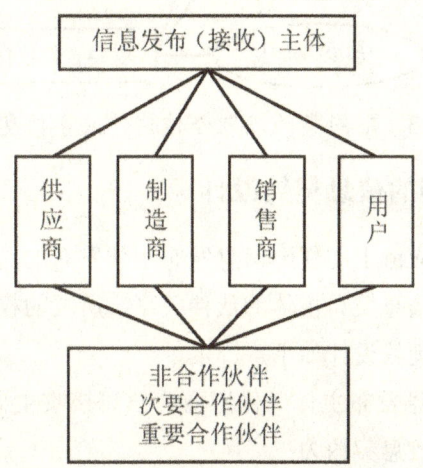

图 6.2　合作伙伴的类型与等级结构

6.2.2 信息的契约等级

由于不同级别的合作伙伴之间传递的信息内容不同，因而将供应链上的信息按合作伙伴级别定义为三级（Ⅰ级、Ⅱ级、Ⅲ级），不同级别的合作伙伴之间传递的信息内容不同。Ⅰ级信息，无需授权，任何级别的合作伙伴均可共享；Ⅱ级信息，需要经过授权，只允许次要合作伙伴和重要合作伙伴共享；Ⅲ级信息，必须经过授权，只允许重要合作伙伴共享。每一信息发布主体发布Ⅰ级、Ⅱ级、Ⅲ级信息，每一信息接收主体（非合作伙伴、次要合作伙伴、重要合作伙伴）根据信息发布主体授予的权限，分别访问各自可以获得的信息，没有被授权访问的信息，信息接收主体不能访问。不同级别的合作伙伴与其能获得的信息层级之间的关系，如图 6.3 所示。

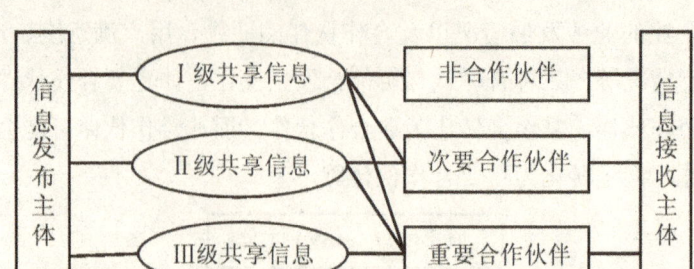

图 6.3　不同契约级别合作伙伴共享信息模型

6.2.3 信息协调的信息契约设计

通过契约，对供应链上的任一信息发布主体发布的具有等级性的信息，信息接收主体根据其与信息发布主体的伙伴关系、所授的权限进行访问，供应链合作伙伴之间的信息契约设计如下：

(1) 制造商为信息发布主体（供应商为信息接收主体）。在此情形下，供应链合作伙伴之间的信息契约为：

①Ⅰ级共享信息：需求信息、需求变动信息；

②Ⅱ级共享信息：订单批量、库存量、库存水平；

③Ⅲ级共享信息：产品信息、库存补给策略、能力信息、预测信息。

(2) 制造商为信息发布主体（销售商为信息接收主体）。在此情形下，供应链合作伙伴之间的信息契约是：

①Ⅰ级共享信息：库存量；

②Ⅱ级共享信息：库存水平；

③Ⅲ级共享信息：库存补给策略、能力信息、生产提前期。

(3) 销售商为信息发布主体（制造商为信息接收主体）。在此情形下，供应链合作伙伴之间的信息契约是：

①Ⅰ级共享信息：需求信息、需求变动信息；

②Ⅱ级共享信息：订单批量、需求预测数据；

③Ⅲ级共享信息：预测模型。

(4) 供应商为信息发布主体（制造商为信息接收主体）。在此情形下，供应链合作伙伴之间的信息契约是：

①Ⅰ级共享信息：库存量；

② Ⅱ级共享信息：库存水平；

③ Ⅲ级共享信息：库存补给策略、能力信息、供应提前期。

（5）客户作为信息发布主体（销售商和制造商为信息接收主体）。客户需求信息是供应链运作并进一步发展的基础。一般情况下，任何级别的合作伙伴都可拥有他们的信息，因而将他们所发布的信息都作为Ⅰ级信息，包括产品需求信息、质量信息、价格信息、售后服务信息等。由于每个客户各方面条件不同，发布信息的渠道也不同，常见的渠道有网站、各种媒体等。作为信息接收主体，应充分利用各种渠道收集客户信息。

6.3 供应链信息协调的激励机制

6.3.1 激励机制的任务

激励就是委托人如何使代理人在选择或不选择委托人标准或目标时，从自身利益效用最大化出发，自愿或不得不选择与委托人标准或目标一致的行动。激励机制的任务包括：

（1）合理分配信息传递与共享带来的额外利润。信息协调不仅要使整个供应链都受益，而且要根据信息提供者所提供信息在供应链中的作用大小按比例分配利润。有效的激励机制应该能提供这样的保障。

（2）在信息不对称情况下，对企业成员进行有效激励。客观上讲，每个企业要比其他企业更了解自己的生产和经营状况，这种信息不对称总是存在。有效的激励机制应能在此情况下采取诱导措施，促使企业之间共享私有信息。

（3）在激励机制的约束下，各企业成员使自己利润最大化是供应链中各企业追求的目标，激励机制应该使企业目标与整体目标一致，但是不能强迫企业采用指定的决策行为。

（4）兼顾企业成员和供应链整体的效用。在激励机制下，不仅应使各个企业成员实现效用最大化，还应实现供应链整体的效用最大化，激励机制应该能够通过诱导措施，协调整体目标与局部目标的冲突。

6.3.2 激励机制的内容

激励机制的内容包括激励的主体与客体、激励的目标和激励的手段。

（1）激励主体与客体。由于供应链是由经济上具有共同利益关系的企业联系起来的松散联合体，因而供应链信息协调激励的主体有多个，激励的客体（对象）是多方向和多方面的，主要有核心企业对成员企业的激励、制造商对供应商的激励和制造商对销售商的激励。

（2）激励目标。激励目标主要是通过某些激励手段，调动委托人和代理人的积极性，兼顾合作双方的共同利益，消除由于信息不对称和败德行为带来的风险，使供应链的运作更加顺畅，实现共赢的目标。

（3）激励手段。从激励理论的角度理解，供应链管理模式下的激励手段主要是正激励和负激励两大类。正激励是指一般意义上的正向强化、正向激励，是鼓励人们采取某种行为；而负激励则是指一般意义上的负强化，是一种约束、一种惩罚，阻止人们采取某种行为。

6.3.3 供应链信息协调激励机制

为实现供应链信息协调，可以采取下列激励机制，如图 6.4 所示[4]。

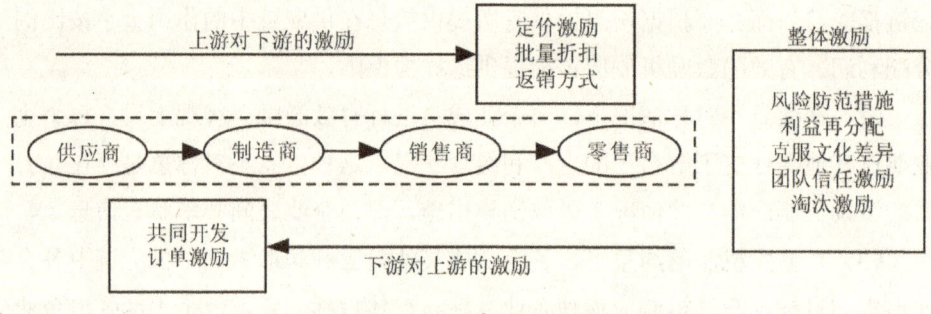

图 6.4　供应链信息协调的激励机制

1. 供应链上游企业对下游企业的激励

供应链上游企业对下游企业的激励方式包括定价激励、批量折扣和返销方式等。

（1）定价激励方式：信息及时传递和共享可以有效降低上游企业的库存成本和缺货成本，从而降低上游企业的生产成本。因此，上游企业可以给予参与信息协调的下游企业较低的产品转移价格,这样下游企业可以从信息协调中获利,从而影响下游企业的行为[4]。传统的定价方式从企业利润最大化的角度出发,认为上游企业应该对下游企业采用统一的定价。这种方式没有考虑到企业有无参与信息协调的差别,只是简单地均分利润,因此会损害参与企业的利益。定价激励方式可以考虑使用价格歧视策略,对参与信息协调的企业提供较低的供货价格,而对拒绝参与的企业采用抑制性高价。

(2) 批量折扣方式:实际上是价格激励方式的一种转化形式。给参与信息协调的企业一定的批量折扣也可以调整供应链中的利润分配,激励供应链中的企业相互传递和共享信息。

(3) 返销方式:是指上游企业给予下游企业以低于成本批发价的返销价格将超过需求的产品退给上游企业。这种方式可以给予下游企业比较宽松的订货数量,但是,下游企业要付出退货时的运费、仓储费用等,这在一定程度上加大了下游企业的成本。因此,这种方式可以促使下游企业认真地分析、预测市场需求,并且将信息及时有效地反馈给上游企业,从而双方共同承担需求的不确定性风险。

2. 供应链下游企业对上游企业的激励

供应链下游企业对上游企业的激励包括新产品/新技术的共同开发和订单激励。

(1) 新产品/新技术的共同开发。新产品/新技术的共同开发和共同投资主要适用于制造商对供应商的激励,可以让供应商全面掌握产品的开发信息,有利于提高双方的信任度,有利于新技术在供应链中的推广和开拓供应商的市场。

传统的管理模式下,制造商独立进行产品的研究与开发,只将零部件的最后结果交由供应商制造,供应商没有机会参与进来,只是被动地接收来自制造商的信息。这种合作方式最理想的结果也就是供应商按期、按质、按量交货,不可能使供应商主动关心供应链的管理,也不愿意提高信息协调的程度。因此,供应链信息协调程度要提高,供应链中的核心企业应将供应商、销售商甚至用户纳入到产品的研究开发中,按照团队的工作方式展开全面合作。在这种环境下,产品研发的成败不仅影响一个企业,而且也对其他企业产生影响,因此供应链中各企业会主动提高信息协调程度,从而起到对供应链上企业的激励作用。

（2）订单激励。订单激励是下游企业对上游企业的一种激励，以使上游企业能够考虑到以后的利益而提供真实可靠的生产供应信息，从而降低下游企业可能的风险。有时上游企业为了一时的利益，而不顾自己的生产、供应等各种能力，盲目地签订合同，在这种情况下，一旦上游企业的供应出现问题，就会影响下游企业的利益，从而影响整个供应链的绩效。目前，国内很多企业在签订采购合同中明确提出，如果第一批货物的数量、质量与合同相符，则下一批货将会加大订货量，从而使上游企业考虑到下一批货物的利润而提供真实、充分的信息给下游企业。

3. 从整体对供应链上各企业参与信息协调的激励

从整体对供应链上各企业参与信息协调的激励包括风险防范、利益再分配、克服文化差异、团队信任激励和淘汰激励等。

（1）风险防范。对于参与信息协调的各成员，可以采用"冷酷"战略来防止成员间的不合作行为：对参与信息协调的各企业，首先选择"信息共享"，如果对方也选择了"共享"，自己就继续合作；如果对方一旦选择"不共享"，自己就永远选择"不共享"，除非对方重新合作，自己才选择重新合作。这种策略体现的合作原则是善意、强硬、宽容和简单明了，但成功的前提是双方要通过多次交易来熟悉和了解对方。

（2）利益再分配机制。实行信息协调以后，供应链中成员的效益可能会有不同程度的增加，或者有的增加、有的减少，但在一般情况下供应链的绩效会有所提高，这就出现了信息协调后的利益再分配问题。如果不能很好地处理利益再分配势必会影响信息协调的程度，因为市场上所有的参与者是"理性的"，即在一定的条件下总是要追求自身利益最大化，供应链中的参与者也不例外。参与者参与这个供应链，实行信息协调所能获得的利益应不少于不参与这个供应链信息协调时的所得。只有满足了这个条件，才可能真正实现信息协调。

（3）克服文化差异。在供应链环境下，节点企业可能来自不同的国家、地区、行业，有不同的价值观、人生观和生活方式，有不同的企业文化背景，对同一事物或问题有不同的观点和见解，这些都会对信息协调的有效性产生较大的影响。为了提高供应链管理的绩效，减少文化差异对供应链信息协调的影响，可以采取以下措施：

① 加强企业间的沟通，实现团队建设。保持企业间人员的频繁接触，取得相互的信任和理解，以便能更好地理解他人的行为，消除企业文化间的偏见，实现有效的沟通，进而发挥团队的整体效能。

② 加强供应链管理移植中的管理移植。供应链管理过程中的管理移植就是将一种文化中成功的管理思想、方法、制度和技术，转移到另一种企业文化中，以求获得相应的效果。

③ 提高供应链内企业各自的核心竞争力。供应链管理的一个重要方面就是把资源集中在企业的核心竞争力上。核心竞争力的提高在很大程度上取决于企业人员素质的提高，需加强人力资源管理，通过引进、教育、培训等方式提高各类人员的素质。

④ 建立虚拟企业，重构企业文化。企业文化重构是企业重构工程中的重要组成部分，通过文化重构，逐步实现供应链企业间的文化融合，形成各具优势并有所发展的虚拟企业文化，相互促进，共同发展。

（4）团队信任激励。现代企业的竞争越来越倾向于基于整个供应链的跨时空的立体多维的整体性竞争，因此供应链企业间需形成一种基于长期合作的团队式的信任关系。所以，为了能在激烈的竞争中取胜，可以建立团队式信任激励模式，提高供应链的整体效益。

信任是在个体面临一个预期损失大于预期收益并且不可预料的事件时，所作出的一个非理性的选择行为。信任是一种态度，相信某人的行为或周围的秩序符合自己的愿望。它表现为3种期望：对自然与社会的秩序、对合作伙伴承担的义务、对角色的技术能力[5]。基于信任的不确定性和信息的不对称性，可以通过建立团队式学习型组织来不断强化团队式信任关系，从而做到对供应链企业的有效激励。供应链中的企业作为一个整体进行学习，可以搜集、加工处理和应用独立学习时所不能获得的信息和知识，取长补短。这些信息和知识不是简单的个体迭加，它们是集体智慧的结晶，有助于企业成员了解供应链的整体运行情况。他们相互之间也会因此建立竞争信任关系、良好愿望关系和合同信任关系等，从而达到供应链激励的目的。通过企业之间的这种相互信任的合作以及伙伴关系的建立，使各成员的利益与目标协调起来，可以在一定程度上减少信息传递过程中的障碍，增加信息协调程度。

(5) 淘汰激励。淘汰激励是一种负激励。优胜劣汰是世间万物生存的自然法则，供应链也不例外。为了使供应链的整体竞争力保持在一个比较高的水平上，供应链必须建立对成员企业的淘汰机制，同时供应链自身也面临淘汰。在淘汰激励机制下，供应链上的各企业，为了自身以及整个供应链免遭淘汰，就必须进行良好的信息协调，这样才能优化供应链，降低最终产品的成本，以赢得与其他同类产品的竞争。

6.3.4 基于利润分配的信息协调激励模型

本书第 2 章曾指出，由于供应链企业间存在信息不对称现象，因而存在委托代理问题，并且它不同于其它在市场交换过程中形成的供应商和顾客之间的委托代理问题：它更强调企业间的合作和协调——各自从自身利益出发，结合合作对策，形成独具一格的委托代理机制。众多学者研究了在各种非对称信息情况下对成员进行有效激励的问题。Feldmann 和 Muller 分析了如何建立激励机制以获取真实、可靠信息的问题[6]；Lee 和 Whang 对组织内部的分散型多阶供应链的激励和信息协调进行了研究[7]；戴勇通过提出一个让成员企业参与利润分配的激励方案来解决核心企业与成员企业在信息协调中的委托代理问题[8]；马新安等以一个两阶段的多任务委托代理模型来研究供应链中的核心企业对其供应商进行供应活动和信息共享活动的最优激励问题[9]。本节在参考上述研究成果基础上提出如下基于利润分配的信息协调激励模型并进行相关分析。

1. 模型描述

该模型是一个委托代理模型，通过代理人（供应商）对信息协调努力收益的参与分配，激励代理人和委托人（制造商）之间加强信息传递与共享。因为供应链的收益不仅取决于各成员企业自身的作业努力程度，而且和成员企业之间的信息协调有关。这里通过考虑对委托人和代理人信息协调努力所得到的供应链增值收益的分配达到对信息协调行为本身的激励。

对于供应链中的代理人（供应商），其作业的努力行为 v 可以分为日常的作业努力 (v_1) 和信息协调的努力 (v_2) 两部分。$f(v_1)$ 表示代理人日常作业努力的收益，C 表示费用，$f(v_1)=C$，是一种基本固定的收益。$f(v_2)$ 表示代理人信息协调努力的收益，设 $f(v_2)=k \times v_2$，k 为信息协调对供应链收益的影响系数，$k>0$。对于供应链中的委托人（制造商），其作业的努力行为用 u 表示，$g(u)$ 表示努力的收益。假设信息协调努力的总收益由两部分组成,即由委托人的努力收益和代理人的努力收益共同组成,则信息协调努力的总收益为 $D=f(v_2)+g(u)+\theta$,其中 $\theta \sim N(0,\delta_0^2)$, θ 表示供应链信息协调努力的外部环境影响。$C(v2)$ 表示代理人信息协调努力的成本,$C(v2)=0.5\gamma \times v2^2$,γ 为努力成本系数。

委托人让代理人参与由于信息协调而产生的增加利润的分配,用以作为对代理人信息协调努力的肯定和激励。设 α 为信息协调努力收益的分配系数,在一般的运用委托代理模型的激励机制设计中,经常看到对分配系数 α 的设立。考虑到此处所讨论问题的特性,若仅仅用分配系数 α 来调节利润分配,则有失准确和全面。因为,首先,供应链信息协调不仅存在于当事委托人和代理人之间,而且存在于代理人与其他合作企业之间。其他合作企业对代理人参与信息协调努力的评价有助于制定更合理的信息协调利润分配方案。故在此设计一个新的评价因子 β ($0<\beta \leq 1$) 表示其它成员企业对当事代理人在信息协调方面的努力的评价。其次,考虑信息系统建设程度对信息协调的影响。信息协调需要借助于信息系统来实现,信息系统完善程度及与合作企业间的对接情况直接关系到企业间的信息协调。良好的信息系统建设是消除败德行为的重要手段。为了激励代理人提高信息系统建设程度,在此考虑使用奖励函数 p,$p(v2)=T\times(v2-m)$,T 为奖励系数,$T>0$。代理人信息系统建设程度至少要达到 m($0<m<1$),如果超过 m,则对其进行奖励。

设委托人为风险中性的,代理人为风险厌恶的,且风险厌恶度(风险系数)为常数 ρ。整个项目的费用总额为 H,则有:

代理人的期望收益为

$$E(v)=C+\alpha(\beta f(v_2)+g(u))+T\times(v_2-m)-C(v_2)-0.5\rho \alpha^2 \delta_\eta^2 \tag{6.1}$$

委托人的期望收益为

$$E(u)=H-C+(1-\alpha)(\beta f(v_2)+g(u))-T\times(v_2-m) \tag{6.2}$$

基于利润分配的信息协调激励模型表示如下:

$$\max_{\alpha,v_2}(E(u))=H-C+(1-\alpha)(\beta f(v_2)+g(u))-T\times(v_2-m)$$

s.t. (IR) $E(v) \geq \overline{\omega}$ $\overline{\omega}$ 为代理人不加入时的保留收入

(IC) $\underset{v_2}{\mathrm{argmax}}\, E(v)$

2. 模型分析

（1）对分配系数的分析，上述模型求解后得

$$v_2 = \frac{\alpha\beta k + T}{\gamma} \qquad (6.3)$$

$$\alpha = \frac{\beta^2 k^2 - 2\beta kT - \gamma g(u)}{2\beta^2 k^2} \qquad (6.4)$$

由式 6.3 得 $\frac{\partial v_2}{\partial \alpha} = \frac{\beta k}{\gamma}$ >0，表明当收益分配系数增加时，代理人的信息协调努力会增加，因此分配系数的设立将会促进供应商加强信息系统建设和增强在信息协调方面的努力。

结论 1：分配系数的设定能实现对于成员企业信息协调行为的激励。

（2）引入奖励函数和评价乘数的贡献。上述模型是在委托代理模型的基础上，通过引入奖励函数 p 和评价乘数 β 来调整分配系数。为了更好地反映模型的特点，以下通过对两种未经调整的模型结果的比较，得出模型调整后的优点。

模型 1：不引入奖励函数，则得到如下模型

代理人的期望收益为

$$E(v) = C + \alpha(\beta f(v_2) + g(u)) - C(v_2) - 0.5\rho\alpha^2\delta_\eta^2 \qquad (6.5)$$

委托人的期望收益为

$$E(u) = H - C + (1-\alpha)(\beta f(v_2) + g(u)) \qquad (6.6)$$

基于利润分配的信息协调激励模型表示如下：

$$\max_{\alpha, v_2}(E(u)) = H - C + (1-\alpha)(\beta f(v_2) + g(u))$$

s.t. (IR) $E(v) \geq \overline{\omega}$ $\overline{\omega}$ 为代理人不加入时的保留收入

(IC) $\underset{v_2}{\arg\max} E(v)$

模型 2：不引入评价乘数，则得到如下模型

代理人的期望收益为

$$E(v) = C + \alpha(f(v_2) + g(u)) + T \times (v_2 - m) - C(v_2) - 0.5\rho\alpha^2\delta_\eta^2 \qquad (6.7)$$

委托人的期望收益为

$$E(u) = H - C + (1-\alpha)(f(v_2) + g(u)) - T \times (v_2 - m) \qquad (6.8)$$

第6章 供应链信息协调机制

基于利润分配的信息协调激励模型表示如下：

$$\max_{\alpha,v_2}(E(u)) = H - C + (1-\alpha)(f(v_2)+g(u)) - T \times (v_2 - m)$$

s.t. (IR) $E(v) \geq \overline{\omega}$ $\overline{\omega}$ 为代理人不加入时的保留收入

(IC) $\underset{v_2}{\mathrm{argmax}}\, E(v)$

计算得模型1的分配系数和模型2的分配系数分别为：

$$\alpha_1 = \frac{\beta^2 k^2 - \gamma g(u)}{2\beta^2 k^2} \qquad \alpha_2 = \frac{k^2 - 2kT - \gamma g(u)}{2k^2}$$

$a_1 > \alpha$，表明引入奖励函数 p 可以结合代理人的信息系统建设状况去除虚增的利润份额；$a_2 > \alpha$，表明引入评价乘数 β 可以通过合作伙伴的评价更客观全面地考察代理人进行信息协调的努力效果，增大激励强度，实现了对代理人的真实激励。

结论2：模型通过奖励函数 p 和评价乘数 β 的引入，增加了激励的可靠性和真实性，保证了利润分配的准确性。

6.4 基于流程改进的供应链信息协调机制

1. 减少信息不完整的供应链信息流程协调方法

通过供应链合作伙伴建立新契约或契约关系的改进，实施如下四种方法，改进供应链流程[10]：

（1）模块化设计。将产品设计成容易组装的模块，有些模块（即共性化模块）体现了产品的共性，可以适用于多个产品系列，而有些模块则专门实现个性化功能，用于实现产品的差异性。模块化设计能够在一定程度上减少供应链中需求信息的不完整，如在某些情况下产品生产可以由串行改为并行，从而缩短提前期；即使产品的提前期没有缩短，共性模块作为整体，其需求预测的准确性也将大大高于原来单个部件的预测准确性。另外，采用模块化设计后其安全库存量可以取代模块化之前很多非共享部件的安全库存量，因而提高了在制品库存的使用弹性及整个制造系统的服务水平。

（2）延迟。在部件模块化的基础上，延迟个性化模块的生产过程会进一步减少供应链中需求信息的不完整，因为随着个性化模块生产过程的延迟，起始点（需求预测点）离需求发生点的时间距离缩短，这实际上缩短了提前期。在生产制造过程中，即使某产品的个性化模块（或部件）很多，延迟其中的一些个性化模块的生产也有助于更好地预测这些个性化模块的生产数量和安全库存量等信息，减少需求信息不完整的损失，如图 6.5 所示。

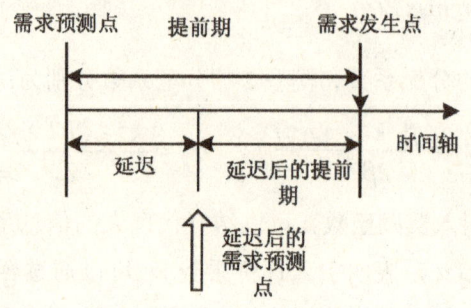

图 6.5　供应链信息流程协调方法——延迟

（3）流程排序。对于某些流程，如果它们之间可以调换，而且每个流程带来的差异性不同，那么按照差异性从小到大的顺序调整流程（差异性大的流程后加工）。这种方法可能无法缩短整个产品的提前期，但同样可以在一定程度上减少需求信息不完整。因为延迟差异性程度较高的流程能够缩短个性化模块需求预测点与交货点的时间距离，尽管整个产品的提前期可能保持不变，但这将在一定程度上减少与该流程相关的特征需求信息不完整，从而可以改进该特征需求预测的准确性。

（4）快速反应。快速反应的具体运作方式有三种：直接缩短提前期、缩短渠道（直销战略）、多次订货和生产的运作策略。

直接缩短提前期方式一般是指在供应链中减少生产时间以及通过改善成员之间的协调来压缩商品在供应链成员之间的其他相关时间，从而减少产品的提前期。现在越来越多的公司大幅减少供应商数目，并且与少数关键供应商建立战略伙伴关系，大力发展外包活动。通过这种方式不仅可以提高质量、降低成本，而且还压缩了产品的研发周期。与此类似，缩短渠道活动也能带来相同的效果，因为这将省略中间销售环节所花的时间，自然大幅度缩短提前期或者使制造商更容易获得需求信息。同样，增加订货次数可以在一定程度上促使供应链上游成员更充分地利用提前期内的需求信息，从而随时调整生产决策，及时响应下游需求。从销售商来看，订货的提前期实际上缩短了，但从制造商的角度来看交货时间不变。通过这种方式既能改进预测，又能减少由于提前期缩短对制造商的影响。

2. 减少信息不对称的供应链信息流程协调方法

通过契约改进信息流程，使信息沟通机制由环环相扣转向一定程度的信息网络[11]。

（1）直接的信息共享契约。直接的信息共享是改进供应链信息沟通机制的最直接有效的方法，一般通过信息共享契约来实现，其目标在于使上游除了能够得到订货信息之外，还能及时共享下游真实的原始需求数据和实时库存信息，从而在决策时减少对订单的依赖，更好地预测需求，及时改进生产和库存控制。而且由于信息不对称的程度大大降低，这将在很大程度上减少过去那种预测误差逐级放大现象。

（2）通过战略合作契约改进信息沟通。现在，越来越多的供应链成员开展了很多深层次的战略合作，与上一种方式相比，这种战略合作主要还涉及人员在双方企业中的交叉和流动，这使得这些人员还可以得到其他组织的很多内部信息，特别是一些诸如对市场的感觉等难以传递的非书面信息。而且通过战略合作改变了供应链的运作制度和库存管理方法，从而使信息沟通机制发生变化，在一定程度上促进了信息共享。例如，在商业实践中流行的供应商管理库存（VMI）方式，即供应链双方约定由上游成员来统一管理他们所有的库存。这样，库存管理权的改变带来信息沟通机制的变化，上游成员可以及时地接触到需求信息，从而更加准确地制定生产和库存分配决策。其他类似的战略合作还有：销售商的有效客户反应（Efficient customer response, ECR）和供应商的连续补充计划（Continuous replenishment program, CRP）等。

（3）避免订单扭曲契约设计。一些不适当的运作制度将导致供应链成员的投机性行为（或者称之为策略性行为互动），使订单远离真实的需求信息。为了减少订单的"扭曲"，提高订单反映需求信息的真实程度，应该改进信息流程运作制度，如稳定价格和控制短缺等措施。

为了减少需求不确定带来的损失，商业实践中出现了各种各样的方法，如表6.1所示[12]。这些方法都是通过供应链的协调在一定程度上减少了提前期的影响和改进信息沟通机制，即通过改进供应链的信息流程运作制度来提高公司业绩。

表 6.1 减少信息不对称的供应链信息流程协调模式

实现方式	供应链信息协调的目标
直接的信息共享契约 • 采用 POS 和 EDI 系统使订单和库存信息共享 • 计算机辅助订货及网上订货 • 第三方建立信息流通机制	促使上下游及时地共享原始的需求数据和实时库存信息
通过合作契约改进信息沟通 • 供应商管理库存（VMI） • 连续补充计划（CRP） • 有效客户反应（ECR）	通过转移库存管理权，使上下游及时地共享原始的需求数据和实时库存信息
避免信息扭曲的契约设计 • 控制价格，减少促销折扣，保持每天平价 • 基于成本定价的原则 • 短缺时，根据销售的历史数据进行分配 • 订货数量调整时有一定的限度	改进短视不合理的运作制度，减少了订单的扭曲程度

本章小结

本章围绕供应链信息协调机制的分析框架进行信息协调机制的设计。首先分析了影响供应链信息协调的社会因素和技术因素，然后提出基于契约合作的供应链信息协调机制、供应链信息协调的激励机制和基于流程改进的供应链信息协调机制。前者针对合作伙伴等级结构（三个级别，即非合作伙伴、次要合作伙伴、重要合作伙伴）和信息的契约等级（I级、II级、III级信息）进行信息契约设计。从供应链上游企业对下游企业、供应链下游企业对上游企业和整体三方面设计了供应链信息协调激励机制，并建立了基于利润分配的信息协调激励模型。基于流程改进的供应链信息协调机制则包括模块化设计、延迟、流程排序和快速反应等。

参考文献

[1] 尹秋菊,颜志军.敏捷供应链中信息传递机制的博弈分析[J].科技进步与对策,2006(12):111-112.

[2] 张晴.供应链信息协调机制研究[J].信息系统工程,2011,5:125-127.

[3] 王丽杰.供应链成员企业间合作问题研究[D].吉林:吉林大学,2007.

[4] 王小丽.供应链中信息共享的激励策略研究[J].企业经济,2006(2):19-21.

[5] 郑也夫.信任论[M].北京:中国广播电视出版社,2001.

[6] Feldmann M, Muller S. *An Incentive Scheme for True Information Providing in Supply Chains* [J].Omega, 2003, 31(2):63-73.

[7] Lee H L, Whang S. *Decentralized multi-echelon supply chain: incentives and information* [J]. Management Science, 1999, 45(5):633-640.

[8] 戴勇.虚拟企业联盟成员信息协调行为的激励研究[J].软科学,2008,22(4):118-121.

[9] 马新安,张列平,田澎.供应链中的信息共享激励:动态模型[J].中国管理科学,2001,9(1):19-24.

[10] 范林根.基于契约合作的供应链协调机制[M].上海:上海财经大学出版社,2007.

[11] 范林根,刘仲英.供应链信息流结构研究——从链式信息流到信息流网络[J].商业经济文荟,2003,5:54-56.

[12] 陆淑兰.商业量化分析[M].上海:上海人民出版社,2001.

下 篇

供应链运作中的协同控制与知识管理

第 7 章

基于虚拟企业的供应链构建与集成管理

7.1 虚拟企业与供应链管理

7.1.1 企业联盟的出现

经济全球化的进程为企业国际化提供了机遇，尤其是对于包括中国在内的发展中国家的企业。新的竞争环境为企业快速扩张提供了巨大的可能，同时把市场和企业暴露在激烈的竞争压力下，旧的发展模式和实践经验已不能满足高水平的竞争。这些变化也包括企业之间合作模式的巨大变革。单一的企业现在仅仅被看作是整个生产周期的既定价值链的一个节点。企业联盟出现了各种具体的模式，如扩展型企业（Extended enterprise）、全球制造（Global manufacturing）、物流网络（Logistic networks）和虚拟企业（Virtual enterprises）[1]。

如果企业希望在全球市场上成长或在全球市场中保持竞争优势，必须有效的联合或形成企业联盟。这些趋势超出了传统的组织界限，即产生了没有固定边界的组织模式。如果企业希望和伙伴企业实现成功合作，实际的运营中必须整合自身的业务，关注提高核心竞争力，并且把信息技术的使用作为企业基础设施必要的一部分；企业必须从战略上处理好这些合作关系，不仅仅是作为短期的防御性措施，而是作为获得长期竞争优势的工具。从这个角度讲，供应链管理和虚拟企业的概念满足了目前的需求，供应链管理要求企业必须基于供应商和客户来确定他们的竞争战略；而虚拟企业是一组企业的动态临时组织或联盟，通过企业联盟开拓快速变化的市场。

7.1.2 虚拟企业的特点

1991 年里海大学的三位教授肯尼思·普瑞斯（Kenneth Preiss）、史蒂文·戈德曼（Steven L Goldman）、罗杰·N·内格尔（Roger N Nagel）撰写了名为《21世纪制造企业研究：一个工业主导的观点》的报告。该研究报告指出：在市场变化加快、全球性竞争日益激烈的情况下，单个企业仅仅依靠自己内部资源的整合已经难以满足快速变化的市场需求。该报告首次提出了虚拟企业的概念。虚拟企业是以信息、通讯技术为主要技术手段，主要针对企业核心能力资源的一种外部整合，其目的在于迎合快速变化的市场机遇[2]。

虚拟企业的特点可概括如下：

■ 敏捷快速响应市场：市场机遇瞬间即逝，虚拟企业就是为了抓住市场机遇、快速响应市场而产生。市场机遇产生并被发现，虚拟企业就应及时组建；一旦市场机遇消失，虚拟企业则解散。

■ 动态灵活的组织结构：虚拟企业具有动态性、临时性和机会导向的特点，其节点之间的联系是动态可变的，进入和退出的方式也是可以变化的，运作方式也可以调整。虚拟企业没有复杂的行政管理机构，成员企业地位平等，没有隶属关系，组织结构简单。

■ 基于核心竞争力的成员合作与联手竞争：虚拟企业所有成员充分合作，在战略上组成一个同盟，联手应付可能面临的各种竞争，把握机遇。市场竞争的激烈程度不是单个企业所能承受的，众多有共同利益的企业彼此合作、联盟，组成虚拟企业，共同应付竞争压力。

■ 信息技术平台支持：虚拟企业技术平台要具有兼容性，即纳入虚拟企业网络的各成员应该具备相应的网络基础设施和网络通信技术能力，以保证网络节点之间的有效沟通。

虚拟企业是为了某种经济目的而由一些独立的经济实体组织起来的临时性的动态联盟。任何一个经济实体都可根据虚拟企业的发展阶段或其他原因，通过协商加入或离开"虚拟企业"。供应链通常是由一个价值链中有优势的合作伙伴或主要的企业来负责协调整个价值链的活动，同时所有的成员都被期望共同联合，形成长期的战略合作关系。由于虚拟企业是要通过各种方式来借用企业外部力量，对企业外部资源优势进行整合，实现聚变从而创造出超常的竞争优势。因此虚拟企业可成为供应链管理实施的有效组织模式。

7.2 任务导向的虚拟企业生命周期

虚拟企业因市场机遇而结盟，以明确的任务为目标，任务导向性明显。企业组织结构由传统金字塔结构变为网状组织结构，由刚性直线式变为柔性网状型结构，由静态变为动态结构。在平等合作的基础上建立，合作伙伴之间不是上下级关系，而是平等关系。利用先进的信息通讯技术及并行工程技术，把工程项目分解为若干独立模块，再根据合作伙伴的优势来承担相应模块活动，模块运作在任务、时间、空间位置上是并行的，从而缩短产品上市时间，有利于抓住市场机遇。实际上，虚拟企业的构建是市场机遇驱动的，其组织、运作与管理是围绕着其总体任务进行的，是以总体任务的实现为目标的。虚拟企业生命周期不仅是一个虚拟企业组织构建、协调运作与解体的过程，也是一个任务确定、任务规划、任务执行和任务完成的过程。因此，从任务导向的视角，虚拟企业的生命周期也可以看作是总体任务确定、任务规划、任务执行和任务完成的过程[3-5]。

7.2.1 确定总体任务

企业在发现有价值的市场机遇后，对市场机遇和自身的核心能力进行对比分析，确定是否需要组建虚拟企业来实现市场机遇，并确定需要组建虚拟企业来完成的总体任务。一旦确定市场机遇需要通过组建虚拟企业来实现，并确定需要组建虚拟企业来完成的总体任务，则表明虚拟企业的生命周期开始。核心能力的有限性是构建虚拟企业根本原因之一。实现某一市场机遇所需的企业核心能力分属不同的企业所有，而且这些核心能力具有互补性、能够产生协同放大效应。因此企业有必要对自身的核心能力进行识别，并与市场机遇的要求进行对比分析，以确定是否需要组建虚拟企业来实现市场机遇。同时还应该对伙伴企业的核心能力进行识别，明确和界定合作伙伴所具有的互补性资源、专有技术与关键功能，作为选择合作伙伴的依据。虚拟企业是对企业核心能力资源的有效整合，即把企业有限的资源集中于本身的核心能力上，而一些非核心能力则由虚拟企业中得伙伴企业提供。因此，在组建虚拟企业前有必要对企业本身和合作伙伴的核心能力进行深入的分析和明确的定位，才能有效地整合伙伴企业间具有互补性的核心能力。

7.2.2 任务分解与任务规划

从任务导向的视角来看，虚拟企业的构建期也是其总体任务的规划阶段。虚拟企业构建期的任务规划过程主要包括总体任务的分解、任务过程的建模分析与优化、子任务战略模式选择以及合作伙伴的优化选择与任务分配。通过任务分解，将虚拟企业的总体任务划分为合理的子任务，通过任务过程的建模、分析与优化建立有效的任务执行过程，从而建立起合理的任务分解结构。在子任务战略模式选择中，需综合考虑子任务所需资源与企业核心能力的关系来确定哪些子任务需要通过利用伙伴企业的互补资源来实现。在合作伙伴的优化选择中，根据虚拟企业总体任务及其分解结构中各个子任务的特性来建立候选伙伴企业的评价指标体系，确定各个评价指标的权重，并基于虚拟企业总体任务的分解结构建立虚拟企业伙伴选择模型，从而选择出使得虚拟企业总体任务执行全过程上全局最优的伙伴企业组合，并将相应的子任务分配给各个伙伴企业。

7.2.3 虚拟企业运作与任务执行

虚拟企业的运作阶段是各个成员企业协调运作，执行各自的子任务以实现市场机遇的价值。与传统的实体企业相比，虚拟企业的运作更为复杂，有着其自身独特的特点。虚拟企业不是组织扩充，而是跨组织的资源共享和功能整合。因此，虚拟企业强调伙伴企业间的紧密合作，以实现伙伴企业核心能力间的集成效益。"协同"是虚拟企业的基本运作方式，如何实现跨越空间、时间和组织界限的协同运作，实现具有不同文化背景、管理水平、技术能力和利益目标的组织实体间的协调合作，是虚拟企业运作阶段面临的主要挑战。

7.3 虚拟企业的模块化组织结构

7.3.1 虚拟企业的组织层次

一般我们可以将虚拟企业的组织体系分成三层次：一是核心层，又称"盟主"，二是紧密层，也称"盟员"，三是松散层，又称"会员"。盟主与盟员是相互信任、关系较为紧密的伙伴关系，合作度较高，流动性较小；松散层的会员所担任的工作一般不涉及关键技术，不会对虚拟企业组织带来较大影响，合作度较低，流动性较大。核心层企业的主要任务是探索市场和客户需求，关注技术发展，捕捉市场机遇。核心企业一旦发现市场机遇，首先对其进行评价，对于不能独立或不值得独立完成的机遇，根据"盟员"所具有的核心能力，选择"盟员"作为合作伙伴，如果还不能满足条件，则选择合适的"会员"企业。核心地位是动态的，最先抓住市场机遇并响应的企业就是盟主；盟员和会员可以转换，主动权由核心企业掌握[6]。因此，可以说虚拟企业组织是为了满足市场机遇的要求，由核心企业领导下的多层次的具有不同合作度的动态企业联盟。

7.3.2 模块化组织结构

1. 模块化组织模式

模块化组织模式是指企业通过对自身价值链的分解，保留核心价值而将非核心价值在产品模块化的基础上划分为更小的单元，将其外包给具有专业能力的企业，在规则标准的约束和信息技术的支持下实现超越空间、协同作战的临时组织，其本质是构建一个具有高度灵活性、创新性的自组织经营企业，突出的是以产品模块化和核心竞争能力来分解和重组企业内部的组织结构。在虚拟企业的模块化组织模式中，每个企业的任务都进行了明确的划分和分配。核心企业将发展成系统集成商，即将各功能部分综合、整合为统一的系统，而其他的成员企业将演变成模块的生产者。

2. 模块化结构的描述

虚拟企业的模块化组织结构是由组织的模块单元和模块之间耦合方式所形成的形态，是组织单元实现有效协作的关键因素之一，可按照如下形式定义其组织结构模型：

$$O_{VE} = f(G, M, R, E)$$

式中：O_{VE} 表示虚拟企业模块化组织结构；G 表示虚拟企业完成的目标集合，$G = \{G_1, G_2, \cdots, G_k\}$，$G_i (i \leq k)$ 表示各个成员企业应完成的目标和承担的任务。G_i 又由各种不同的子目标构成 $G_i = \{G_{i1}, G_{i2}, \cdots, G_{ip}\}$。虚拟企业是一个目标众多的系统，通过目标的分解可以达到有效控制系统的目的并最终达到虚拟企业的规模经济、快速获取市场机遇等总体目标。M 表示虚拟企业中以产品模块化为基础分解的具有不同功能的各种组织模块,是虚拟企业模块化组织结构的基本组成单元,这里 $M=\{M_1,M_2,\cdots,M_m\}$。

R 表示各模块之间可能存在的相互关系集,虚拟企业模块化组织必须处理好各模块之间的关系,在对各模块进行划分时,为了提高模块的性能,要遵循模块划分的基本关系原则:功能独立性原则、最小耦合性原则、最小成本原则和易于组合、装拆原则。功能的独立性原则决定了模块的自治特性;最小耦合性即一个模块与另一个模块之间的相关性最小,这样模块才具有独立性、互换性和兼容性,最大程度的减少了一个模块的变化带给其他模块的影响;最小成本原则决定了模块化的经济性;易于组合、装拆规定了各模块之间必须建立相应的组织接口,方便虚拟企业进行重构、重建活动。各模块的关系可用如下形式表示 R 上的所有关系:

$$R=\bigcup_{i=1}^{n}(P_i\circ D_i),$$

其中 P_i 表示模块划分的基本原则,D_i 表示在原则指导下成立的模块规模、范围。$(P_i\circ D_i)$ 表示 $\{\{X|X\in D_i\},X$ 满足原则 $P_i\}$。

E 表示组织的外部环境,由于市场需求、价格、成本和其他经济因素会随着外部环境不断变动,考虑这些因素的不确定性对虚拟企业来说是很重要的。

7.3.3 模块化组织结构的运行

7.3.3.1 虚拟企业模块化的步骤

虚拟企业组织结构模块化的第一步是产品的模块化。产品(任务)模块化就是把复杂的产品系统拆分成各个模块,使这些模块之间能够在标准结构中通过标准化接口实现即插即用。产品的模块化是价值模块化和盟员模块化的基础。对产品进行不同方式的模块化整合,可以生产出多样化的产品。

其次,价值链模块化就是将产品价值链上的业务能力要素(产品开发、设计、制造、配送、市场网络管理等)独立出来,形成具有核心竞争力和自组织特性的价值模块的过程。价值模块是指可组成系统的、具有某种确定独立功能的半自律性的子系统,可以通过标准的界面结构与其他功能的半自律子系统按照一定的规则相互联系而构成更加复杂的系统,是企业价值链中一组可以为企业带来特定产出的能力要素集合,这些价值元素基于一定的资源基础，如知识、资产或流程。价值链的模块化分解围绕产品模块化，设计、采购、生产以及销售都可分解为更低层次的子任务。虚拟企业的核心企业以产品的形态占据了价值链的两头，中间的模块分包给不同的模块化企业，从市场获得核心能力[7-8]。

基于产品模块化和价值链模块化，虚拟企业能不能实现模块化组织，关键还需要盟员企业和会员企业能力的支持。核心企业一般负责产品和组织模块规则、标准以及接口的设计；其他企业能不能模块化决定了能不能从组织形态上实现模块化。模块化企业有两个重要的特征[6]：

（1）具有高度专业化分工下的专业能力的企业，为各种不同企业的不同产品生产某一类零件或部件，建立了自己的"核心优势"，生产成本可以大大降低，质量和交货期都有很好的保证；

（2）具有灵活的组织形态，模块化企业又可称为插头兼容式企业或敏捷企业，是一种能够对市场灵活做出反应，像插头一样能够兼容所有插座的制造企业。核心企业及其他合作企业特别是盟员企业都必须要具备模块化企业的特征。若盟员企业不具有模块化企业的特征就会很自然地被淘汰到成员企业甚至更低层的企业行列中，虚拟企业的模块化组织模式很可能失败。

7.3.3.2 虚拟企业的基本组织模式

虚拟企业的基本组织结构主要有以下几种[9]：

（1）星形组织模式：一般由一个占主导地位的企业（盟主）和一些相对固定的伙伴企业（如供应商）组成。盟主负责组建虚拟企业，制定运作规则，协调各合作伙伴之间的关系，并在伙伴企业之间出现冲突时作出合理的仲裁。盟主在虚拟企业中占主要地位，具有较强的核心能力、指挥力、号召力和协调力。

（2）联合组织模式：该模式不存在主导企业，所有的参加者在平等的基础上相互合作，共同制定运作规则，共同寻求市场，在保持自身独立的同时为虚拟企业贡献出自己独特的核心能力。联合组织模式比较适用于基于某一市场机遇的产品的联合开发，以及出于长远考虑的企业之间战略合作。

（3）联邦组织模式：在联合组织模式的基础上建立一个共同的协调指导委员会的协调结构，对虚拟企业的资源和技术力量实行统一的计划和管理，从而实现联盟内资源的优化调度。联邦模式组织灵活，有利于不同伙伴企业之间的指挥和协调，是一种比较理想的虚拟企业组织模式，比较适合于母公司与集团企业，也可用于某种产品的快速联合开发。

7.3.3.3 模块化虚拟企业的特征

虚拟企业与传统实体组织的组织过程不同，它是众多相关模块化企业的集成，其成员随着市场机遇的变化而改变，并根据需要迅速重构新的供应链，其目的是为了快速响应市场需求，强调整体利益，体现互惠互利。虚拟企业组织结构具有自组织性，包括自形成、自主管理和自学习的特性。

（1）自主形成特性：自组织结构的自形成即由无组织状态自发向有序的组织状态的过程演化。在该虚拟企业组织结构中，核心企业和伙伴企业为了响应市场机遇而迅速组织起来，完成由无组织状态到组织状态的过程演化，它们是在市场利益驱动下自愿组建的，并不是外部强行要求组建的。在产生最初有组织发起人即核心企业，但系统并不是被组织，因为发起人只在局部范围内起到组织者作用，所有的成员都是其所属组织的组织者，他们彼此之间是平等的、参与式的合作关系。

（2）自主管理的特性：虚拟企业能够得以高效运作的关键就是其具有开放性，即与外界进行物质、能量、信息、技术的交流，它是由多个非线性相互作用的伙伴企业自愿组成的开放式系统，各伙伴企业具有自主、自治、自利能力。自形成特性决定了虚拟企业运作过程的管理应是自主管理，但自主管理并不是自发管理和放任自流，而是有领导、有计划、有目的地进行的。

（3）自主学习特性：自学习特性是指该组织各成员都具有一定的认知能力，为了获得持续的竞争优势，他们能够积极主动地利用有关资料和信息改变自身的认知，创造知识以指导组织行为，进而更好地适应环境的变化。虚拟企业组织各层级单元具有一定的学习能力和问题处理能力，通过网络向员工或组织单元提供标准的知识资源，形成知识在各层级的共享机制。虚拟企业产品项目完成时，参与合作的企业均可从合作中吸取经验，包括对自身重组生产与组织以更好地适应市场需求的经验，以及对合作伙伴生产能力及合作信用度等方面得出的经验等，这些都可以加强企业实体的学习和适应能力，使其在自组织过程中具有更多的知识和应变实力，从而获取更多的市场机遇和效益[10]。

7.4 虚拟企业环境下供应链构建过程

虚拟企业环境下供应链的构建和运营是由市场机遇驱动的，是以明确的任务为导向的。供应链的成员企业发挥各自的核心优势，共享各种互补资源，分担风险和分享利润，以抓住市场机遇，完成供应链的总体目标。在进行构建之前有必要对供应链所要完成的总体目标任务进行分解，对任务过程进行建模分析和优化，从而建立起合理的任务分解结构，从而有效地进行供应链构建、任务协调运作以及合理地进行解体清算和利益分配。然而以往对供应链构建过程的研究往往仅注重合作伙伴选择，忽视了总体任务的分解、分析与规划。

7.4.1 任务导向的供应链构建过程

任务导向的供应链构建过程如图7.1所示，实质上也是一个供应链总体目标任务的规划过程。基于虚拟企业的生命周期，该过程以任务确定为起点，包括总体任务的分解、任务过程的建模分析与优化、子任务战略模式选择、子任务价值系数的确定、子任务绩效评价指标的确定以及合作伙伴的优化选择与任务分配等步骤，具体如下[11]：

（1）总体任务的分解分析：将总体任务分解为若干个相对独立的子任务，进行任务过程的建模、分析与优化，最终建立任务分解结构。并计算子任务价值系数，用以作为承担子任务的伙伴企业选择的依据之一；

（2）子任务的完成策略选择：对子任务进行分析，根据子任务所需资源与企业核心能力的关系来确定完成的策略（自行完成、组建企业联盟完成、获取资源完成）；

（3）合作伙伴选择与任务分配：对于需要组建联盟完成的子任务在企业集群中寻找合作伙伴企业；根据子任务特性以及任务分解结构中子任务间的关联特性建立相适应的评价指标体系，对候选于该子任务的企业进行评选，选出最优组合的企业伙伴，并将子任务分配给相应的伙伴企业并建立供应链组织。

由图7.1可知，在基于任务的供应链构建过程中，任务分解和任务分配占据了重要的地位。

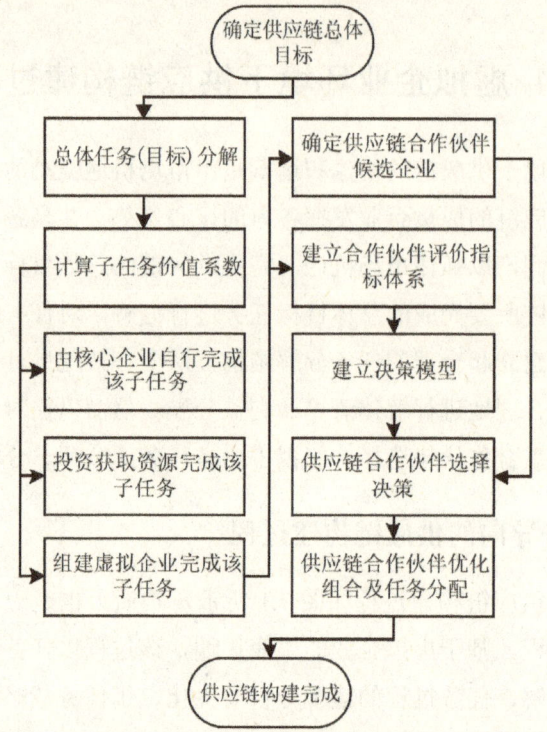

图 7.1 基于任务的供应链的构建过程

7.4.2 供应链总体任务分解和分配

供应链的总体任务确定之后,应进一步进行任务分解和分配,建立并优化任务分解结构和任务过程模型,并对子任务的特性进行分析。

7.4.2.1 任务分解原理

任务分解过程是根据供应链目标本身的特点(如目标、输入数据、资源需求和相互关联)将复杂任务划分为相对简单的多个子任务的过程。任务分解过程中必须确定子任务的目标、输入或输出数据、资源需求和执行时序。任务分解有结构分解与功能分解两种思路。所谓的结构分解就是按照产品的结构进行分解,产品可分解为一些部件和子部件。而功能分解是指按照生产任务分解供应链目标,例如采购、制造、运输、原材料提供、设计、组装、测试及销售。供应链的总任务分解就是要将总任务分解成一些基本的任务(活动)集合,然后将这些基本任(活动)归并成若干个子任务,再将子任务分配给相关的成员企业。在当今全球化竞争的市场环境下，单独一个企业不可能具有完成总体任务分解结构中各个子任务的所有优势资源。进行总体任务分解的目的是为了更好地进行价值链分析以确定哪些子任务需要以构建企业联盟的方式来完成，为从候选企业中选择合适的企业来完成特定子任务提供支持，并为供应链构建后的管理提供依据[12-13]。

供应链总体目标的任务分解应该根据市场机遇的类型和任务的具体情况进行。以产品为任务的市场机遇可以按照产品结构构件、产品的产量、产品生命周期的各个阶段等来进行分解；以技术创新为任务的市场机遇可以按照技术目标来进行分解等等。总体任务分解结构中的各个子任务必须具有相对独立性，相互不应重叠或尽量少重叠，以体现联盟中分工的优势，明确分工责任。总体任务分解中的子任务分解粒度应该与企业的功能单位相匹配。若分解过细，将使问题复杂化，不利于总体任务的分析和伙伴企业的选择，在供应链构建后的运行中也会带来管理协调上的复杂性；若分解过粗，则又无法体现成员企业在特定领域内的竞争优势，也就失去了建立供应链的意义[11,14]。

任务分解体现了供应链的动态过程特征，即任务的每一次分解都是对一个由开发目标、产品数据、组织成员、开发要求等元素构成的特定环境完成的一次特定转变。任务分解也是产品开发方法学中"自顶向下、由粗到细、逐步求精"指导性原则的具体体现，它具有刻画供应链纵深发展方向的能力。因此，供应链是一个层次化的模型。

7.4.2.2 任务分解结构的描述 [15]

任务分解结构可定义为由子任务组成的递阶层次结构和任务过程中子任务的时序逻辑关系，可描述为整个供应链构建过程中不同粒度的全部子任务集合上的一个关系。若任务集合为 T，则任务分解结构 R_{TS} 定义为：$R_{TS} = \{(x, y, r_{xy}) | x \in T, y \in T\}$，其中 $x, y \notin \varnothing$，r_{xy} 为两个子任务的关系类型，分为分解隶属关系和次序关系。任务分解结构是一个层次化网络结构，任务的每一次分解都是从一个较高的、抽象的层次进入到一个较低的、具体的层次，随着供应链建立过程的不断推进，任务也在不断的分解细化之中。记 TS 为供应链总体任务分解结构，TS 可描述为：

$$TS = (TA, SEQ)$$

其中，$TA = \{ta_i | i = 1 \cdots N_t\}$ 是供应链子任务的集合，ta_i 为一个子任务，

N_t 为子任务的个数；$SEQ \subseteq TA \times TA$ 表示各个子任务之间的时序逻辑关系，记为：

$$SEQ = \{a_{ij} | i, j \in [1, N_t], i \neq j\}$$

其中 a_{ij} 表示不同的子任务 ta_i 和 ta_j 之间的连接。

7.4.3 子任务完成策略选择

建立供应链总体任务的分解结构之后，需要对其进行分析以确定采取何种策略模式来完成总体任务，实现市场机遇。一般来讲，子任务的完成策略有三种：

①由核心企业自己完成该子任务；

②当完成该子任务所需的资源的专用性较高并且使用频率较高时，可以采取并购外部资源的方式来完成；

③当完成该子任务所需的资源的专用性较低并且使用频率也较低时，可以利用供应链伙伴企业的优势资源来完成。

供应链的总体目标任务由多个子任务组成，每个子任务都是总体任务不可缺少的组成部分，但是不同的子任务对于总体任务的重要程度和价值实现的贡献却互不相同。在供应链的总体任务分解结构中，与非关键子任务相比，关键子任务如果在实际运营中出现问题会给整个供应链带来更大的损失。所以承担关键子任务的企业通常是供应链的战略型伙伴企业，战略型伙伴企业的选择和伙伴关系的管理非常重要，同时在供应链的利益分配时也要考虑伙伴企业所完成子任务对总体任务价值实现的贡献。子任务价值系数用以衡量不同子任务对于总体任务的价值贡献，以及子任务对于总体任务实现的相对重要程度。因此可以基于价值系数来确定子任务的完成策略[5]。

记供应链子任务的价值系数向量为：$V = [v_i]_{N_t \times 1}$，其中 $i \in [1, N_t]$，$v_i \in [0,1]$ 为子任务 i 的价值系数，并且满足

$$\sum_{i=1}^{N_t} v_i = 1$$

"资源共享，风险共担，利益共享"是供应链组建的重要原则，因此考察子任务对于总体任务实现的相对重要性和价值贡献，不仅要考虑承担子任务的伙伴企业的资源投入，还要考虑伙伴企业执行子任务的风险程度和时间紧迫程度等因素。其中子任务完成的风险因素主要包括：

①可以完成此项任务的替代伙伴数量；
②技术成熟度：子任务所需要采用的技术是否是比较成熟的技术；
③技术复杂度：子任务所需采用技术的复杂程度；
④技术相关性：指子任务所需采用的技术与其它子任务所需采用技术的相关程度。

这些因素共同决定着子任务对于供应链总体任务的价值贡献，以及子任务对于总体任务实现的相对重要程度。子任务相对于供应链总任务的权重可通过层次分析法（AHP）对其进行测算。AHP方法的基本思想是在决策者对多个元素的重要程度无法一下子作出判断时，采用两两比较的方法对元素重要程度定位。在子任务价值系数评判中，由于子任务涉及到多个相对独立的利益群体（伙伴企业），因而只采用一个决策者的评判作为子任务价值系数的计算基础很难有说服力，需要对多个决策者做出的评判结果加以综合。具体的计算步骤如下：

首先建立子任务价值系数层次模型，如图 7.2 所示，子任务价值系数层次分析模型由目标层、准则层和子任务层组成。目标层即为供应链总体目标任务，准则层与子任务价值系数影响因素相对应，子任务层则由总体任务分解结构中的各个子任务组成。最终要通过子任务价值系数层次分析模型来计算各个子任务对总体任务的相对价值贡献，即子任务价值系数。

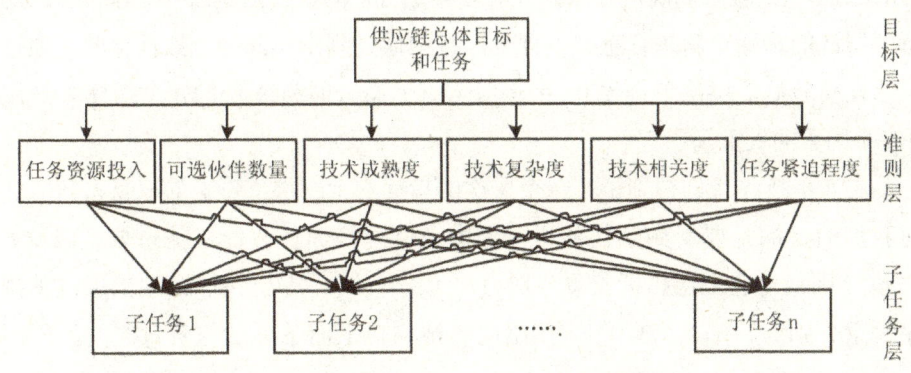

图 7.2　子任务价值系数层次分析模型 [5]

建立层次模型以后，通过层次单排序得到准则层和子任务层相对于其上一层的权重系数。设某层（例如 A 层）评价指标有 n 个因素 $X = \{x_1, x_2, \cdots, x_n\}$，要比较它们对上层（$B$ 层）m 个因素的影响程度，确定在 A 层中对 B 层所占的权重，就需要对 A 层 n 个因素两两之间进行比较，由评价专家按照一定标度原则给出重要程度量化值，从而可以得出每一层次体系结构中各指标的比较判断矩阵如下[16-17]：

B_j	A_1	A_2	$\cdots$	A_n
A_1	b_{11}	b_{12}	$\cdots$	b_{1n}
A_2	b_{21}	b_{22}	$\cdots$	b_{2n}
$\vdots$	$\vdots$	$\vdots$	$\vdots$	$\vdots$
A_n	b_{n1}	b_{n2}	$\cdots$	b_{nn}

根据得到的判断矩阵我们可以求出矩阵 B 对应于最大特征值 λ_{max} 的特征向量，然后将所得的向量进行归一化处理，即为同一层次相应因素对于上一层次某因素相对重要性的排序值，即为层次单排序，记为 $w_j = \{a_{1j}, a_{2j}, \cdots, a_{nj}\}$。然后，我们可以由 λ_{max} 是否等于 n 来检验判断矩阵 B 是否为一致矩阵。具体利用一致性指标公式 $CI = \dfrac{\lambda_{max} - n}{n - 1}$ 计算得到一组一致性指标值，再通过查找相应的平均随机性一致性指标 RI，最后计算一致性比例 $CR = CI / RI$，若 $CR < 0.1$，则就可以确定专家评分的方案是可行的，否则就需要专家再一次对每一层次的指标重新进行重要度评分，直到通过判断矩阵的一致性检验。通过一致性检验后的层次单排序 $w_j = \{a_{1j}, a_{2j}, \cdots, a_{nj}\}$ 即为 A 层的 n 个指标对 B 层第 j 个因素的权重。

层次单排序我们得到了每一个层次的指标对上一层次影响的权重系数，然而我们的目的是要得到子任务相对于供应链总目标任务的权重系数。假设 B 层 m 个因素对它上层指标权重分别为 $b_1, b_2, \cdots, b_m$，A 层关于 B 层的层次单排序权重分别为 $a_{1j}, a_{2j}, \cdots, a_{nj}$，按照层次结构自上而下逐层与所对应的上层因素权重进行加权：

$$a_i = \sum_{j=1}^{m} b_j a_{ij}$$

于是通过层次总排序我们就可以得到各个子任务对总任务的权重向量

$w = \{a_1, a_2, \cdots, a_n\}$，亦即得到一个决策者判定的每个子任务相对于总体任务的重要程度。然后就要采用各种平均方法（算数平均、几何平均、加权平均等）将多个决策者的综合权重向量加以综合，最终将得出所有决策者都认同的权重向量，最终以此向量作为子任务相对于总体任务的重要性程度向量。根据子任务价值系数，可以确定与之映射的合作伙伴企业的战略地位，从而据此选择相应的子任务完成策略，亦即选择何种模式来执行子任务相应的功能。子任务的价值系数越大则说明该项子任务对总体任务的价值贡献越大，对总体任务完成的相对重要性也越大，也说明该子任务所需的投入、所承担的风险和时间紧迫性都较大，那么承接该项子任务的企业战略性地位就越重要。一般对于价值系数最大的子任务可以选择由核心企业或盟主来完成，对于价值系数较小的子任务可选择供应商或者合作伙伴构成企业联盟来完成相应的任务。

7.5 供应链多层次集成管理

7.5.1 供应链集成管理的整体框架

供应链集成管理实质上是将集成思想创造性的应用于供应链管理实现的过程，即在管理思想上以集成理论为指导，在管理行为上以集成机制为核心，在管理方式上以集成手段为基础。供应链集成管理是以技术层次集成为基础，业务层次集成为核心，组织层次集成为保障和战略（知识）层次集成为目标的多层次体系结构，其框架结构如图 7.3 所示[18]。

（1）技术层次的集成管理：技术层次集成管理的任务是利用信息技术和网络技术将各种集成要素连接起来，以实现要素之间的发现、交流、共享、集结的集成管理。技术层次上的集成是实现业务层次集成和组织层次集成的基础。

（2）业务层次的集成管理：业务流程集成强调打破原有的职能界限和任务划分，尽可能将跨越不同部门、由不同专业人员完成的工作环节集成起来，合并成综合任务，由单人或特定的团队来完成。供应链业务流程集成有必要突破原有的企业边界，实现跨组织业务流程集成。

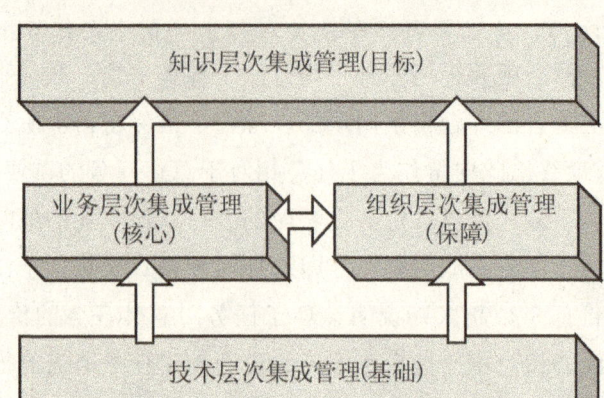

图 7.3 供应链集成管理的整体层次框架

(3) 组织层次的集成管理：组织集成是将具有不同功能的组织要素（单元组织、子系统组织）集合成一个有机整体的行为过程，其目的是使组织协调更加高效,业务流程更加顺畅。组织集成充分体现了组织结构的柔性化和精益化，体现了组织结构体系的模糊化（包括组织边界、职能以及管理方式的模糊化）以及组织功能的倍增性。

(4) 知识层次的集成管理：知识管理战略是基于"知识"的企业战略，在 21 世纪被许多企业看成企业的基本战略，并且成为重要的发展趋势。知识经济时代，知识正逐步取代物质资源、资金等，成为企业的战略资源，对企业的生存和发展产生巨大的影响，越来越多的企业都希望将自身的核心竞争力重塑在知识创新基础之上，纷纷通过实施知识管理战略来实现这一目的。

从供应链集成管理的角度看，知识层次的集成管理处于供应链集成管理的最高层次，也是集成管理的最终目标。知识集成管理应当是建立在信息网络技术平台上，以信息、技术基础为基础，以业务流程集成为核心驱动，以组织集成为保障的知识内容、知识活动和知识价值的集成管理活动。具体说，知识内容集成管理强调对各种来源的知识内容进行集成管理；知识活动集成管理是以业务流程为导向，在管理机制上强调对人、流程、技术三者的有机集成，而其核心活动是知识的生产、分享、应用以及创新；知识价值层次的集成管理，强调实现员工发展、客户价值创造、企业价值提升的全面发展。知识层次集成是集成管理的最高层次和最终目标，是要建立起开放动态环境下基于知识管理的保证供应链良性循环发展的核心能力集成发展机制。

7.5.2 供应链技术层次集成管理

供应链应市场机遇而组建，按业务流程的需要将多家成员企业联结在一起，在技术上各成员企业需要提供不同业务功能的应用和标准技术接口来联结，所以技术集成应满足业务敏捷的要求，保证构架的灵活性。由于供应链中各成员企业有自己独立的信息系统，这些信息系统往往是异构平台，是对等的网络结构，有必要在成员企业的现有系统平台之上建立供应链的技术集成平台，实现异构系统的技术集成。

供应链之所以能够形成，主要由于信息流、物流、资金流、价值流和业务流等5种"流"在各个相关的经济实体之间流动，其中核心是信息流。物料的流动始终伴随信息流的产生和传递，也伴随着资金流的运作过程。企业的业务流就是要保证信息、物料、资金流的畅通，以便对瞬息万变的环境做出快速响应。供应链信息集成是在企业间对利益的共同理解和追求基础之上进行的完全信任的紧密合作。在这里不得不指出，以互联网为核心的信息技术在供应链集成的过程中是一个必要条件，而企业之间的信任和合作水平是形成供应链集成的充分条件。没有这样的信任和合作，就不可能真正实现供应链集成。供应链技术层次集成是基于标准和松散耦合的集成，信息表示和信息通讯的统一标准可以为供应链不同信息系统之间提供交互；松散耦合则将分布式应用中参与者隔离开来，成员企业内部变动不会影响到另外一方[19-20]。

7.5.3 供应链业务层次集成管理

供应链是知识驱动型企业联盟，其组建和运作应建立在流程思想和流程管理理论的基础上。供应链组建和运作过程是在响应市场机遇时，以各成员企业的核心能力和资源为基础，对任务方案进行模块化分解，每一模块的任务在具体执行时应该按过程分解而不是按功能分解，并遵循"业务过程以企业核心能力为基础"的思想。

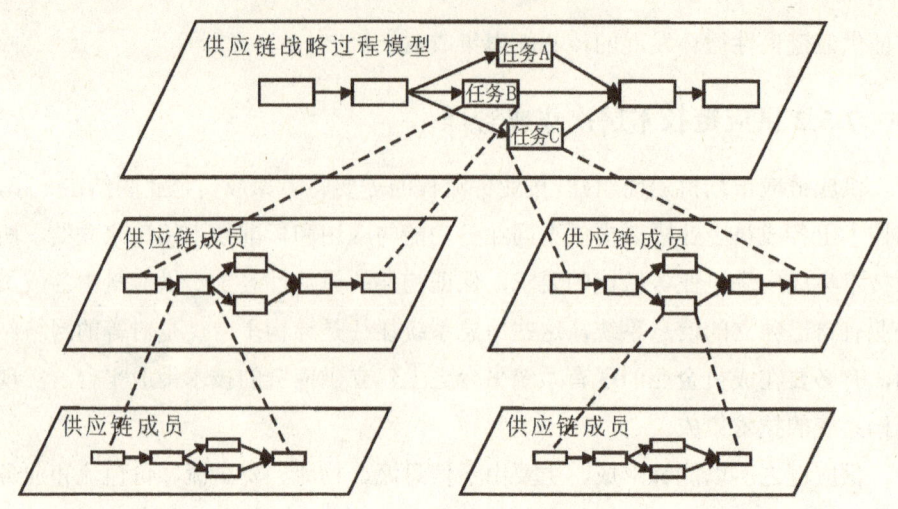

图 7.4　供应链业务流程结构[1]

　　企业业务流程一般可分为三类：战略过程、经营过程和保障过程。由于供应链本身不具有法人地位，没有自身的资源，其本身并不存在资源的获取、准备、使用和维护等问题，因此供应链本身并没有经营流程、保障流程，它的经营流程、保障流程来自各成员企业。供应链战略过程被所有成员企业共有。显然，供应链的业务流程具有临时性、跨组织性、分布性等特点，它打破了各成员企业的流程界限。供应链的业务流程结构如图 7.4 所示，业务流程的分解与集成可以映射为实体成员企业基于能力模块的实际业务流程的分解与集成。

　　供应链因市场机遇出现而组建，因市场机遇消失而自行解体，因此供应链具有明显的周期性。供应链的组织运作过程是一个自组织的集成管理过程。供应链的业务流程设计是从流程的层次性、功能性和逻辑性几个方面对供应链业务流程的信息、资源和组织进行描述，优化后的供应链业务流程可作为选择合作伙伴的依据。在业务流程设计的基础上进行供应链组织结构模型设计，供应链组织结构模型也是对供应链组织、经营生产活动的结构化和形式化描述，是支持供应链建立与优化的参考体系。

7.5.4 供应链组织层次集成管理

　　供应链作为一种企业联盟组织结构模式，可以借助实体组织的理论，结合供应链的特点来设计供应链组织结构。总体来说，供应链组织设计原则如

下[18,21]:

- **以任务为导向原则**：供应链组织多数是短期或临时性的，根据目标和任务的变化而变化，一旦目标实现、任务完成，供应链便宣告解散。另外，供应链在日常经营活动中，经营环境不断变化致使完成任务所需的各方面能力必须实时地作出调整以适应环境变化。

- **动态可塑性原则**：供应链按任务需要划分为多层递阶的组织结构，由于总体任务和市场情况的不断变化，所以又要求供应链具有动态可塑性特征。供应链每一层次的成员企业负责其下层企业的协调工作，并构成一个子任务执行团队，该团队是按任务要求集结成的能力模块，并满足供应链总任务的需要。

- **成员自主管理原则**：供应链在运行过程中，伙伴企业进行自主计划、自主决策与自主协调。自主管理能激发伙伴企业的积极性和主动性，有利于提高供应链组织的灵活性、决策的科学性和效率。强调自主管理并不是组织内的伙伴企业各行其是，而是在共同目标和愿景的指引下进行自主管理。否则，供应链将是一盘散沙，无法实现其目标。

供应链组织由各种能力模块组成，可以动态地组合，以适应个性化和多样化的客户需求。这里的能力模块，指的是将目标、能力、责任和协调方式等内容在适当的层次封装起来，具有完成相应供应链子任务的相应能力和资源，它们不可分割的相关利益关系组成了供应链业务流程。基于任务的能力模块是目标导向的、自适应的自治开放单元，可作为组织的分形单元。一般情况下，供应链业务流程的变化可视为角色、资源等要素根据目标的互补性和整体最优的原则重新组合成新的模块集合及其合作关系。

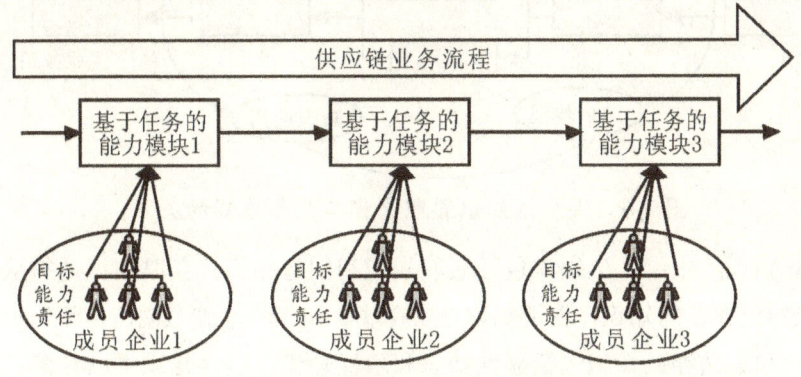

图 7.5 供应链模块化的组织结构

供应链的组织设计过程则表现为这些能力模块的重新选择、调整和组装,使组织对变化呈现出一定的柔性。供应链作为一个整体运营而形成统一的系统,必须组织协调好各种能力模块,以支撑供应链的业务流程,如图 7.5 所示。

7.5.5 供应链知识层次集成管理

7.5.5.1 业务流程导向的供应链知识管理流程

供应链知识管理是流程、组织和技术的统一体,需要和业务流程管理相结合。业务流程导向的知识管理旨在将业务流程与知识管理结合起来,通过将需要的知识提供给业务流程中的价值增值活动,以提高组织绩效。业务流程与知识管理流程的关系如图 7.6 所示。从图中可以看出,能够为供应链带来价值增值的业务流程不仅是知识的发源地,而且是知识发挥作用的场所。知识从业务流程中产生出来并在业务流程中或业务流程之间分享。业务流程和知识流程纵横交错,既支持业务流程的高效运作、改造和创新,同时使供应链知识管理落到实处。知识管理的流程也由知识管理活动所构成,该流程由四种核心活动构成,即"产生知识"、"储存知识"、"传递知识"和"应用知识"。

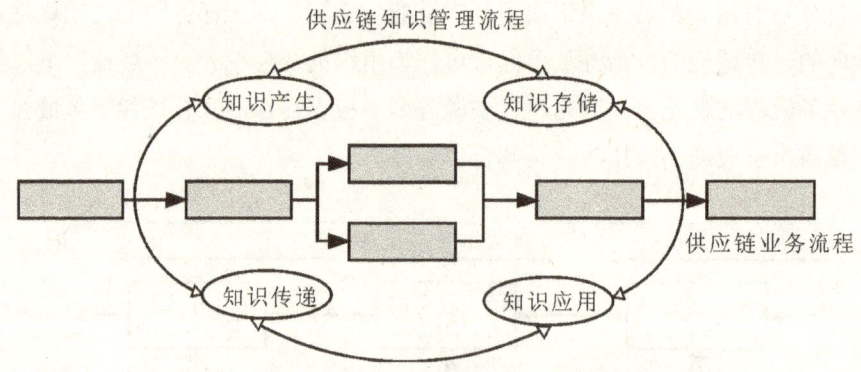

图 7.6 供应链知识管理流程与业务流程的关系

- 知识产生:产生知识包括获取知识和创造知识。获取知识是指从组织内外获得已存在的知识;创造知识是指在现有知识的基础上创造出新知识。
- 知识储存:知识包括显性知识和隐性知识。显性知识可以存储在企业知识库,隐性知识通过建立案例库和专家库来间接存储。知识具有时效性,储存的知识还需要不断更新。

■ 知识传递：显性知识通过网络以文档、声音、影像等多媒体等有形方式来传递，隐性知识则通过边干边学、知识经验"师带徒"和"头脑风暴"等方式来传递。

■ 知识应用：应用知识就是将供应链拥有的显性知识和隐性知识用于解决问题的实践中，从而为组织创造价值。

知识产生是基础，知识储存是保障，知识传递是手段，知识应用是最终目的，它们共同构成知识管理的流程。知识传递过程中的知识共享问题是供应链知识管理的关键问题，很大程度上决定供应链知识管理的最终效果。

7.5.5.2 供应链成员间知识共享分析

知识管理活动贯穿于供应链的全生命周期，供应链合作过程实际上是知识的共享过程。因此对供应链来说，其知识管理的重点和关键问题是成员企业之间跨组织的知识共享（转移）活动的管理。在供应链中，知识共享分为两种情况，即在成员企业组织内部的知识共享以及在成员企业之间进行跨组织的知识共享。前者与一般企业的知识共享问题等同，供应链知识共享主要指成员企业间知识共享。

供应链成员在知识共享过程中，除了直接吸收知识提供方的原有知识而增加价值以外，还会由于知识的协同及杠杆作用而获得新创造的价值。这些新创造的价值包括协同价值和倍增价值。协同价值是由于企业间核心能力的差异，使双方同时进行知识共享时，双方专有知识相互融合而新获取的那部分知识的价值，且各企业间相互依赖性越强，知识共享产生的协同价值越大。倍增价值是知识接受方利用知识提供方的知识，创造新的知识价值，提高自身竞争能力，与接受企业是否对外进行知识转移和共享无关。但是企业在进行知识共享时不仅仅只会获取收益，接受方使用知识共享中获取的知识会降低知识提供方原有的知识价值，如丧失垄断地位而引起的知识损失，知识共享会给知识提供方带来这种知识共享的负效应[22]。

我们将供应链中各成员企业看成是决策主体，每个企业可选择知识共享或不共享，形成决策主体的策略集；企业进行知识共享或不进行知识共享是基于共享行动给他们所带来的预期收益（或效用）。假定每个企业都是理性的，知识共享策略选择的最终目的就是能给他们带来最大收益。若只考虑仅有两个企业的博弈，每个企业能从两个对立的策略中选择其一，即共享或不共享，因此总共有四种策略组合。除了考虑到企业 A 和 B 各自所拥有准备共享的知识价值（V_A, V_B）外，还要考虑供应链运作以后产生的协同价值 V_C，倍增价值 V_D 以及由于进行知识共享给知识的提供方带来的负效应 V_E。另外，假设两成员企业具有相同大小的共享知识价值，即 $V_A=V_B=V_0$，协同价值、倍增价值以及负效应也都是相等的。如此，可得两个企业知识共享博弈的收益矩阵如图 7.7 所示[23-25]。

	企业B 共享	不共享
企业A 共享	$V_0+V_C+V_D-V_E$ $V_0+V_C+V_D-V_E$	V_0-V_E V_0+V_D
企业A 不共享	V_0+V_D V_0-V_E	V_0 V_0

图 7.7　供应链企业知识共享博弈收益矩阵

由上述分析，可以看出供应链成员企业之间的知识共享行为策略的选择建立在对其他成员企业知识的价值、协同价值、倍增价值以及知识共享负效应预期的基础上，设计合理的合作机制和信任机制，是实现成员企业间知识共享的关键。

本章小结

本章研究了基于虚拟企业的供应链构建与集成管理，介绍了任务导向的虚拟企业生命周期以及虚拟企业的模块化组织结构。从任务分解的角度分析了虚拟企业环境下的供应链构建过程，给出了供应链多层次集成管理的整体框架，从技术层次、业务层次、组织层次以及知识层次等四个方面介绍了供应链的集成化管理。

参考文献

[1] 张劲松.虚拟企业环境下的协同产品开发链[M].武汉：华中科技大学出版社,2007.

[2] 吴文超,张志斌,黄卿.KPI体系在虚拟企业中的应用研究[J].北方经济,2006,(07):25-26.

[3] 黄秀梅.基于价值链的服装外贸公司经营模式研究[D].阜新:辽宁工程技术大学硕士学位论文,2006.

[4] 杨晓娜.第三方物流战略联盟项目实施中的模式选择研究[D].成都:西南交通大学硕士学位论文,2007.

[5] 胡欣悦.任务导向的虚拟企业构建及关键问题研究[D].天津:天津大学博士学位论文,2005.

[6] 赵艳萍.虚拟企业的协调机制研究[D].南京:南京理工大学博士学位论文,2007.

[7] 余东华,芮明杰.基于模块化的企业价值网络及其竞争优势研究[J].中央财经大学学报,2007,(07):52-57.

[8] 张琰.模块化网络状产业链中知识创新理论模型研究[J].华东师范大学学报（哲学社会科学版）,2012,(03):62-68.

[9] 覃征,汪应洛,张磊,卫民堂,阎礼祥.网络企业管理[M].西安：西安交通大学出版社,2001.

[10] 张蕾,任守榘.基于供应链的虚拟企业决策支持系统的自组织建模[J].清华大学学报（自然科学版）1999,19(07):84-88.

[11] 胡欣悦,刘金兰,汤勇力.基于任务分解结构的虚拟企业构建过程研究[J].工业工程,2005,(06):15-20.

[12] 刘清华.分布式环境下协同产品开发过程管理的研究与实践[D].武汉:华中科技大学博士学位论文,2001.

[13] 马祖军.供应链联盟生命周期系统管理研究[D].成都:西南交通大学博士学位论文,2002.

[14] 汤勇力,胡欣悦.基于动态任务价值链的虚拟企业组织体系[J].科学学与科学技术管理,2007,(10):145-149.

[15] 张劲松,薛春芳,万立.基于规则和约束的多层递阶产品开发过程管理[J]. 华中科技大学学报(自然科学版),2005(10):43-46.

[16] 彭勇行.管理决策分析[M],北京:科学出版社,2000.

[17] 张劲松.企业环境行为信息公开及其评价模型研究[J].科技管理研究,2008,(12):258-261.

[18] 杨斌.虚拟企业集成管理的多层次分析[D].沈阳:东北大学硕士学位论文,2006.

[19] 熊莉,孟庆国,阎兵等.基于Web的供应链信息集成框架研究[J].天津工程师范学院学报,2006,(02):24-27.

[20] 陈明红.基于SCM的企业信息系统集成.物流科技,2007,(11):34-36.

[21] 张东辉.论供应链联盟条件下中小企业的扩张[D].济南:山东大学硕士学位论文,2006.

[22] 陈菊红,林聪.虚拟企业知识共享的过程及其博弈分析[J].情报杂志,2005,(2):47-49.

[23] 余呈先,郭东强,王丽霞.虚拟企业知识共享的博弈分析与对策研究[J].技术经济,2011,(01):15-19.

[24] 孙锐,赵大丽.动态联盟知识共享的演化博弈分析[J].运筹与管理,2009,(01):92-96.

[25] 顾兢晶.供应链协同管理中知识共享机制的研究[D].合肥:合肥工业大学硕士学位论文,2007.

[26] 吴澄.现代集成制造系统导论—概念、方法、技术和应用[M].北京:清华大学出版社,德国:施普林格出版社,2000.

[27] 覃征,汪应洛,张磊等.网络企业管理[M].西安:西安交通大学出版社,2001.

[28] 姜华,熊光楞,张和明.动态联盟环境下集成化产品开发方法研究[J].中国机械工程,1999,10(7):773-776.

[29] Wen-Chieh Chuang, *Remote collaborative product development in a product development chain*[D]. The University of Iowa,2001.

[30] 孙永军,王正肖,潘晓弘等.敏捷供应链集成化建模方法[J].中国机械工程,1999,13(19):1679-1682.

[31] 叶飞.虚拟企业组建与运作管理的理论及方法研究[D].广州:华南理工大学博士学位论文,2003.

[32] 周和荣,李海婴.敏捷企业协同模型及机理研究[J].武汉理工大学学报(信息与管理工程版),2003,25(6):148-152.

[33] 李敏强,王琛,周静.CSCW系统中协同机制及协同活动模型[J].系统工程与电子技术,2000,22(4):28-31.

[34] 李伟刚,莫蓉,杨海成等.支持跨企业协同产品开发的过程模型[J].计算机集成制造系统,2002,8(5):351-355.

[35] 周和荣,李海婴.敏捷企业协同模型及机理研究[J].武汉理工大学学报(信息与管理工程版),2003,25(6):148-152.

[36] Leslie Monplaisir. *An integrated CSCW architecture for integrated product/process design and developmen*[J]t. Robotics and Computer-Integrated Manufacturing,1999, 15:145-153.

[37] Jose A.Ceroni, Shimon Y.Nof, *A workflow model based on parallelism for distributed organizations*[J]. Journal Intelligent Manufacturing,2002,13:439-461.

第 8 章

供应链知识管理及其框架模型

8.1 供应链的知识范畴

8.1.1 企业知识的内涵

经济变迁企业演化理论的代表人物理查德·纳尔逊（Richard R.Nelson）和悉尼·温特（Sidney G Winter）提出了"企业拥有知识"的观点。他们认为企业是一个有机体，其显著特征是企业能像人一样拥有知识。企业的知识存储于"组织记忆"中，它的外在表现就是企业的惯例，即企业固有的做事方法，生产、管理、销售、投资和研究开发等各种活动都各有一定的惯例。在组织结构中，知识不但存在于文件或档案中，还存在于组织机构的程序、过程、实践及惯例之中。知识不同于信息，信息是编制好的数据；知识是有一定环境的信息，加上对怎样应用它的理解。故从严格意义上讲，知识与实践紧密结合，任何离开具体应用环境的纯粹的知识是没有任何价值的[1-2]。企业知识包括以下两方面含义[3]：

（1）企业是由生产性知识构成的。生产经营是企业的基本职能，生产性知识包括两类：一是关于生产技术的知识；二是关于如何协调参与生产的人的知识。从知识的自然属性来看，生产技术知识可以分为从主体的直接经验获得的知识和从主体的逻辑推理获得的知识，也就是显性知识和隐性知识两类。前者的获得必须基于直接体验，后者的获得则基于推理，包括逻辑、语言和其他可用于交流的符号体系。协调性知识也包括隐性知识和显性的知识。前者如合作伙伴之间的默契和直觉感受，这种知识的获得必须依靠集体的亲身体验。企业对新员工进行的培训其实就是使他们获得只有亲身参与才能掌握的组织内部默契。后者如"规章制度"，它们是一组用语言或其他符号表示出来的行为规约。

（2）企业知识是指企业中成员共享的知识。企业的知识存储于"组织记忆"

中，但组织作为一个整体，它的记忆实际上是由组织成员的个人记忆构成。个人成员的记忆里确实储存着完成组织管理所需要的信息，从这种意义上看，一个组织拥有的知识可以分解为它各个成员的知识。但同时企业又拥有超过所有成员知识总和的知识，这种知识可以看作是成员知识之间的连接性知识，因为在一个组织中，每个成员拥有知识的情况，是由其他成员拥有的知识来确定的。在一个组织内，任何个人的知识都不是孤立的，一个人所知道的知识资源，只有被组织其他成员知晓，并为组织所使用，进而创造出价值，它的知识才有意义，所以可以认为企业知识就是成员共享的知识。

8.1.2 供应链的知识分类

知识是对组织起来的信息加以推理、验证，从中得出系统的规律、经验和概念。知识依据不同的标准可以分为不同类型，依据知识主体的不同，供应链中的知识可分为个体知识和集体知识，依据知识的可描述程度不同，知识可分为显性知识和隐性知识。显性知识易于编码、内容明确、易于理解和存储，而隐性知识建立在个人的经验、价值观、方法论等无形因素之上，难于传播、共享和被人理解，但是有研究表明供应链大部分的价值来自于隐性知识。根据知识在供应链的共享范围不同，可以将知识划分为如下三类[4-5]：

（1）企业内部知识：企业内部知识主要是由企业内部的员工、部门或其他群体，利用企业的各种资源，通过调查发现、试验研究以及经验总结所创造出来的知识。同时，通过学习交流或借鉴等将企业外部知识内化，并被企业内部吸收和掌握，从而形成的知识也可以看作内部知识的一部分。

（2）供应链上知识：供应链上的知识是由供应链上多个节点企业甚至整个供应链一起合作创造的，也可以是由单个节点企业创造，还可以是吸收的供应链外部的知识。物流、资金流、信息流都有一定的方向性，但是供应链上知识的流动是没有方向性的，它可能产生于任何一个节点企业，然后扩散到其他企业，在整个链上流动，也可以是由整条链共同创造，再流到每一个企业。

（3）供应链外知识：供应链外知识产生于供应链外部，也就是围绕供应链的整个外部环境，诸如高校、科研院所、政府、中介、其它企业等等。因为知识是不断扩散和传播的，所以当供应链上的知识流到供应链以外时，也会构成供应链外知识的一部分。供应链外知识对整个供应链也是非常重要的，它是供应链上的企业保持活力和不断进步的外部力量。

由以上的分类可以看出,这三类知识虽然在来源和共享的范围上有所不同,但是由于知识本身的特性,它们的区分没有绝对明确的界限,而是存在着动态的重叠部分,而且随着知识的不断传播,许多知识会进入这个重叠区域。

供应链作为一种战略联盟型组织,其知识的管理包括了企业内部个人、部门,供应链上的节点企业,以及整个供应链等。供应链知识管理,就是对企业内部知识、供应链上知识、供应链外知识采用分层区别对待的策略进行有效的管理,以提高供应链中知识的利用程度,增强供应链节点企业知识共享的范围,最终提高供应链的整体协作能力和快速反应能力[6-8]。

8.1.3 供应链知识管理的层次

基于供应链的知识范畴,我们可以将供应链知识管理分为两个层次,即成员企业级知识管理和供应链级知识管理[3]:

(1) 成员企业级知识管理。供应链中的每个节点企业作为一个相对独立的主体对企业内外部知识资源进行有效管理,以实现企业竞争力的最大提升。企业在实行知识管理时,会尽可能地调集一切可用资源,其中不仅包括企业自身已有知识,企业内部潜在知识以及企业从供应链中获取的知识,甚至还通过与竞争对手开展合作来获取知识。这些都是单个企业知识管理的内容。此外有人提出企业内部的采购、生产、库存、运输、销售等各部门在生产运作流程中彼此处于上游或下游环节,实际构成了内部供应链,海尔集团在企业内实施了业务流程再造,推行内部市场链运作,给企业带来了极大效益。

(2) 供应链层级的知识管理。随着企业间竞争与合作形式的多样化,企业间关系日益复杂,形成了纵横交织的价值网络,供应链只是企业实现最终价值的众多链条之一。现实中的企业也往往不只属于一条供应链,它可能同时与多条供应链中的上下游厂商合作,即处于多条供应链的交点。由于在当前飞速发展的时代,任何企业都无法确保一直处于优胜者地位甚至保证长久存活下去,企业必定要从众多上下游企业中选择最佳合作伙伴,故对于某个特定企业而言,它可能更关注自身利益而不太关注某条供应链的整体利益。但对于一条供应链来讲,其价值的实现需要链上所有企业能跨越企业边界、立足于整个供应链层面来考虑,这便是供应链层次的知识管理。

8.2 供应链知识管理的必要性与可行性

8.2.1 供应链中知识管理的必要性

（1）供应链不确定性的要求。供应链的不确定性主要源自以下两方面[9-10]：

①信息不对称引起供应链的不确定：供应链中的各成员由于信息不对称会面临一系列的不确定因素，例如客户提交订单的时间和数量的不确定，供货商在供货的提前期、供货数量及质量方面的不确定，货物运输在运输时间、运输地点及货物安全性等方面的不确定性；

②牛鞭效应引起的不确定：在以客户为中心的供应链中，每个成员在决策时都是利用来自直接下游企业的需求信息进行预测并向上游企业订货，每个企业都面临着前趋和后继间的订货问题。这些需求信息在沿着供应链自下而上传递过程中会逐级放大，这种现象被称为供应链中的牛鞭效应。当下游需求发生微小变化时，传递到最上游供应商的需求变动可能被放大了很多倍。

不确定性造成整个供应链的低效率，影响到所有结点企业的市场业绩，要想改变这一状况，单纯依靠供应链中的信息管理是无法解决问题的，有必要在供应链成员间建立知识管理系统，实现知识的共享，进一步提高供应链的集成水平。

（2）提升供应链竞争力的途径。越来越多的企业认识到知识正成为重要的竞争资源，企业间业绩的悬殊正是源于知识的不对称和由此导致的企业能力的差异。任何一个企业所拥有的知识是有限的，要想获取更多的知识，并通过对知识的利用获得更多利润，就必须进行广泛合作，供应链就是一种重要的合作方式。而随着市场竞争日益演变为供应链之间的竞争，供应链作为一个市场竞争主体，必须要具备一定的竞争力，且这种竞争力最终来源于对知识资源的拥有与使用。为使供应链中的知识得到充分地利用，发挥出最大价值，对供应链知识资源进行有效管理是必然选择。

8.2.2 供应链知识管理的可行性

供应链知识管理的可行性主要由供应链中业务流程的集成性和知识管理的

特点所决定，具体体现在以下三个方面[3,11]：

（1）供应链成员合作有助于知识转移。以网络技术为代表的信息技术的快速发展使得组织间关系日益复杂化，知识也越来越突破了单个组织的界限，从而使得知识的组织间转移日益普遍。按照交易费用理论的观点，企业竞争力的源泉来自于对交易的有效管理，其关注交易成本最小化。对于知识这种特殊资产，通过企业间缔结合约，可以减少交易的不确定因素，降低知识的交易成本。企业知识理论的观点认为，企业竞争优势的真正来源并不是来自于技术诀窍中的有形要素知识，而且来自于能够使得这种优势得以利用的知识支持结构或相互补充的组织能力。企业通过合作来对知识资源最大化利用也是实现知识投资价值最大化的途径，即对企业能力的进一步开发。所以从上述分析可以得出较为一致的结论，即通过企业间合作可以实现知识组织间的有效转移。现实中越来越多的企业通过合作的方式，谋求以最小的成本获取最大的知识收益。

（2）成员间利益连带关系有利于知识共享的实施。在纷繁复杂的企业合作关系网络中，基于供应链的合作是更为特殊的一种合作关系。与其他类型的组织间关系相比，供应链成员之间具有利益连带关系。供应链中每个成员在最终产品的价值实现过程中都有所贡献，对于每条特定的供应链而言，缺少哪一环节都会影响到整条供应链价值的实现，如果任何一方做出有损其他成员的行为，最终都会被供应链淘汰。因此，成员企业间利益连带关系有助于知识共享的实施。

（3）供应链中成员知识具有互补性。供应链中各成员都有其核心知识和优势知识，一些知识对其拥有者而言，是价值不高的非核心知识，但对供应链的其他成员来说却是具有极高价值的核心知识。如果将这些异质而又互补的知识资源集中起来，进行有效管理，对于每一个成员都是一个丰富的知识宝库，都可从中获取收益。因此，在供应链中进行知识管理比在其他类型的组织间关系中进行知识管理的风险与成本要低得多。

8.3 供应链知识管理的内容及评价模型

供应链管理的核心是供应链中的核心企业深刻理解客户，以系统的思维对供应链上的所有企业资源进行整合，其中最重要、最关键的是供应链上知识资源的集成和管理。

8.3.1 供应链中的知识管理的主要内容

供应链知识管理的主要内容包括以下几方面：

- 知识的获取：与企业内部的知识管理中的知识生产不同，供应链中的知识获取主要包括从供应链内的成员间与供应链外获取满足供应链整体需要的知识。

- 知识的共享与传播：知识管理的研究者大都认为知识的共享与传播是知识管理的核心，在供应链中的知识管理中尤其强调知识的共享与传播，其根本原因是知识的共享与传播有利于整个供应链的知识水平从而提高供应链的整体竞争优势。与企业内部知识共享与传播强调包括显性知识与隐性知识在内的一切知识不同，供应链中知识共享与传播是有选择性的，并不是所有的知识在成员间的共享与传播。因此，在供应链中知识共享的前提是知识的识别，涉及到成员的核心能力的知识往往不应该成为供应链中共享与传播的对象。

- 知识的应用：供应链知识的应用尤其强调成员间知识水平的协调，包括成员间的知识存量、知识的吸收能力与知识利用能力的协调，其目标是保证最终产品在各个环节上能在知识上得到保证、实现其功能的协调与优化。

- 支持供应链知识管理的基础性活动：包括战略性供应链成员间的合作伙伴关系管理、支持知识在供应链成员间的交流与共享的联盟文化管理、基于Internet技术的知识库管理、在成员间的知识教育与培训系统管理等。

8.3.2 供应链知识管理的特点

供应链是企业间的一种合作模式，它超出了单个企业的规模局限，是一系列关联企业的集合体，所以供应链知识管理不同于单个企业的知识管理，它是凌驾于单个企业范围之上的一种更为复杂的知识管理[3]。

（1）核心企业是供应链知识管理的主导。通过对供应链中每个企业所处竞争地位的不同可以分为核心企业与非核心企业。评判标准可依据以下几方面：①它是否是这条供应链中关键资源的控制者；②它对资源的占有程度；③成员之间的供求关系，这直接决定了企业在整个供应链中的地位。供应链中的核心企业在整个供应链中处于强势地位，一般具有较高的管理水平、竞争意识。此外，还具有较好的信息技术及敏锐的市场洞察力。他们为了自身战略发展的需要，面对竞争供应链的市场压力，必须提升整个供应链的竞争力，充分挖掘供应链知识资源的潜在价值，所以会积极出面，争取其他成员的协作，整合整个供应链中的知识资源，推动供应链知识管理的有效实施。当然，供应链中其他节点成员也是知识管理的参与者与实施主体，没有他们的配合，单靠核心企业是不可能也是毫无意义的。

（2）供应链知识管理的复杂性。①从成员间竞合关系角度来看，供应链每个企业都是相对独立的利益主体，相互间存在着竞争关系。每个成员都希望获取更多的利润价值，在总价值没有改变的前提下，必然意味着相互的利益争夺。为增强在竞争中的话语权及控制权，各方会尽力保留对相关优势资源的控制，特别是有价值的知识资源，这给供应链知识管理带来困难；②从各成员内部环境差异来看：实行供应链层知识管理需要在成员之间构建共同遵循的统一平台，但不同的企业拥有不同的工作流程，并遵循不同的工作标准，每个成员都希望其他成员与自己一致，而不愿自己做出改变，怎样去协调各种差异是供应链知识管理必须解决的难题；③从供应链的动态性角度来看：市场竞争中任何合作关系都不是永恒的，对于供应链合作伙伴来讲，随着市场环境的变化，供应链中随时有成员退出，也不断有新的成员加入，供应链合作关系也呈现动态性，这增加了供应链知识管理的难度。

（3）知识管理与传统管理的异同。知识管理的主要任务是对企业的知识资源进行全面和充分的开发以及有效利用，这也是知识管理区别于传统其他管理的一个主要方面。知识管理的直接目的是提高企业的创新能力，这也是知识管理在新的经济时期之所以必然出现并且广泛兴起的直接驱动力。以往的管理无论其对象是人还是物，都没有将企业创新的根本力量——知识，看作企业的一个相对独立的资源体系而加以全面和综合的管理。另外，知识管理不同于信息管理。信息管理主要侧重的是建立并维持一个通畅且高效的信息网络，而知识管理则是对包括信息在内的企业所有的知识资源实施全面的管理，要把企业的知识资源统筹起来并与其他资源相结合于企业的创新活动。因此，可以认为信息管理是知识管理的一部分。

8.3.3 供应链知识管理的层次与评价

根据知识管理相关理论，可以将供应链知识管理分为四个层面：人与组织层面、内容层面、流程层面、供应链层面[12-13]。

- 人与组织层面：人与组织方面涉及的范围较广，其中"人的方面"包括人员思维与态度、知识型员工的结构、人际互动沟通；"组织方面"包括组织文化、价值观、组织相关环境、项目组织架构与激励措施等相关问题。

- 知识管理内容层面：知识管理的内容是组织的知识，即组织所需管理的相关知识。组织的知识按其形态可分为显性知识与隐性知识，按其先进性可分为核心知识、先进知识、创新知识等。组织的知识总是在"隐性知识、显性知识、隐性知识"、"创新知识、先进知识、核心知识"中不断地发展变化。

- 知识流程层面：知识流程是指知识取得、创造、蓄积、扩散的相关流程。如同设置合理的业务流程能使企业的业务顺利进行一样，只有设置合理的知识流程，才能有效地管理知识。知识流程应该与业务流程紧密结合。供应链知识管理应考虑知识如何与工作流程相结合，特别是如何将知识的活动融入流程的步骤之中，以及在流程之中什么时候会用到知识以及如何使用知识等。

- 供应链层面：在以供应链为核心的时代，知识链管理必须与供应链的上下游企业进行知识交流与沟通，并进行知识合作，以提高供应链的整体竞争能力。知识管理不单纯是一种技术系统，而是一种人与组织、内容、流程以及技术的结合。

软件工程中软件能力成熟度（Capability Maturity Model for Software，简称 CMM）是一种用于评价软件承包能力并帮助其改善软件质量的方法，侧重于软件开发过程的管理及工程能力的提高与评估。CMM 分为五个等级：一级为初始级，二级为可重复级，三级为已定义级，四级为已管理级，五级为优化级。借鉴 CMM 的五个等级，我们将供应链知识管理也划分为五个等级[12,14]：

- 初始级，供应链内只有模糊的知识管理意识，但是没有专门的组织对其进行管理。知识分散于个人之处，一部分专业人员掌握了组织重要的知识；知识的扩散度和编码度处于很低的水平；专业人员的流动会引起知识的流失；知识的产生与使用处于无序状态。

- 可重用级，在这一等级，供应链成员已经意识到知识必须加以管理才能充分发挥作用，建立专门的部门统一进行知识管理。开始有意识地进行知识收集与积累，被收集和积累的部分知识可供重复使用，但是知识的收集和使用的程序仍然比较混乱。

■ 已定义级，在这一级组织内的知识管理部门已经较为成熟，已经有一套较为成熟的知识收集与使用程序，并且建立起大量的知识模板；大量知识可被重复使用，信息孤岛逐渐打破，知识共享逐渐成为组织的行为习惯。

■ 可管理级，即组织逐步构建起企业级知识管理方法论，企业文化对企业的生产与发展能够形成非常好的影响。经过长期的知识收集与积累，使知识资产极大化。而且知识管理与供应链其他业务应用系统相集成，提高了决策支持效率。

■ 优化级，这一等级是知识管理的最高级别，最大特征是供应链能够自我优化，不断创新。企业知识管理处于这一成熟度模型的最高水平，知识管理方法论已在整个组织内充分应用并逐步优化，组织不断进行创新，形成竞争优势。

8.4 供应链知识管理框架模型

8.4.1 供应链知识管理总体模型

如图 8.1 所示，供应链知识管理总体框架模型分为知识管理基本过程、支持保障性资源以及知识管理驱动要素等三个层次，具体如下[13]：

■ 知识管理基本过程：基本过程是知识管理的活动集，是供应链知识管理的核心流程，包括知识获取、知识选择、知识生成、知识内化和知识外化等五种活动，这些活动构成一个螺旋上升的闭环，有助于将知识看作供应链的应用资源。

■ 支持保障性资源：供应链知识管理实践中，知识管理活动并非要按照严格的先后次序进行，而是有多种次序可供选择，活动间可能有交叉和互动。各种辅助活动（以及组织资源和环境因素）会对按不同次序进行的知识活动的开展方式产生影响，包括领导、合作、控制、测量四项活动，并主要提供知识管理的后台支撑，为供应链企业间的知识管理创造完善的知识领导机制、合作条件、控制机制、测量评估体系等。

■ 知识管理驱动要素：基本过程是该模型的核心过程，支持资源为知识管理的实施提供基础和保障，而驱动要素为知识管理的实施提供具体的可操作方案，可以保障这个核心过程以流程为导向实现同步。也就是说，完整的供应链企业间知识管理的核心活动是用信息技术将组织人员、流程和知识活动相接在一起的同步过程，业务流程本身决定了所需的知识及可以通过知识管理工具加以改进的核心活动。

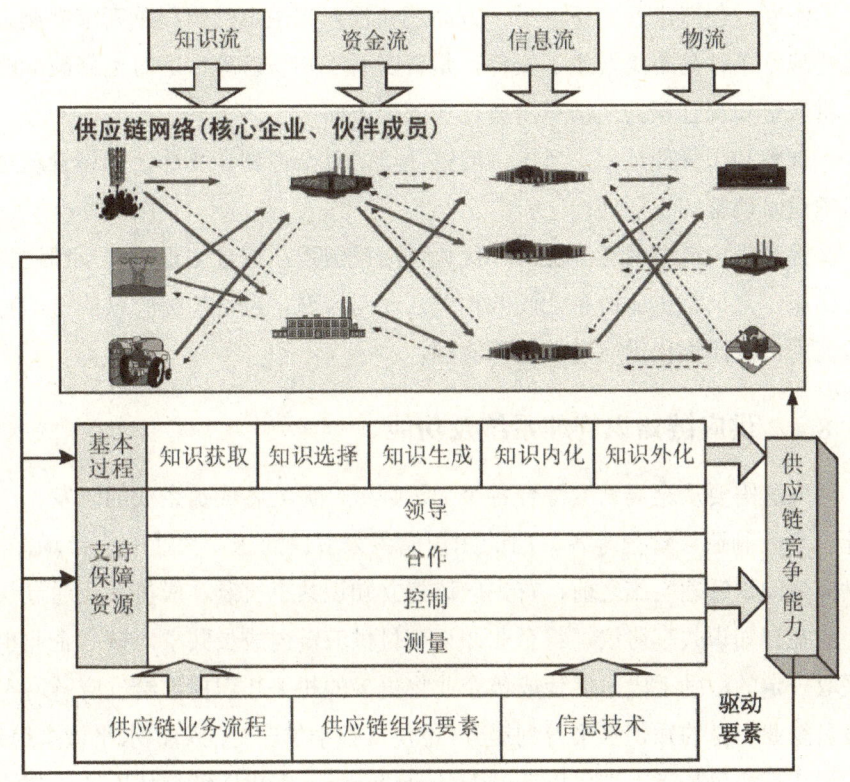

图 8.1　供应链知识管理总体框架模型

供应链知识管理的三个层次是从三个角度影响知识管理各环节运转的状况，其一是从组织人员的角度，其二是从业务流程的角度，其三是从信息技术的角度。我们可用公式 $K = (P_1 + P_2)S$ 来表达："P_1"指人员 (People)；"+"为信息技术；"P_2"指流程 (Process)；"K"指知识 (Knowledge)；"S"指知识链的支撑要素（Secondary Activities）。知识管理就是通过流程与信息技术手段，使人员与知识紧密结合，让知识的获取、选择、生成、内化、外化等知识管理过程运转起来，并通过支持要素的辅助，提高企业效益和效率，为企业创造价值并赢得竞争优势。

反馈是控制论中最基本的概念，也是应对复杂系统的一条基本的系统学原理。供应链企业间知识链管理模型中，反馈的主要作用是对付供应链中存在的内部和外部不确定性。图 8.1 中的知识管理框架模型加入了反馈机制，一方面注意使知识管理不偏离培育竞争优势的战略方向，以此来确保知识传递的准确性，并不断地创造出新知识；另一方面还要根据实施中的问题重新审视制定竞争优势战略条件是不是发生了变化，是否阻碍了知识管理，适时地修改战略定位。供应链知识管理的反馈作用体现在两个方面：

①调整知识管理过程：考虑供应链环境的复杂性和多变性，知识管理过程中必须适时调整知识活动；

②提升供应链整体竞争能力和优化供应链流程：通过知识管理反馈过程的有效实施，来调整供应链企业间的相关活动与方向，进一步提升供应链的整体竞争能力，从而优化供应链的知识流程。

8.4.2 供应链知识管理系统及功能

供应链需要从全局角度综合各个知识领域，调动各成员企业的研发、产品设计、产品制造、营销等各方面的知识储备来解决问题，快速响应市场需求。在供应链知识管理实施之前，首先应该建立知识共享机制，成员企业通过与核心企业签订知识共享协议，将企业知识交付供应链内成员共享，核心企业也可以采取一定的激励手段，促使成员企业将更多的相关知识提供给供应链，不但使成员企业自身的知识水平得到提升，也使得整个供应链的知识水平极大提升。在知识共享协议基础上，可以通过 Internet/Intranet 在供应链群体内共同交流学习，交流的信息和知识通过 Internet 流入知识管理系统，知识管理系统有助于不同形式知识的转化，并通过不断的循环学习、组织、集成、整合后变成知识仓库。知识仓库是供应链内各成员共同的财富，是知识创新的源泉。在这一知识传播和共享的过程中，由核心企业担负供应链知识管理系统的管理、维护和更新，同时对知识进行评估，努力培育鼓励创造知识、分享知识的良好环境。如图 8.2 所示为供应链知识集成管理系统模型。

（1）知识获取。知识获取实质上是在企业现有知识的辨识基础上，获取供应链企业间的知识，包括客户、供应商、分销商、零售商知识以及通过它们获得竞争对手的知识。知识获取过程由"数据—信息—知识"三大环节组成。其中数据是载体所承载的最原始的资料，信息是数据中对人的认知有用的部分，而知识则是人们通过对数据和信息的归纳整合，形成的更具广泛性、一般性和通用性的信息，往往能够更加深刻地反映客体的本质或客体运动的特征[15-16]。

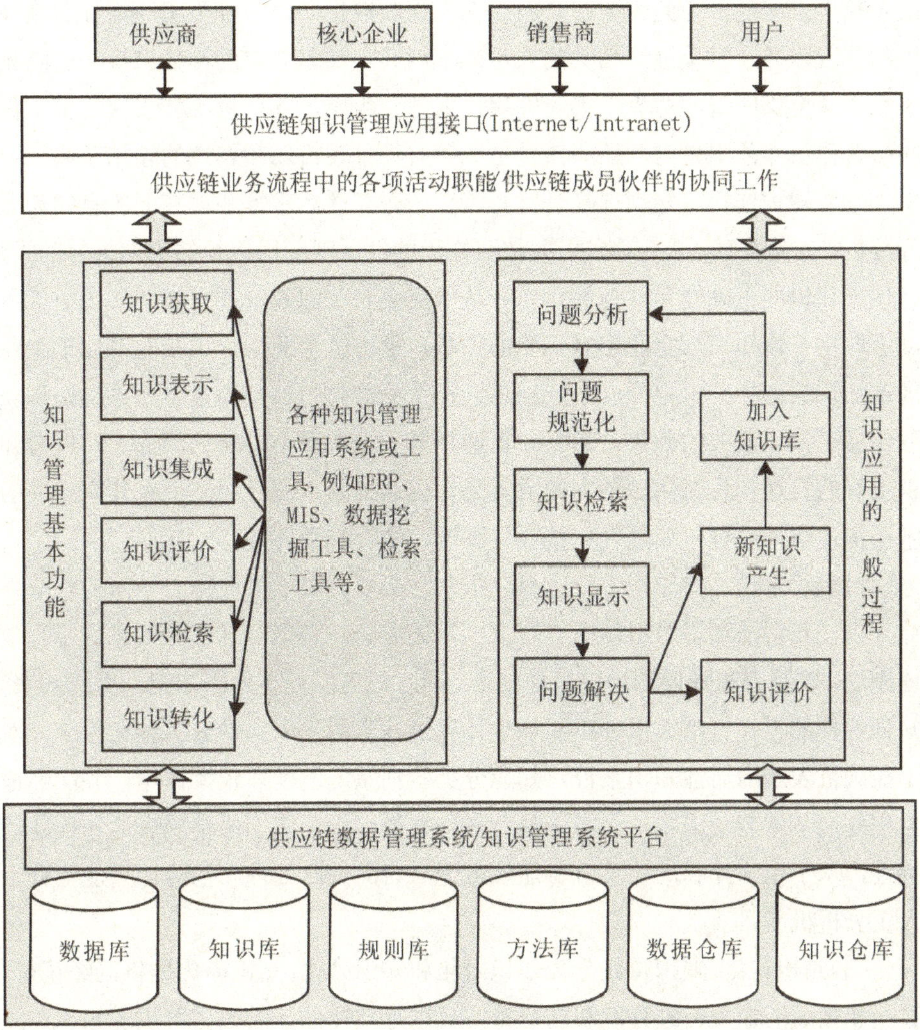

图 8.2 供应链知识集成管理系统模型

在企业的知识获取阶段，既要重视收集企业内部的知识，更要关注供应链企业间的知识；既要注意从实践中得来的一手知识的收集，也要重视二手资料知识的收集；不仅要注意企业的主动获取，更要注意建立稳定、牢固、多渠道的知识提供源。知识获取过程是企业与环境交互的接口，如果知识的获取过程不能适应供应链和市场等环境的变化或缺乏应变能力，那么企业的知识就无法保持动态更新。在供应链条件下，从知识获取的主体来说，可以是个人、企业或者整个供应链，为此需要建立组织的知识获取机制，鼓励员工注重细节性知识的获取，并及时反馈给相关的人员或部门。从知识获取的客体来说，它跨越了企业甚至供应链的边界，不能够仅仅局限于组织内部，也不能仅仅局限于供应链合作伙伴范围之内，还应该包括竞争对手以及市场和客户的知识获取。

（2）知识选择。知识选择是对组织和个人获取后掌握和占有的所有知识进行分析，去伪存真，去粗取精，并按照知识的性质或应用途径的不同进行分类，以保证知识的正确性和条理性。企业从供应链企业间获取或吸收的知识很大程度上取决于该知识与企业已有知识的关联，供应链企业间知识获取受制于企业内部知识的选择。一定程度下，知识选择是标准化的信息检索。如果说知识获取保证了知识量上的积累，那么知识选择是知识在质上提高的保证。对现有知识更好的管理及为新知识创立做准备是知识选择的主要目的，也有其它相关的术语描述这种过程，如融合、整合、联合、结合、合并等。

对组织来说，对知识进行选择分析非常必要。对于供应链上不同的获取主体来讲，获得的知识对组织而言有很多是无用的，必须对这部分信息进行有效地剔除，以减少和降低知识链管理成本，同时还可以提高内部知识利用的效率。知识选择的方式包括人工分析和基于计算机技术的知识自动分类鉴别系统。对于能规范表达的显性知识来说，知识分类鉴别系统能发挥较大作用，并能够最大程度地节省劳动成本；而对于隐性知识来说，由于其不可精确表达和描述的特性，基于精确计算的计算机智能技术无法对此做出处理和描述，只能依赖于人工分析机制。

（3）知识转化。知识转化分为知识内化和知识外化。知识内化是将已经获得、选择和生成的知识通过分发和储藏等方式进行整理，从而改变组织的知识资源状态，即把外部显性和隐性知识转变为内部显性知识或个人的隐性知识，成为企业中个人与团体的实际能力的过程。在内化过程中，通过设法发现与特定消费者的需求相关的知识结构，过滤来发现企业知识库中与知识寻求者相关的知识，并把这些知识呈现给知识需求者。知识外化是将隐性知识表达出来成为显性知识的过程，外化的作用是通过将隐藏在个人大脑中的隐性知识转化为能够被记录的显性知识,使知识需求者能够得到所需求的知识。外化首先包括一个选择机制,从供应链企业或组织内部知识中捕获对企业现在和未来发展有用的各种知识[15,17-18]。

(4)知识创新。供应链知识创新是一个螺旋上升的过程,它起始于个体,通过人与人之间、跨单位、跨部门之间不断增多的交互作用,使得个人知识通过扩散在整个供应链组织范围内拓展,并使之具体化,进而转化成为整个供应链组织的知识网络体系的一部分。例如企业员工关于技术创新的隐性知识可以通过社会化和外部化转变为新产品概念,这种概念化知识又可以通过组合形成系统化的知识,如开发出新产品原型,而系统化知识又可以通过内部化转化为运营知识,如产品的大规模生产。基于经验的知识又启动了新一轮的知识创新过程。供应链企业的知识创新过程是复杂的,是由多种条件促成的,但它又不是随意的、完全非理性的[19]。

供应链知识创新是一个连续的、动态的过程,需要隐性知识与显性知识交互作用,这种流动的隐性知识通过四种知识转化模式在组织内得以增强[20]。供应链企业间知识链知识创新的螺旋上升过程起始于社会化模式。它要求构建一个相互作用的领域,这个领域促进成员企业之间经验与知识的分享。社会化模式强调知识的创造过程,产生的是一种"意会"的知识,通过潜移默化的方式来促进隐性知识通过经验共享在个人间进行传递。这就需要在供应链企业之间建立跨企业的隐性知识交流机制,包括正式的非正式的。

8.4.3 供应链知识管理模型驱动要素

完整的供应链企业间知识管理的核心活动是将人员、流程和信息技术等相接在一起的同步过程。因此,作为驱动要素的重要组成部分——人员、流程、信息技术,必须同步。人的因素是知识管理的核心因素,而信息技术,则扮演着十分重要的角色,流程则是知识管理得以顺利实施的基本保证[17]。业务流程本身决定了所需的知识及可以通过知识管理工具加以改进的核心活动。作为知识持有者,通过使用知识链管理工具执行任务引入其隐性知识和经验。信息技术的应用为业务流程任务和知识管理活动提供了支持[13]。

8.4.3.1 业务流程要素

流程驱动要素的内涵是基于业务流程来设计知识管理流程,利用知识流程推动供应链运转。供应链知识过程，只有与特定供应链业务流程密切联系，才能有效地发挥作用。供应链企业应该努力把知识融入公司的具体业务流程中，把知识共享和再利用的概念注入到所有业务流程中去。无论是什么行业的供应链，什么样的企业，其所含有的企业相关知识都是蕴含在供应链业务流程之中，只有把握住这一个个业务流程的管理，才能使知识管理得到有效的开展[13,21-22]。

供应链业务流程管理是对企业各项业务活动的管理。供应链中业务管理与供应链企业的具体业务紧密结合，如客户关系管理、企业资源计划、市场信息、产品研发等。将供应链企业间知识管理模块中的各功能内嵌于业务流程，直接支持组织的业务运作和知识协同。在供应链工作流的基础上构建供应链企业间的知识管理模型，同时通过知识管理来优化工作流，以及相关要素和资源之间的动态调整等。工作流支持标准化的企业流程，它控制信息在人与人之间、地与地之间、任务与任务之间流动，而流动的信息是规则的、结构化的。由于知识的更新速度不断加快，企业自身所拥有的知识存量有限，为保持竞争优势，供应链企业建立战略合作伙伴关系，通过知识流动，不断吸纳和创造新的知识，这种组织之间的知识流动促进了知识链的形成。供应链中的知识流动是指知识在参与创新活动的供应链企业之间的扩散和转移。图 8.3 为基于供应链协同的知识管理和工作流集成模型[22-27]。

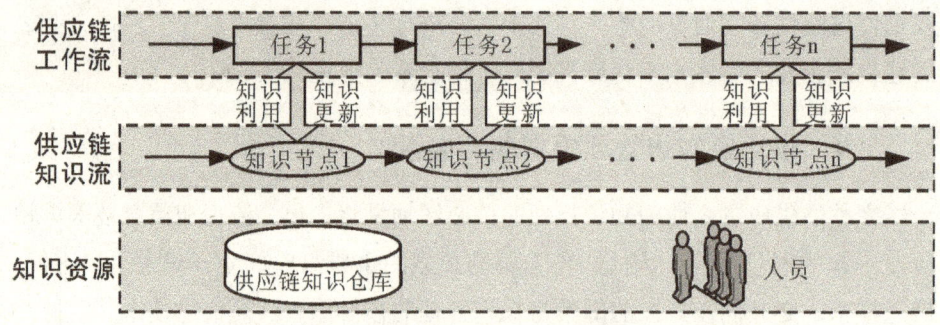

图 8.3 供应链知识管理与业务流程集成模型

从知识管理的角度来看，供应链不仅是物料供应链，而且是知识供应链。在供应链企业组成的知识网络中，位于不同节点的企业在业务种类和组织结构上互有不同又相互补充。知识在供应链成员间的流动使企业从具有某种知识或专门技术的合作伙伴那里学习组织缺乏的知识，增强了知识创新能力，同时提升了供应链的整体竞争能力。对供应链中的所有企业来说，有效的知识流管理有助于企业获取知识资源,赢得竞争优势。工作流的每个活动节点都对应着一个知识节点,它是从企业知识资源中选取出来的与该活动相关的知识。当执行一个活动时,该活动通过系统中的知识获取工具从知识库中获取要利用的具体知识,并将它们存储在知识流的知识节点中,在执行活动的过程中不断更新知识。活动执行完后,工作流导航到下一活动节点,相应地,知识流也将运行到下一个知识节点[28]。

8.4.3.2 信息技术设施

作为驱动因素之一的信息技术从根本上改变了知识收集、处理、传输的方式和路径,从而改变了供应链企业间知识管理方式、运作方式和组织协作方式。首先信息技术是供应链企业间知识管理必不可少的工作手段;其二,信息技术提高了供应链的业务水平和工作效率,降低产品成本,使信息资源共享,提高决策能力和绩效,为供应链知识管理提供了最根本的驱动;其三,信息技术降低供应链运作风险,建立基于供应链管理的战略伙伴关系,形成稳定的原料和零部件供应渠道和稳定的产品销售市场。

供应链企业在管理的各个环节应用现代信息技术,加快企业管理信息的传递、加工和处理速度,使这些信息资源得到可靠保存和有效利用,及时为企业管理工作者提供决策依据。知识管理技术不同于信息技术,它包括的技术内容异常繁多,覆盖了知识生产、分享、应用以及创新各个环节。信息技术通常是指贮存、组织和传递信息的技术。知识技术是那些支持知识积累、交流和保存的技术。信息技术服务于知识创新,但知识创新针对的问题已超越信息管理和知识管理方面,关键是要把这些技术同更加人性化的知识管理方法结合起来,以创造一个和谐的知识管理环境。支持供应链知识管理的信息技术可分为三个层面,最低层的是通信网络,用来支持信息的传播;其次是计算机服务器层,与通信网络一起为信息管理提供硬件支持;第三层是信息库、数据库系统层,它是信息管理系统的关键层,为各种信息转化为知识提供了有力的支持[29]。

(1)信息系统的硬件平台。要建设高效的信息系统需要有一定的计算机硬件设施,除了必备的个人计算机外,还必须结合供应链企业来构建同时适合供应链企业发展的信息网络,让网络成为指挥企业运转的大脑和神经中枢。网络包括外部网络和内部网络两部分,也就是企业内部网(Intranet)和企业外部网(Extranet),促进企业内部和供应链企业间的知识交流与创新。Intranet 和

Extranet 可将分散在企业内部以及供应链企业间的知识和信息连接起来，有效实现知识的整合、共享与创新。供应链企业间知识管理的目的就是协同供应链中的知识来提升企业和整个供应链的竞争能力。因此，建设有效的企业内部网比较重要。企业内部网有利于形成动态共享信息的环境，它强调的是内部信息，构造企业和员工之间的链接。

（2）信息系统的软件基础。要真正实现供应链企业间的知识管理，信息库、数据库系统层的建立就成为信息系统的核心。供应链成员间还需要一个系统的管理软件提供以下基本服务：自动识别供应链企业的知识的关键性，并加以组织、整理和综合，然后存放在知识仓库中，建立知识库中知识之间的联系；能够分析每个具体用户独特的工作性质和需求，把供应链成员所需的知识自动及时传递给该企业；提供知识创新和维护的技术工具，提供功能强大、简单便捷的搜索工具。

8.4.3.3 人员因素

人员驱动力的大小直接关系到供应链企业间知识管理的成败。知识管理要求人员具有较高的信息技术使用水平和丰富的供应链知识，而目前国内既懂信息技术又熟悉供应链业务的人才很少，所以企业对人才的培养是实现供应链企业间知识管理的必经之路。企业不仅要以人为中心，建立和创造促进知识学习、知识积累和知识共享的环境，激励员工的知识交流和知识创新，还应注重建立学习型组织，培养员工以提高企业整体的专业技能水平。

创新产品和个性化服务往往是一个"人的不同知识相互交融、拥有不同知识的人相互交流"的结果，人力资源管理模式为这种交融和交流提供了机会。大量存储于人员头脑中的隐性知识，无法用语言和文字准确描述、不易被他人获知、也不易被编码。企业在生产经营活动中越来越要依靠员工头脑中的隐性知识，知识管理的中心任务就是发掘和应用这些知识。"人员"的因素之所以是企业知识管理的决定因素，是因为人不仅是隐性知识的载体，而且是知识创造和传播的内生力量。企业知识管理是一项要与人打交道的管理活动，而人的问题在企业中历来是人力资源管理部门的关注焦点，所以知识管理与人力资源管理的进一步整合将是知识管理发展的最主要趋势和最重要方面。人的因素和技术因素、流程因素同时构成供应链知识管理的维度。知识管理和人力资源管理整合的内涵在于通过培训、评价、激励等人力资源管理方法形成一种相互学习、广泛交流的企业文化和工作环境，创建一种共享隐性知识的工作模式和工作机制，同时又以技术为辅助工具开发出虚拟会议系统、网上论坛、知识地图等以方便和促进人与人之间的交流[30]。

本章小结

本章研究了供应链知识管理及其框架模型，明晰了供应链知识的范畴，分析了供应链知识管理的必要性和可行性，针对供应链知识管理的特点，借鉴软件工程中开发能力成熟度模型，给出了供应链知识管理的分层评价模型，从业务流程、信息技术、人员等三个方面分析了供应链知识管理的驱动要素。

参考文献

[1] 程虹,肖洋.竞争优势与协同知识创新的经济学研究[J].图书与情报,2006,(04):60-64.

[2] 陈颖翔.基于知识的企业核心能力分析与构建[J].统计与决策,2004,(09):140-141.

[3] 陈英华.基于供应链的知识管理研究[D].济南：山东大学硕士学位论文,2005.

[4] 陆杉.论供应链知识协同[J].现代管理科学.2008,(09):117-119.

[5] 吴应良,肖万程,王舒军,钱建农.供应链知识管理系统的自组织分析[J].系统科学学报,2006,(03):83-88.

[6] 陈菊红,王能民,杨彤.供应链中的知识管理[J].科研管理,2003,23(1):98-102.

[7] 何哲军,彭宗政.基于供应链的企业知识管理研究[J].上海管理科学,2006,(01):30-32.

[8] 张志清,秦岭.供应链知识管理及系统框架模型研究[J].情报杂志,2007,(04):19-21.

[9] 张炜.不确定性对供应链运作的影响及对策[J].上海电机学院学报,2007,(01):63-66.

[10] 王志刚.基于知识管理的供应链核心竞争力提升研究[D].兰州：兰州大学

硕士学位论文，2009.

[11] 黄钧铭.基于知识共享视角的供应链知识创新研究[D].厦门：华侨大学硕士学位论文,2009.

[12] 吴方.企业知识管理成熟度评估模型研究[D].大连：大连理工大学硕士学位论文，2005.

[13] 刘彦辉.供应链企业间知识链管理过程及提升模型研究[D].昆明：昆明理工大学硕士学位论文,2005.

[14] 张艳,刘辉.CMM中配置管理的变更控制[J].湖北工业大学学报.2005,(02):74-76.

[15] 王蕾.面向电子商务的知识链管理研究[D].武汉：华中师范大学硕士学位论文，2007.

[16] 苗蔚.基于情报工作流程的知识链研究[D].长沙：中南大学硕士学位论文，2005.

[17] 张悟移.供应链企业知识链管理模型研究[J].经济问题探索,2006,(12):52-56.

[18] 何柳,聂规划.基于工作流程的知识链管理研究[J].情报杂志,2004,(11):7-8.

[19] 刘中华.区域物流系统的知识管理平台研究[D].北京：北京交通大学硕士学位论文,2011.

[20] 杨瑾,尤建新,蔡依平.供应链流程管理中的知识集成研究[J].科技进步与对策,2006,(12):120-122.

[21] 杨瑾,蔡依平.面向供应链流程管理的知识整合研究[J].现代管理科学,2006,(01):53-54.

[22] 孙永军,王正肖,潘晓弘等.敏捷供应链集成化建模方法[J].中国机械工程,1999,13(19):1679-1682.

[23] PWH Chung, L Cheung, J Stader A Macintosh, et al. *Knowledge-based process management—an approach to handling adaptive workflow*[J]. Knowledge-Based Systems, 2003,(16)：149-160.

[24] Ha Bin Lee，Jong Woo Kim，Sung Joo Park.*KWM: Knowledge-based Workflow Model for Agile Organization*[J]. Journal of Intelligent Information Systems, 1999,(13)：261-278.

[25] 李敏强,王琛,周静.CSCW系统中协同机制及协同活动模型[J].系统工程与电子技术,2000,22(4):28-31.

[26] Leslie Monplaisir. *An integrated CSCW architecture for integrated product/process design and development*. Robotics and Computer-Integrated Manufacturing,1999,(15):145-153.

[27] Jose A.Ceroni, Shimon Y.Nof, *A workflow model based on parallelism for distributed organizations*[J]. Journal Intelligent Manufacturing,2002,(13): 439-461.

[28] 黄琛，范玉顺．基于知识的协同过程建模与实现技术研究[J]．高技术通讯，2004,(11):42-46.

[29] 江积海．企业知识管理的运作模式研究[D]．重庆：重庆大学硕士学位论文，2001.

[30] 戴文宁，林政．知识型企业的人力资源管理[J]．改革与战略,2004,(07):111-113.

[31] 张旭梅，朱庆．国外供应链知识管理研究综述[J]．研究与发展管理,2007,19(1):34-41.

[32] 陈菊红，王能民，杨彤．供应链中的知识管理[J]．科研管理,2003,23(1):98-102.

[33] 何哲军，彭宗政．基于供应链的企业知识管理研究[J]．上海管理科学,2006,1:30-32.

[34] 左美云，许珂，陈禹．企业知识管理的内容框架研究[J]．中国人民大学学报，2003,5:69-76.

[35] 陆克斌，储节旺，王强．供应链技术创新与客户知识管理的协同机理探讨[J]．北京工业大学学报(社会科学版),2012,12(1):21-25.

[36] 朱文娟．供应链知识管理存在问题及对策研究[J]．物流工程与管理,2011,33(12):91-92.

[37] 喻立．供应链知识管理特征及方法研究述评[J]．上海商学院学报,2012,13(1):28-31.

[38] 申丽萍，高学东．紧密型供应链上的隐性知识管理[J]．现代管理科学,2009,(2):93-95.

[39] 王力民．知识供应链视角下企业知识管理的社会协作系统分析[J]．情报科学,2009,29(7):1004-1008.

[40] 胡翠红．基于供应链的知识管理系统构建及功能分析[J]．现代情报,2009,29(10):185-186.

[41] 张存禄，朱小年．基于知识管理的供应链风险管理集成模式研究[J]．经济

管理,2009,(6):117-122.

[42] 丁勇,梁昌勇,朱俊红.一种供应链中的知识管理绩效评价方法研究[J].运筹与管理,2006,15(4):148-153.

[43] 叶逊,陈英华.基于供应链的集成知识管理与价值绩效评估[J].山东大学学报(哲学社会科学版),2006,(6):105-109.

[44] 孙衍林.供应链企业间的知识管理研究[J].中国管理信息化(综合版),2007,10(4):9-10.

[45] 刘岩芳.知识供应链中的知识管理策略研究[J].图书馆学研究,2007,(9):25-27.

[46] 刘蓉,张毕西.供应链中知识管理的实施[J].价值工程,2005,(2):46-48.

第9章
供应链协同机制与知识管理

9.1 供应链协同管理概述

9.1.1 协同的概念及其分类

协同可以理解为对活动间相互依赖性的管理,同时协同也被认为是一个可以导致共同行为、运转或环境的过程,或者是一个在协调的方式下共同行动的状态。协同理论主要是研究在复杂系统中参与者是如何协调工作,以便达到系统的目标,即参与人如何协作完成系统赋予使命的问题,它是一个跨学科的复杂命题。随着信息技术的不断发展,协同理论从研究组织、社会或人际之间的协同,延伸到了人机之间、系统之间的协同,协同技术层出不穷。协同可以从管理协同、技术协同以及人机协同3个方面实现,其关系如图9.1所示[1-3]。

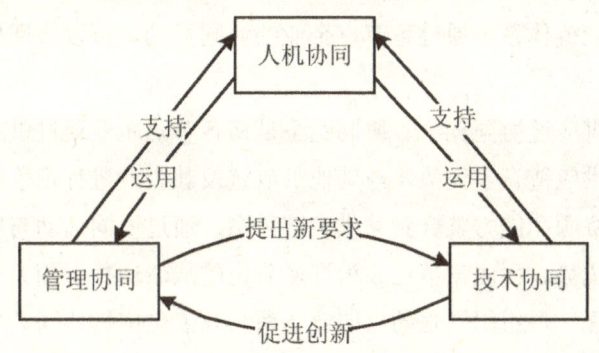

图 9.1 协同的三种类型

管理协同是从纯管理的角度(包括组织理论、经济学理论和运作管理等),考虑资源、技术及制度上的协同,通过设计一定的协同机制以实现关系上的协同,研究的主要是组织、社会或人际之间的协同。例如供应链企业之间通过采用恰当的契约形式，引导各企业按照系统最优的决策行事，从而使系统达到协同。技术协同是指计算机科学中的协同，研究的主要是计算机系统资源、标准、规范上的协同，包括空间分配、进程安排、并发控制及异构系统中的通信问题等，Petri网技术、Agent技术、CSCW技术等都是当前技术协同中的研究热点。人机协同主要研究人机系统间的协同，它的发展必须建立在管理协同与技术协同的研究成果之上，但人机协同的实现又为管理协同与技术协同提供了实验平台与新的思路。

9.1.2 供应链协同的意义

供应链协同是协同研究中的一个子类，它包括以上三方面的协同研究，其中管理协同是基础，技术协同是支撑，人机协同是关键。供应链成员单位是自主的理性经济人，其只会做出更有利于自己利益的决策；管理协同的实施会受到现实技术的限制，但技术只是便于管理的工具，技术上的可行性不能保证先进技术一定会得以应用。供应链协同的意义主要在于[4-7]：

（1）促进供应链集成化。供应链集成指在一定的社会环境、经济环境和技术环境下，公司有效地识别、选择与公司有关的资源、市场、信息和组织的方式，并在管理层面上进行集成，使供应链网络化、敏捷化、柔性化、个性化和最优化。集成被认为是达到协同的一种手段，供应链可以通过集成管理达到协同。在集成供应链体系，通过各节点企业的协同活动，可以实现供应链整体效益的增加。

（2）实施供应链协同竞争。协同竞争是指各节点企业通过供应链集成与协同活动，增强供应链竞争优势，与其他供应链及其企业进行竞争的行为。一个企业将自己的资源和能力整合到某供应链体系，通过协同活动与协同效应可增强自身的竞争优势。协同竞争已成为许多公司的战略选择。相关企业组建一个适应环境能力强、自组织性强的供应链体系，开展供应链协同竞争，有利于整合各节点企业的优势，选择合适的竞争方式，追求最佳的协同效应，实现整个供应链和各节点企业的目标。

（3）建立供应链价值网。参与供应链协同竞争的企业能够获得更高的价值创造能力和赢利能力。通过供应链协同竞争，相关企业可以不断发现新的价值增值环节，设计并建立新的价值链。依据波特的"价值链"理论，从最初的供应商到最终的消费者之间一系列的生产经营活动,是一个价值创造过程,它们构成价值增值链。由于产品功能、产品生产的集成度越来越高,企业或多个企业合作的生产经营活动存在很多个价值链,构成一个价值网。供应链管理应从传统的价值链设计转变为价值网设计,发现新的价值增值的网络节点,构建合理的价值网络体系,降低供应链成本,创造更大的价值。

(4)构建供应链动态虚拟组织。供应链管理的最高层次是建立在战略协同基础上的企业动态战略联盟(或虚拟企业)。企业间的战略协同关系,决定企业的合作关系和联盟的紧密程度。建立企业动态战略联盟,应从战略层面进行思考与协商,谋求共赢目标。在供应链管理中,建立动态战略联盟比建立具体的业务关系更为重要,它有利于实现供应链集成,建立供应链价值网络体系,获得协同竞争优势。

供应链协同以合作竞争为指导思想,广泛采用各种协调理论分析工具和技术实现手段,通过协商、谈判、约定、协议、沟通、交互等协调方式来降低供应链的总成本,降低库存水平,增强信任,改善相互之间的交流,保持战略伙伴相互之间操作的一致性以及建立供应链协同机制和协调渠道,进而达到同时改善和优化供应链整体绩效和成员企业个体绩效的目标。供应链协同管理是供应链管理崭新的和最为现实的模式,已经受到理论界和企业界的一致重视。

9.1.3 供应链协同决策的内容

企业供应链要想在激烈的竞争中取得优势,其决策问题不仅仅是供应链成员企业自身的问题,而是供应链成员企业所共同面对的问题,决策质量的优劣直接影响供应链的整体运作水平和竞争能力。因此,供应链决策是供应链成员企业间的一种协同决策。众所周知,决策信息的准确性、时间性、全面性等因素是做出正确决策与否的前提条件。供应链的协同决策与单个企业的决策一样,可分为战略决策、战术决策和运作决策三个方面[8-9],就实质来说,其决策的内容、过程、环境、复杂程度以及所需决策信息不完全等同于后者,而是更加强调供应链成员企业之间的协调、合作与信息共享。

(1)战略决策。供应链的所有成员企业之间是一个跨组织、利益共享、风险共担、既独立又合作的虚拟企业,其战略目标与内容必须兼顾所有成员企业的利益得失，它的最终目标是达到多赢。因此战略决策是成员企业之间的一种协同决策，处于供应链决策模型的最高层次，它对供应链的整体运作水平起到关键性的作用。根据供应链结构特征和组织特征，供应链的战略决策内容应包括两部分：一是对整个供应链具有重大影响并且指导供应链运作方向与目标的内容；二是每一成员企业内的战略决策内容，它必须在整个供应链的战略目标指导下制定，是供应链战略决策的一部分，不能与其产生冲突，这也是与非供应链环境下企业制定战略决策的区别所在。两部分战略决策内容的有机结合，将为供应链正常运行提供战略决策框架和行动指南。

（2）战术决策。战术决策的总体目标是在供应链运行过程中根据供应链运作的业务逻辑和工作流程，对战略决策的内容进行总体设计与安排，并同时对战略决策的不合理内容进行反馈与修改。战术决策内容的重点是对供应链运作过程的设计、安排、管理、监督与控制，应从纵向与横向两方面来综合考虑供应链的业务逻辑、工作流程、资源配置与利用、各成员企业在供应链中所扮演的角色以及它们内部各自的业务流程等情况，分析与设计供应链的战术决策内容。

（3）运作决策。供应链的运作决策是对战略决策和战术决策内容的细化和具体化，通过对供应链的实际运行，实现战略决策和战术决策的目标。运作决策的制定者应是供应链各成员企业部门级以下的管理人员，包括车间、班组、部门等管理者。运作决策不仅要考虑本车间、本班组的业务情况，还要考虑本企业、甚至整个供应链的战术决策和战略决策，它必须与本企业和供应链的整体目标协调一致；另一方面，与战略决策和战术决策问题不同，运作决策问题多数为结构化和半结构化的。

支持供应链协同决策的信息则不仅与供应链成员企业的决策信息有关，而且在语义层面，这些信息有严密的业务逻辑关系，在很多方面不同于非供应链环境下的决策信息。首先，供应链环境下的决策信息不仅来自于企业内部，而且大部分信息来自于供应链的成员企业，且这部分信息真正实现了成员企业之间的共享；其次，由于供应链协同决策包括战略决策、战术决策和运作决策，这些决策的内容依次从抽象到具体、从宏观到微观，分别对应供应链级、企业级和部门以下级的决策，决策问题具有非结构化、半结构化和结构化或它们的任意组合等特点。所以决策信息的层次越多，结构越复杂，选择合适的存储模式和获取信息方法就显得尤为重要。尽管供应链各企业成员之间的总体目标是一致的，但它们在供应链中所担任的角色各不相同，供应商、制造商、销售商、物流商在供应链运作过程中发挥着不同的作用，而这也增加了获取和存储决策信息的难度。

9.2 供应链协同机制分析

9.2.1 供应链系统的信息协同效应

供应链系统节点企业往往由多个、多类型、甚至多国企业构成，节点企业可以是这个供应链系统的成员，同时又是其他系统的成员，众多的供应链系统形成交叉结构，是一个很复杂的系统，而在其过程中，始终贯穿着大量的物流、信息流和资金流，并通过它们把各个子系统有机地联系起来，如何计划、控制和调节好这些物流、信息流和资金流，亦是非常复杂的事情[10]。在一个供应链系统中，信息流贯穿于供应链的全过程。信息流可以分成需求信息和供给信息，需求信息(如客户订单、生产计划、采购合同等)从需方向供方流动，这时还没有物料流动，但是它却引发物流，是供应链存在的缘由，而供给信息(如入库单、完工报告单、库存记录、提货单等)才同物料一起沿着供需链从供方向需方流动。从广义上讲，物料资金、价值都是以信息的形式向人们反映的，在这整个过程中，都存在信息协同效应。

9.2.1.1 核心企业与供应商的信息协同 [11]

在核心企业与供应商的关系中，采购方和供货方都知道对方的信息，可以根据自己所得到的信息进行统筹规划，安排自己的作业，可以减少不必要的库存，减少过程费用，降低整个供应链的成本。核心企业与供应商之间的信息协同主要是采购信息的协同，这种采购信息的协同要求制造商提供采购信息预测、自身的库存信息、采购计划、产品设计信息等，而供应商要反馈采购计划的执行信息。

（1）预测信息协同。企业把对最终产品的中长期预测和期望的客户服务水平传达给相关供应链上的供应商，供应商根据自己的能力将自己所能做的承诺反应给企业，使得企业采购组织能够对自己供应链上的企业有一个非常清晰的了解。

(2) 库存信息协同。企业将自己部分物料的库存情况和供应商形成共享,使得供应商对其下游企业有很好的可视性,供应商可以根据其下游客户的库存情况,以及预测的消费情况,进行自己的生产作业,做好自动补货系统,提高交货的准确度和速度。

(3) 采购计划信息协同。企业将自己近期的采购计划定期下达给供应链上的上游供应商,供应商可以根据该采购计划进行自己的生产计划的安排和备货,提高交货的速度。

(4) 产品设计信息协同。客户或企业内部研发部门设计个性化产品的同时,将新产品的零部件及时与供应链上的供应商共享,供应商也可以争取在第一时间进行产品开发。只有通过企业内部之间以及与外部的采购协同作业,供应链系统方可及时响应用户的需求,同时降低库存成本。

(5) 订单执行信息协同。企业通过互联网下达采购订单给供应商,供应商将采购订单的执行情况及时转达,使企业对采购订单的执行情况有明确的了解,可以及时做出调整。但是对供应链上的每个实体而言,完全公开自己的信息,可能会使自己的成本增大,供应链系统需要在此进行利益的协调。由于在供应链系统中信息的协同作用可使得供应链成本最小,因而实体成员应该根据信息提供的价值适当分得供应链上的利益。

9.2.1.2 企业内部供应链的信息协同

企业内部信息协同主要是企业内部采购、制造、配送、销售信息的共享,每个环节的公开信息,可以在供应链系统中方便地自由获取。在供应链系统中,企业内部网络是企业内部信息协同的基础。由于企业内部追求利润目标的一致性,企业所获取的市场信息、自身的产品开发信息、生产计划信息、库存信息、产品销售信息等可以实现充分共享。这种共享企业内部各部门的信息而互相协同作业的管理系统在企业资源计划(ERP)中已得到了充分地发挥,供应链系统在企业内部供应链这一块使用了类似 ERP 系统的管理,可以有效地实现企业内部信息共享,发挥信息协同效应,从而实现管理信息系统的效用。

9.2.1.3 核心企业与销售商的信息协同

核心企业与销售商之间的信息协同主要是销售信息的协同。销售信息的协同要求制造商提供生产成本、产量及库存信息,要求销售商提供销售成本、实时销售与库存信息以及未来预测信息。预测信息主要是客户对产品的质量以及数量的需求。在供应链系统中，基于相互信任的原则，在供应链数据库中一般可以查到对方的成本信息与销售信息等，这种信息的共享可以减少供应链实体信息需求的不确定性，从而减少商品缺货或者滞销的损失，更好地改善订购、生产、库存分配，提高决策效率以及服务水平，改善整个供应链的管理。但是和企业与供应商的信息协同一样，这些私有信息，双方可能都采取不完全共享的策略，特别是针对预测信息本身的不确定性，在销售商有能力分析这种信息时，可能就不愿与制造商共享这些信息，就算共享这些信息，也有可能故意提供扭曲的信息，导致所谓的"牛鞭效应"。

9.2.2 供应链知识协同分析

知识协同是指通过整合组织的内外部知识资源，产、学、研各方通过各组织节点（即子系统）间知识的相互作用，产生增强的合作效果，创造出比组织节点自身更高的价值，使组织学习、利用和创造知识的整体效益大于各独立组成部分总和的效应。供应链每个成员企业所拥有的知识体系都是一个独特的系统，供应链内部多个主体间知识系统的协同就源于这些系统之间的差异性，这种差异性使得不同成员企业在同样运作环境下的运作效果迥异。为了提高整个供应链运作效果与效率，这些供应链知识体系需要不断地融合，最终形成一个协调统一的供应链知识体系。因而供应链知识协同的过程就是一个从差异走向协调一致的过程。供应链知识协同蕴含以下含义[12-14]：

（1）知识协同追求的中心目标是整体大于部分之和的协同效应。从企业来看，企业主体本身为了追求最大的利益，总在不择手段地争取有利的生产和经营条件。传统知识管理的企业与同行企业之间是单纯的竞争，大多缺乏必要的协调。在供应链知识管理中，企业不仅同其他企业相互竞争，同时又因为相互竞争而相互协同。通过协同效应，一些原来没有的东西可以被创造出来，提高供应链的竞争能力。

（2）知识协同的中心任务是对知识的有效学习、充分利用和最大限度地创造。供应链知识协同是在新的技术条件下解决那些在传统技术条件下难以打破的企业间不同业务单元之间以及统一业务单元不同职能部门之间信息、知识传播的障碍，实现这些知识在企业间的共享，不断地创新、创造企业的新知识。

协同效应最终取决于组织内和组织间学习、利用与创造知识的状况。

（3）知识协同的参与者范围极其广泛。供应链核心企业同供应商和销售商结成联盟，同时又同许多部门、单位（如政府、研究机构、大学等）合作。知识协同可能涉及供应链内每一个员工以及供应链外任何其它组织。供应链知识协同的参加者必须一起紧密地工作，才能互相有效地学习交叉知识，更好地利用知识和创造出更有用的新知识。

现在，越来越多的组织更倾向于通过知识协同创造竞争优势，因为它有利于企业核心能力的培育，由此获取的竞争优势也最具有实质性和持久性。知识共享是由个体知识向组织知识转换的重要过程，只有通过共享才能形成供应链的知识平台。供应链知识协同尤其强调知识的共享与传播，通过供应链各业务单元间共享知识和信息，激活企业的隐性资产，实现供应链知识网络的正反馈而获得协同效应。但供应链的知识共享应该是有选择性的共享与传播，而非所有知识在成员企业中的共享与传播。因此，知识共享应该以知识的识别为前提，对于涉及到成员企业核心能力的知识通常不应该成为协同知识管理中共享与传播的对象。知识创新的协同方式比知识共享具有更高的收益，但却因之要付出更多学习和思考的时间与精力成本。它们二者也是密切相关的，知识共享是知识创新的基础，而知识创新后必须再次进行知识共享，才能产生良性循环，并进一步促进供应链协同效应的提高。

9.2.3 供应链协同的战略因素分析

目前供应链中的许多企业开始重视与其经营产品相关的上下游及同类企业之间的战略伙伴关系。供应链中企业在经营时，为了克服竞争上的劣势，分享彼此的资源，要求企业与战略伙伴发展良好的合作协同关系，达到双方共赢的目的，形成组织间的竞争优势[7]。

9.2.3.1 供应链协同的总体战略因素

供应链中企业协同的总体战略因素包括企业间的沟通因素、协同性外部因素和诚信因素：

（1）企业间的沟通因素。企业间的沟通因素影响供应链中企业合作协同组织和社会关系网络。供应链中企业网络组织或协会组织及社会关系网络，需要一种合作协同的关系。

(2) 协同性外部因素。供应链中企业不是单一、单体协同，可以是多项目、多业务、多战略的协同，是一种综合性强的协同。协同性质的强弱、大小受外界因素影响巨大。

(3) 诚信因素。供应链中企业合作协同中的最大问题就是诚信行为。相关的影响因素包括合作协同伙伴的相互信任，参与合作协同企业的数量，法律制度的健全，以及诚信基础上的控制手段等等。

9.2.3.2 供应链协同的具体战略因素

供应链中企业合作协同的具体战略因素可从外部因素和内部因素两方面进行分析。（如图9.2）

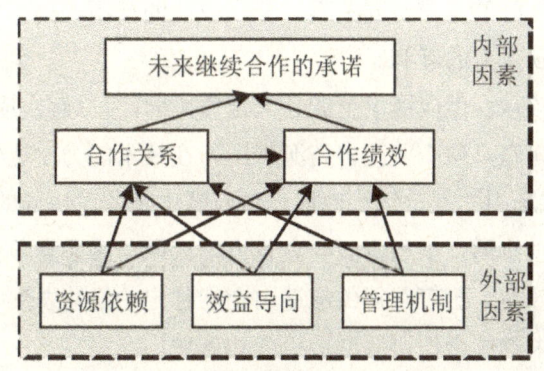

图 9.2　供应链协同的具体战略因素[7]

(1) 外部因素方面，影响企业供应链合作协同的具体战略因素主要有对资源的依赖性、效益导向性以及合作管理机制等内容：

■ 资源依赖，供应链协同的资源依赖主要表现在三个方面：

①资源互享性：供应链中企业合作协同能将彼此的资源、资金信息、市场技术、设备、管理技能研究开发能力等进行优势互补，实现资源共享；

②技术支持性：供应链中企业合作协同伙伴需要提供相互的技术支持；

③整合群体能力：供应链中企业合作协同可联合各种生产要素，优化资源配置，共同开发市场或参与某种市场竞争，整合群体优势与能力，达到互补或相乘的效果。

■ 效益导向，收益最大化是供应链中企业合作协同有效评判标准的重要内容。供应链中企业合作协同通过共同协议形成产供销效益，能够实现资源共享优势互补、分散风险、缩短产品研发和创新时间,从而达到减少企业投入资本,降低成本的目的。同时,合作协同可使企业迅速获得经营机会与战略优势,缩短实现产品价值的时间,提升流通效率,推动产品的转化进程。

■ 合作管理机制,供应链中企业合作协同在管理上较易产生问题和困难,所以供应链中企业合作协同应以协议、准则或机制来协调,保证合作协同之间的资源、知识、技术的共享,维持合作协同的有效性。

(2) 内部因素方面,影响企业供应链合作协同的具体战略因素主要有合作协同关系、合作协同绩效以及未来协同的绩效三方面的内容:

■ 合作协同关系,供应链中企业与伙伴间的资源依赖程度越高,就越倾向于与伙伴发展良好的合作协同关系,分享彼此的资源,提高对彼此合作协同成果的期望,达到双方的互利。

■ 合作协同绩效,供应链中企业寻求合作协同,可以解决成长过程中资源、技术欠缺等弱势问题,使企业改善资源供应,在技术能力上达到一个新的发展平台,巩固其在市场中的竞争优势地位。供应链中企业对协同的运作感到满意。供应链中企业通过协同,累积资源与竞争力,获取与维系竞争优势,不仅能获得较大的利益与效益,更可获得供应链中企业稳定的经营发展。合作协同热情有增无减,为未来继续合作协同创造机会和条件。

■ 未来协同的承诺,从供应链中企业合作协同具体战略的外部因素和内部因素的分析得到,供应链中企业若对合作协同的成果感到满意,或获得明显收益,将给未来合作协同打下基础并赢得机会,使供应链中企业愿意与目前的伙伴继续长期的合作协同,使未来合作协同行为得到承诺和保证,对企业长期发展有着重要的作用。

9.2.4 供应链协同效果评价

在供应链协同效果评价过程中,评价指标的确定是关键。从目前的研究成果看,绝大多数学者是针对供应链整体绩效来构建指标,专门针对供应链协同效果评价的指标体系还相对欠缺。针对具体行业供应链协同效果所设计的指标体系,或是针对供应链协同中某一方面所设计的指标体系,即使是比较全面的指标体系,其中的某些指标也不完全是供应链节点企业间协同的结果。供应链协同包括战略协同、业务流程协同、信息协同[15-16]。反映各种协同的指标及计算方法如下[17]：

（1）战略协同指标。供应链是由供应商、核心企业以及分销商等多个成员企业组成，每个企业的竞争战略可能会与供应链的竞争战略不一致。在战略不一致的情况下，如果各个企业只是朝自己的战略目标奋斗，最终可能会导致客户满意度下降和供应链整体竞争优势丧失。所以在评价供应链协同效果时，必须考虑节点企业的竞争战略与供应链战略的匹配性，两者的匹配程度越大，其协同效果越好，供应链整体取得良好绩效的机会也就越大。战略协同程度可通过战略匹配度来衡量，战略匹配度是一个定性指标，可通过专家评分法来确定。

（2）业务流程协同指标。节点企业业务流程的协同程度是供应链协同的重要组成部分，可通过以下几类指标来衡量：

①计划协同指标。做任何事情都需要有计划，供应链企业的业务流程也不例外，而预测是计划的第一步，供应链企业要按照预测进行生产、销售、库存等一系列活动，所以必须要保证预测结果尽量准确，预测准确程度将直接影响供应链节点企业间的业务协同。

②采购协同指标。其一，仓库平均利用率，它是个正指标，这个指标越高，说明物资在企业仓库中平均停留的时间越短，采购的效率越高，节点企业协同库存管理水平越高。其二平均采购周期，它反映了供应链响应市场的速度。在市场竞争日益激烈的今天，企业应该设法降低采购周期，因此上下游企业应该建立良好的合作关系，提高采购速度。

③生产协同指标。其一，物资平均准时交货率，准时交货率可以用一定时期内准时交货次数与总交货次数的百分比来表示。准时交货率越高，说明其协作配套的生产能力越强。其二，产品开发周期，它可以衡量产品开发的效率。产品开发周期是指从出现市场机遇到供应链生产出新产品，并取得销售收入的时间。其三，产品柔性或灵活性，供应链节点企业适应产品品种变化的能力大小可用产品柔性来表示，产品柔性可用一定时期内引进和开发新产品数量占产品总量的百分比来计算。

④分销协同指标。整个供应链企业的产销协同程度可用产销率来衡量，产销率是指一定时间内已销售出去的产品与已生产产品数量的比值。随着管理技术和设备水平的不断提高，所取时间段的单位越小，越能及时动态反映供应链

的经营状况以及资源(人、财、物、信息)的有效利用程度。

⑤售后服务协同指标。其一,产品综合合格率,即用一定时期内质量合格的产品数量与提供的产品总量的百分比来表示,反映供应商提供产品的质量水平。其二,响应速度。供需双方在合作过程中难免会出现不协调的问题,对这类问题处理速度越快,说明其敏捷性越强,协同程度也越高。响应速度可以用每件问题平均响应时间来衡量,也就是从问题出现到问题解决所需要的时间。

(3) 信息协同指标。在供应链中,由于信息传递的失真或延误所造成的不协同是不容忽视的,许多企业就是由于信息不对称,使得它不能快速响应市场需求的变化,从而造成严重的损失。在信息协同中,主要采用信息准确率和信息传递及时率两个指标。

①信息准确率。传递的信息是否准确,反映了信息处理的质量。只有依据正确的信息才能做出正确的决策。在供应链中,信息准确率越高,说明供需双方的协同程度越高。信息准确率可以用信息准确传递的次数占总传递次数的百分比来计算。

②信息传递及时率。这也是反映供应链协同程度的一个指标。如果信息传递不及时,则可能由于信息传递延误而造成决策上的失误,从而影响供应链节点企业合作的满意度。在协作过程中供应链企业应该在传递时间上达成协议,即多长时间应该传递一次信息,超过规定的时间传递的信息就列入不及时的信息行列。

9.3 供应链协同的过程建模与管理

供应链协同不仅仅局限于企业内各部门之间的过程,还包括节点企业之间的合作与协同。供应链协同的过程建模与管理提供了一种支持虚拟企业环境下对供应链成员各项活动进行调度和监控的机制,从而实现成员之间的协同工作。作为一种动态企业联盟,供应链协同管理和控制的难度增大。为了提高供应链的效率,必须建立高效的供应链过程管理模型,确保供应链在受控状态下运行。

9.3.1 供应链协同过程的特点

在传统企业管理模式下,一般按照部门功能来组织和管理产品活动,而现代供应链协同过程立足于产品的生命周期,它以产品为核心来组织和管理产品活动,通过成员之间的协同工作来完成整个供应链协同过程。供应链的协同过程是在信息技术支持下,以特定的资源约束为背景的任务流程。具体来说,供应链的协同过程具有如下特点[18]:

①递阶性和嵌套性。由于产品一般具有比较复杂的结构,产品实现过程涉及多个供应链成员企业,订单实现需要跨企业的协同过程才能完成,每个过程又可分解为若干子过程,表现为业务过程的递阶性和嵌套性。

②供应链任务之间关系的复杂性。在供应链中,各个成员承担不同的任务,成员之间需要进行密切的协作,任务之间存在复杂的关联关系。从信息流的角度来看,各项任务的执行涉及到产品数据流、过程信息流和组织信息流,这些信息流互相耦合,彼此关联。任务之间不仅存在时序逻辑联系,还存在复杂的层次和约束关系。

③协同过程的分布性。由于供应链是由分布在不同地点的企业组成,它们可能依靠局域网互联,也可能依靠广域网互联,因此开发过程是在计算机网络支持下分布进行的,这使得协同过程的组织、管理和协调更加困难。

④供应链组织的动态性。供应链成员组织的动态性表现在它因市场机遇和任务而创建,随市场机遇的消失而撤销,并且其成员组成随协同过程的进行而动态变化。

⑤供应链流程的不确定性。由于供应链的动态特性,使得开发流程变得复杂和不确定;另一方面,由于用户需求的不断变化导致企业必须同时考虑众多的个性化需求,而不同需求对应的产品开发流程并不完全相同,这就要求供应链过程模型具有一定的适应能力。

供应链协同过程表现为一定的层次性,这种层次性来源于任务过程的可分解性。目前有两种过程管理模式:集中式过程管理与事件驱动过程管理。集中式管理是指构成过程的若干个活动由过程负责人进行统一管理、监督与控制,确保过程能够按时、高效地完成,各个活动之间并不互相驱动,而主要由上一层管理模块进行统一的活动规划;但在实际供应链流程中,各个活动为了协同工作实际上存在一定的时序和约束关系,即各个活动的执行由一定的事件来驱动,整个业务过程构成了一个事件驱动的过程链,这种模式称为事件驱动的过程管理。该模式根据活动之间的逻辑关系决定每个活动是否开始执行,各个活动之间是一种松散耦合的关系。事件驱动的过程管理使供应链的流程具有一定的柔性,可以随着过程的进行而不断调整工作流程。

9.3.2 供应链协同过程建模

供应链各个成员具有相对独立性,它们基于某种市场机遇组合到一起。供应链的过程模型应该具有一定的柔性,成员之间是一种松散的联盟关系,故采用基于事件驱动的过程链描述供应链过程模型,同时利用工作流方法表达过程时序逻辑、过程信息的优势,将事件驱动的过程链映射为工作流模型。

事件驱动的过程链模型是一个五元组 $EPC(E,P,C,T,A)$,其中 E 是事件的有限集合;P 表达过程的有限集合;C 是过程链中逻辑连接的有限集合;T 表达一个函数映射,将过程链中的每个连接映射为 $\{AND,OR,XOR\}$ 中的元素,即 $T \in C \to \{AND,OR,XOR\}$;关系 A 表达过程链中的有向连接弧集合,即 $A \subseteq (E \times P) \cup (P \times E) \cup (E \times C) \cup (C \times E) \cup (P \times C) \cup (C \times P) \cup (C \times C)$。

假定 EPC 是一个事件驱动的过程链,从节点 n_1 到节点 n_k 的有向路由 path 是一个序列 $<n_1,n_2,\cdots,n_k>$,并且 $<n_i,n_{i+1}> \in A$,其中 $1 \le i \le k-1$;当且仅当对路由 path 中任意两个节点 n_i 和 n_j,如果 $i \ne j \Rightarrow n_i \ne n_j$ 成立,那么 path 是基本路由。对于过程链中的逻辑连接符集合 C,我们可以根据一定的标准对其进行划分,例如 C_{EP} 和 C_{PE} 就是 C 的一个分化,其中 C_{EP} 表示从事件节点到活动节点的逻辑连接符集合,C_{PE} 为活动节点到事件节点的连接符集合;基于连接符类型映射函数 T,C 也可被划分为 C_{AND}、C_{OR} 以及 C_{XOR};另外,根据逻辑连接符的入度和出度大小,C 可被划分为 C_{JOIN} 和 C_{SPLIT}。$N,C_{AND},C_{OR},C_{XOR},C_{JOIN},C_{SPLIT},C_{EP},C_{PE},Prec,Succ$ 定义为[19-23]:

- N 是过程链中的节点集,且 $N = E \cup P \cup C$;
- $C_{OR} = \{c \in C | T(c) = OR\}$;$C_{AND} = \{c \in C | T(c) = AND\}$;$C_{XOR} = \{c \in C | T(c) = XOR\}$;
- 对于 $n \in N$,$Prec(c) = \{m | (m,n) \in A\}$ 表示节点 c 的所有输入节点集合,$Succ(c) = \{m | (n,m) \in A\}$ 表示节点 c 的输出节点集合;
- $C_{JOIN} = \{c \in C | in(c) \ge 2\}$,表示所有入度大于或等于 2 的逻辑连接符集合。$C_{SPLIT} = \{c \in C | out(c) \ge 2\}$,表示所有出度大于或等于 2 的逻辑连接符集合;

- $C_{EP} \subseteq C$，节点$c \in C_{EP}$成立的条件是当且仅当存在一条路由 $path = <n_1, n_2, \cdots, n_{k-1}, n_k>$，满足$n_1 \in E, n_2, \cdots, n_{k-1} \in C, n_k \in P$，且$c \in \{n_2, \cdots, n_{k-1}\}$。

同理，$C_{PE} \subseteq C$，节点$c \in C_{PE}$成立的条件是当且仅当存在一条路由 $path = <n_1, n_2, \cdots, n_{k-1}, n_k>$，满足$n_1 \in P, n_2, \cdots, n_{k-1} \in C, n_k \in E$，且$c \in \{n_2, \cdots, n_{k-1}\}$。

贯穿于供应链各个成员之间的工作流程是一个非常复杂的过程，运用事件驱动的过程链对其进行建模是一种有效的方法，该方法基于事件驱动将各个成员的活动以一种松散耦合的方式联系起来。在供应链协同过程建模中，可以从事件驱动过程链模型入手，然后将过程链映射为工作流模型，进而为实现过程管理奠定基础。将过程链映射为工作流模型的重要原因是工作流具有表达过程逻辑、过程信息的优势，而且目前有许多实用的工作流软件系统，便于过程模型的实现。

事实上，过程链与工作流模型具有非常类似的基本要素，许多工作流建模都是从对过程的分析入手，建立事件过程链模型，由于过程链基于有向图模型，所以直观且容易理解。过程链与工作流模型之间的映射转化主要是事件集E、过程集P以及逻辑连接符集合C的转换，其中过程集P可直接与工作流的任务集T对应。在过程链中，事件是完成某一过程后的响应，并可激活其它过程，故事件实质上可作为过程执行的前提条件。如图9.3为过程链模型至工作流模型映射过程中事件的转换示例，假定$<p_i, e_{i+1}, p_{i+2}, e_{i+3}>$是一条有效路由，节点$p_i$和$p_{i+2}$可转换为工作流模型中的任务，则事件$e_{i+1}$可替换为形如"IF $p_i.finished$ AND $e_{i+1}.occurred$ THEN p_{i+2}"的转移条件。

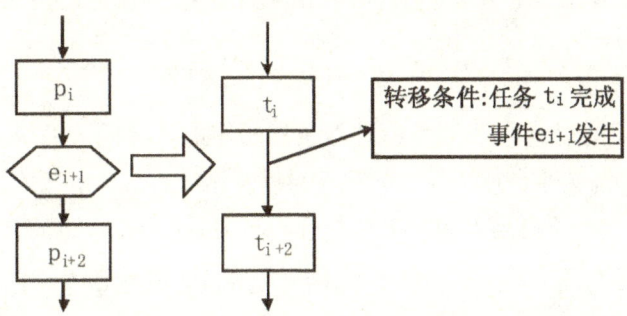

图9.3 过程链模型至工作流模型映射过程中事件的转换

9.3.3 供应链协同过程的工作流模型

供应链过程管理的特点要求其工作流具有相当的柔性和自适应性。由于供应链组织结构和协同过程的动态性，工作流程可能在执行过程中动态变化，表现在流程任务的组成、执行顺序以及参与人员等方面，这就要求工作流模型能适应这一特点。如前所述，首先建立事件驱动的过程链模型，然后映射转换为工作流模型是供应链协同过程建模的有效途径。在映射过程中，过程之间的逻辑连接符和事件被转换为过程或任务的启动条件和执行规则，故工作流模型应具有表达流程规则的能力，从而增强工作流的表达能力[21]。

9.3.3.1 任务对象及任务之间的关系

工作流步骤所对应任务的执行需要满足一定的条件，消耗一定的时间和资源。供应链协同过程中所有任务构成一个任务集：$T = \{t_1, t_2, \cdots, t_n\}$，则任务对象 $t_i \in T$ 可由下式定义：

$$t_i = (o_i^{in}, o_i^{out}, r_i^{trans}, c_i, actor_i)$$
$$s.t.\ c_i \rightarrow t_i,\ IN(o_i^{in}, t_i) = 1, OUT(t_i, o_i^{out}) = 1$$

其中：r_i^{trans} 是任务 t_i 的转移或路由规则；c_i 为 t_i 的执行约束，即只有当条件满足时，t_i 才能执行；$actor_i$ 为任务执行者；$o_i^{in} \subset O, o_i^{out} \subset O$，其中 O 为开发过程所有数据对象集，IN 是定义在 $O \times T$ 上的函数：$IN: O \times T \rightarrow \{0,1\}$，$IN(o_i^{in}, t_i) = 1$ 表示 o_i^{in} 是 t_i 的输入对象；类似地，$OUT: T \times O \rightarrow \{0,1\}$，$OUT(t_i, o_i^{out}) = 1$ 表示 o_i^{out} 是 t_i 的输出对象。

任务操作过程是将输入对象转换为输出对象的过程，对每个对象 $v \in O$，若将其看作一个变量，则 $DOM(v)$ 表示 v 的值域，因此任务 t_i 的执行过程可视为一个映射：

$$TE: \underset{v \in o_i^{in}}{\oplus} DOM(v) \rightarrow \underset{v \in o_i^{out}}{\oplus} DOM(v)$$

根据前面的讨论，用于表达过程执行顺序的任务间关系 R 可分为五类，即串行关系、与关系、或关系、异或关系以及循环关系。串行关系表示当一个任务完成后，另一个任务就可以开始执行。与关系：若 t_1, t_2 之间是"与"关系，则其后续任务 t_3 的启动条件 $\phi(t_3) = \xi(t_1) \cap \xi(t_2)$，其中 ξ 表示任务是否完成；若 t_1, t_2 之间是"或"关系，则后续任务 t_3 的启动条件 $\phi(t_3) = \xi(t_1) \cup \xi(t_2)$；

若 t_1, t_2 之间是"异或"关系，则后续任务 t_3 的启动条件 $\phi(t_3) = \xi(t_1) \otimes \xi(t_2)$；循环关系表达工作流中某一任务在一定条件下重复执行，在供应链协同过程中一般指设计过程的反复。

任务之间的包含关系是因任务分解产生的关系，它是降低任务执行难度并对任务进行管理的有效手段，即 $t = \sum_{i=1}^{n} t_i$，其中 t_i 为子任务。

9.3.3.2 基于路由规则和任务约束的工作流模型[22-23]

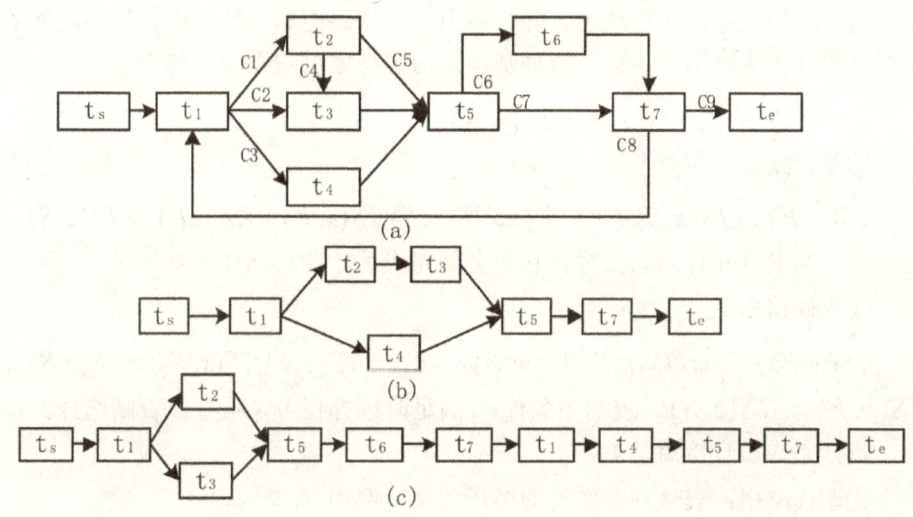

图 9.4 基于路由规则的工作流模型和实例

供应链的产品开发流程一方面有其规律性，同时又有动态性的特点，流程中的每一活动任务，都是在某种约束（如时间、资源约束等）下完成的。基于路由规则和任务约束的工作流模型将过程定义与实例运行进行某种程度的分离，工作流实例表示了工作流模型的一次运行过程。如图 9.4(a) 为基于路由规则的工作流模型示意图。根据流程运行时的实际情况，可得到不同的任务执行序列，例如 9.4(a) 和 9.4(b) 为两个工作流运行实例。在这里，用有向图来表示工作流模型和实例。有向图中的各个结点表示开发过程中的各个任务或者活动，有向边即路由，表示各个节点任务之间的路由关系。

路由规则 $rr \in RR$ 描述节点活动之间的控制关系，$rr = (id, n_i, n_o, C)$，其

中 id 表示路由名，n_i, n_o 表示路由的源节点和目的节点，C 表示路由条件，它可由多个条件组成的一个条件集合，如果规则条件满足，那当 n_i 节点任务执行完毕后，若 n_o 的约束满足，则 n_o 可以启动执行。若 $C = \varnothing$，则表明 $n_i \rightarrow n_o$ 为一条必经路由。每个路由规则均可表达如下：

$$TS(x,F) \wedge C_1 \wedge \cdots \wedge C_n \Rightarrow TS(y,S)$$

其中 TS 表达任务的状态，例如 $TS(x,F)$ 表示任务 x 处于完成状态，$TS(y,S)$ 表示任务 y 处于启动状态；工作流管理联盟定义了四种基本类型的任务路由结构模型：串行路由、并行路由、条件路由和迭代路由。任务之间的关系可通过基本路由来表达。四种基本路由模型通过规则表达如下：

①串行路由：$TS(x,F) \Rightarrow TS(y,S)$；

②并行路由：

$TS(w,F) \Rightarrow TS(x,S), TS(w,F) \Rightarrow TS(y,S), TS(x,F) \wedge TS(y,F) \Rightarrow TS(z,S)$

表示任务 x, y 可并行启动执行，它们全部完成后才能启动任务 z；

③条件路由：

$TS(w,F) \wedge C_1 \Rightarrow TS(x,S), TS(w,F) \wedge \neg C_1 \Rightarrow TS(y,S), TS(x,F) \Rightarrow TS(z,S)$，$TS(y,F) \Rightarrow TS(z,S)$，表明当条件 C_1 满足时选择任务 x 执行，否则选择 y 执行，执行完成后直接启动 z。

④迭代路由：表达任务之间的循环关系，例如

$TS(x,F) \wedge C_1 \Rightarrow TS(y,S), TS(x,F) \wedge \neg C_1 \Rightarrow TS(x,S)$，如果条件 C_1 满足，则执行 y，否则重复执行 x。

任务约束 $tc \in TC$ 用于描述任务启动执行所必须满足的前提条件，包括时间约束和任务约束两类约束：时间约束用于限定节点活动的启动时间，例如任务 B 必须在任务 A 完成一天后才能开始执行；在产品开发流程中，各个任务的执行都会使用各种资源，例如设备、资金、文档甚至设计参数变量等等，资源约束就用于表达任务执行所需要的各种资源。资源的使用方式分为独占方式和共享方式。

由于供应链协同过程的递阶性和嵌套性，将工作流程中的节点分为简单任务和复杂过程两种类型，任务对应工作流的一个步骤，过程节点是任务的有序集合，也可看作是子流程。简单活动结点是不能再分的节点，它是最小处理单元。过程结点是可以细化为另一个过程的结点，过程活动结点执行时，相应会

启动另外一个子流程，只有在该流程执行结束后，该节点才能结束工作并进行提交。每个工作流均具有开始和结束节点，表示流程的开始与完成，不代表具体的可执行步骤，不对应实际开发活动。

工作流模型只是对供应链协同过程的静态描述，在执行过程中需要逐步被实例化，过程管理系统执行的是工作流实例。流程实例并不一定包含工作流模型中的所有任务节点，根据执行过程中实际情况的变化，流程实例的实际执行路径可动态变化，这些变化通过路由规则来表达。这个特征使得工作流具有一定的自适应性，满足了协同产品供应链的柔性过程管理要求。

9.3.4 基于工作流和任务流的供应链过程管理

9.3.4.1 供应链协同过程中的任务流

供应链任务经过不断分解，形成了一个任务分解树。任务树可以描述任务的全部隶属关系，却不能够表示同一层次上任务之间的作用关系，而工作流模型虽然可以表达任务之间的联系，但是无法表达不同层次之间的组成关系。任务流就是用于供应链协同过程管理中全部任务的综合描述，它表达了多个任务分解过程的组合关系，故任务流可以表达不同层次上的任务及其相互关系。

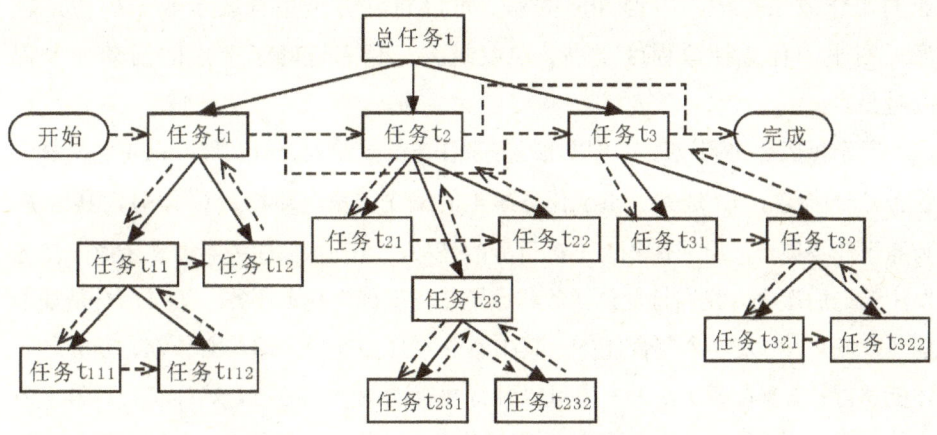

图 9.5 基于任务分解的产品开发任务流示意图

任务流可定义为描述整个供应链协同过程中不同粒度的全部任务集合上的一个关系，若任务集合为 T，则任务流 R_{tf} 定义为：$R_{tf} = \{(x, y, r_{xy}) | x \in T, y \in T\}$，其中 $x, y \notin \varnothing$，r_{xy} 为两个任务的关系类型，分为分解隶属关系和次序关系。供应

链协同过程中的任务流是关于任务的一个层次化网络结构，任务的每一次分解都是从一个较高的、抽象的层次进入到一个较低的、具体的层次，随着开发过程的不断推进，任务也在不断的分解细化之中，对应的设计对象同时不断进化，产品方案逐渐丰富和完善。

9.3.4.2 基于任务分解的任务流管理[21]

为了表达和管理供应链的任务流，本节讨论基于任务分解与分层递阶结构的开发过程模型。若任务 t 可以分解为相互依赖的若干个部分，其中每一部分都称为任务 t 的子任务，若 t_s 是 t 的子任务，则记为 $Sub(t, t_s)$。根任务是没有父任务的任务。原子任务是没有子任务的任务。父任务的粒度比其子任务的粒度大。

供应链协同过程在开始规划和执行时，需要考虑的任务粒度较大，但随着过程的不断执行，任务逐渐分解细化。在供应链中，负责总体协调的开发流程往往由较大粒度的任务组成。这些粒度较大的任务，可能由另一些子流程细化后分解执行。这种模型与供应链的运作模式是一致的，单独一个企业的工作流程不可能完成所有的开发制造活动，可以将需要转包给其它成员企业或部门完成的任务视为一个整体，其细化分解要通过其它企业的工作流来完成。根据 Sub 关系，可以将任务全集合表示成一棵树，越靠近树根的任务抽象程度越高，粒度越大，越靠近叶子节点的活动抽象程度越低。

复杂供应链协同过程，可以通过复杂任务的一系列分解实现。首先定义复合任务 t^C 的概念，t^C 是关于原子任务集上的偏序关系，即 $t^C = (T_a, \prec)$，其中 T_a 为原子任务集合，原子任务为不可再分的任务，$\prec$ 表示偏序关系，表示原子任务发生的先后次序。我们将复合任务和原子任务统称为基本任务。如果 t_i, t_j 是基本任务，则 $t_i \wedge t_j$ 是一个复合任务，其中 $\wedge$ 表示任务连接，即 t_j 必须在 t_i 完成之后才能执行；$t_i \vee t_j$ 表示 t_j 和 t_i 为可以并行执行的两个任务；$t_i \otimes t_j$ 表示 t_j 和 t_i 为可选任务，根据规则选择而且仅能选择其中一个执行。如图 9.5 为基于任务分解的任务流示意图，其任务分解如下：

$$t_1 = t_{11} \wedge t_{12} = (t_{111} \wedge t_{112}) \wedge t_{12}；$$

$$t_2 = (t_{21} \wedge t_{22}) \vee t_{23} = (t_{21} \wedge t_{22}) \vee (t_{231} \otimes t_{232})；$$

$$t_3 = t_{31} \wedge t_{32} = t_{31} \wedge (t_{321} \wedge t_{322})$$

通过任务分解形成多层递阶的过程模型有利于对供应链协同过程的管理。整个开发过程需要在一个高层工作流的控制下，由多个子流程协同完成，不同粒度的任务被分配给不同的供应链成员。采用这种任务分解和工作流相结合的方法，把传统的以原子活动为分配单位的做法变成以任意粒度的任务为分配单位。对于供应链的产品开发流程，在规划时要考虑的任务粒度往往比独立企业开发过程粒度大一些，每一任务的分解执行交给低层次工作流来完成。如果需要的话，这种分解过程还可以继续下去，这种分层递阶的体系结构有利于供应链的快速重构，有利于单个工作流程执行复杂度的降低，从而增强了供应链协同过程的柔性和适应性。

9.3.4.3 供应链协同过程管理实现方法

供应链的动态性要求企业能够根据市场环境的改变而不断重构其供应链协同过程，通过供应链成员之间的协同和协作，以快速响应市场机遇。这种特点要求供应链的过程模型具有一定的敏捷性和适应性，而且由于供应链涉及多个合作成员部门或协作企业，使得开发过程呈现异构性和分布性。事件驱动的过程链由于其较强的模型描述能力和易读性等特点，可作为供应链协同过程的有效建模方法；在具体实现中，采用基于路由规则和任务约束的工作流模型使开发过程具有较强的灵活性，通过定义规则和约束使开发流程根据具体环境不断调整。基于任务逐级分解的任务流与分层递阶的供应链体系结构相适应，通过工作流之间的调用降低了过程管理控制的复杂度。

与供应链组织结构类似，其过程管理是一种分层结构，最高层是供应链全局工作流模型，它拥有关于供应链协同过程全局的信息，具有工作流应用和流程路由控制规则，其主要任务是定义总体的供应链协同过程视图，并划分供应链成员之间的任务流程。根据任务分解方案，将任务动态地分配给下一级成员执行。供应链次级成员根据高层工作流的任务分派，分别承担不同的子工作流程，子流程只拥有局部过程视图。供应链次级成员可以根据自身的实际情况，按照部门和应用领域来配置自己的开发子流程，并定义相应的路由规则和任务约束。图9.6为基于工作流和任务流的开发过程管理示意图，在全局工作流的控制下，通过任务的层层分解以及工作流之间的调用实现对开发过程的管理。在工作流实例执行过程中，若有任务需要分解，则可由任务执行者对其进行分解分配给下级供应链成员。

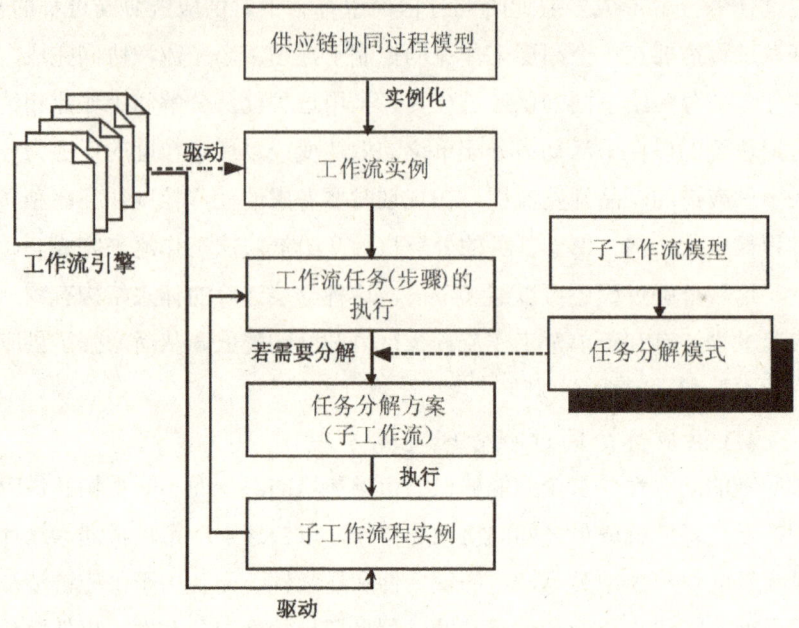

图 9.6 基于工作流和任务流的供应链协同过程管理

9.4 供应链协同知识创新

9.4.1 供应链协同创新的概念及流程

9.4.1.1 供应链协同创新的内涵

由于企业可用资源的有限性,以及客户需求的日益个性化和产品生命周期的缩短,企业很难完全依靠自身力量快速开发出越来越复杂的产品来满足市场和客户的需求,这就势必要求供应链中的企业在创新方面开展更加广泛的协同,这种协同不应仅仅是成员企业机器设备等资源的简单连接,更重要的是能够有效地整合企业创新所需的各种资源和能力,从而实现协同创新。供应链企业间的协同创新是以适应市场变化、快速响应客户需求为出发点,以供应商、制造商、销售商、物流服务提供商和客户在产品设计、产品制造、产品运输、市场营销等方面全方位的协同创新为手段,以提高成员企业的利益为最终目标,从而提高整个供应链创造力和竞争力的创新活动过程[24]。

供应链企业间协同创新的关键在于供应链上的所有成员企业(包括客户)

要在产品设计、制造、运输、市场营销等整个产品生命周期上实现协同。在整个创新过程中,强调的是协同工作、快速响应,并把时间看作获取竞争优势的重要来源。在整个协同创新过程中,每个成员企业均发挥自身的核心能力,实现供应链成员企业间知识资源的互补和资产的互补。通过协同创新,供应链成员企业提高了新产品、新技术的创新能力和创新效率,也提高了新产品的市场营销能力和物流运输的效率,从而提高了成员企业的收益和客户的满意度。与此同时,成员企业通过协同创新可以分担创新成本,降低单个企业创新的风险,从而实现成员企业和客户的多赢。

9.4.1.2 供应链企业间协同创新流程

供应链企业间的协同创新之所以能够快速响应客户需求,提高整个供应链的创造力和竞争力,其关键之处在于协同创新强调各创新环节的并行化、创新资源的集成化、成员企业创新行为的协同化。其协同创新的流程如图9.7所示。

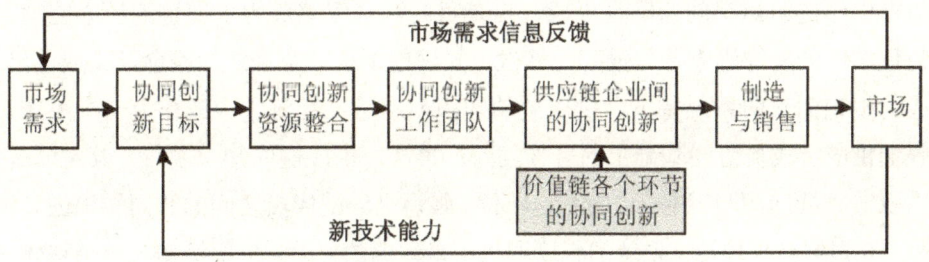

图 9.7 供应链协同创新的一般流程

供应链企业间的协同创新是以市场需求为导向,在掌握了最新的市场需求信息后,就需要确立供应链企业间协同创新的目标,如创新产品所需实现的新功能、产品成本的降低程度、客户需求响应速度的提高程度等。在制定协同创新目标的同时,还需要进行创新的可行性评估,包括协同创新的技术可行性、创新产品的预期经济性评估等。

在协同创新目标的指导下,整合供应链中供应商、制造商、销售商、物流服务提供商乃至客户在相关环节上的优势资源,并由各节点企业(包括客户)指派相关人员组成协同创新工作团队来进行供应链企业间的协同创新,主要包括产品、原材料和零部件、市场营销、需求、物流运输的协同创新。随后,通过制造和销售环节把创新产品投入市场,由市场来检验创新产品的价值大小,并反馈各种新的市场需求信息。由于科学的发展和技术的进步,供应链的节点企业还应获取相关环节各种技术的最新发展信息,掌握新的技术能力来提高各个协同创新环节的效率,并根据新的市场需求信息和新的技术能力来制定和修正协同创新的目标,确保创新想法切实可行。供应链企业间协同创新的流程即是上述过程的循环往复、逐步发展,从而确保协同创新能够持续进行。

9.4.2 基于价值链的供应链知识创新

9.4.2.1 价值链理论与供应链知识创新

价值链理论认为组织的发展不只是要增加价值,而且要重新创造价值,在价值链系统,不同的业务单元需要协作,组织内部各项活动需要优化组合与协调,从而为组织创造更大的价值。基于价值链模型框架的供应链知识创新研究,一方面可以对供应链的知识创新起到指导作用;另一方面,可以确立知识创新对于供应链获取竞争优势的价值。

供应链的知识创新既是手段,也是目的,它应该成为供应链的核心能力,为供应链带来价值成长与报酬;其次,知识创新是一个系统的概念,集成性已成为知识创新的系统特征,供应链的知识创新研究是将供应链作为一个系统,强调供应链成员协同基础上的合作创新;再次,供应链的知识创新,其主体是供应链成员,以供应链成员为基本单位,强调供应链成员之间的协同知识创新;另外,根据约束理论,系统的强度取决于最薄弱的环节,供应链作为一个整体,其创新能力并不取决于最强的成员,相反会受到能力最弱的成员限制。因此,在增强供应链成员各自知识创新能力的基础上,强调供应链成员之间知识创新能力的匹配极为关键。

9.4.2.2 供应链知识创新基本过过程

知识经济时代,产品和服务越来越被看作是一种知识,供应链成员之间的联合服务正成为比产品自身更具重要价值的决定性要素,各类交易越来越建立在知识分工和交换的基础上。在这样的背景下,知识将供应链成员紧密地联结在一起。因此,供应链知识创新应该通过整合供应链成员伙伴的知识资源,使其达到相互配合与协调,以实现供应链整体最优。供应链实质上不仅是一条连接供应商到用户的物流链、信息链、资金链,更是一条重要的价值链。根据价值链观点,供应链协同的知识创新基本过程划分为4个阶段:知识创造、知识转移、知识应用与知识保护。其中，知识创新是一个难以真正分割成为明确的几部分的整体行为，其辅助性环节包括供应链成员协同、信息技术、知识创新网络和知识管理。通过辅助性环节对知识创新的基本过程加以支持与关联，实现供应链协同知识创新，以获得供应链的竞争优势。

9.4.3 供应链协同知识创新辅助环节

9.4.3.1 供应链成员的协同

协同是系统内部各组成要素之间的和谐状态，供应链的知识创新是供应链成员之间交互作用的过程，同时涉及创新主体、与创新主体有关的供应链上下游成员等的并行活动。各创新主体必须打破狭隘的阶段限制，强调成员之间的协同与合作，转而从创新整体效益最大化的高度来审视自己的主体作用。供应链成员之间的协同是建立在相互信任基础上的互惠合作，描述如下：

假设供应链在其生存域 X_f 中，F 为成员集合，每个成员独立知识创新所得收益为 $P_B(X_f)$，协同知识创新后所得总收益为 $P(\oiint\limits_{f \in F} X_f)$，分配给每个成员的收益为 $P_A(\oiint X_f)$，当且仅当 $P(\oiint\limits_{f \in F} X_f) > \sum\limits_{f \in F} P_B(X_f)$ 和 $P_A(\oiint X_f) > P_B(X_f)$ 时，供应链才具有协同创新的前提基础。

9.4.3.2 信息技术

当遇到来自行业的高层次竞争和压力时，许多组织不可避免地转向信息技术（IT），IT 使得组织许多常规活动得以自动化，因而减轻了组织运作存在的许多冗余。工业时代正让位于信息时代，IT 基础设施的重要性正取代物质基础设施。供应链协同知识创新需要通过 IT 进行固化和支撑。

支持供应链协同知识创新的信息技术至少需要包括供应链外部和内部的信息处理工具、用于生成知识的分析工具、用于协同工作的群件工具、供应链的信息和网络内容管理工具（网络浏览器和搜索引擎）、推拉技术、智能代理技术、基于案例的推理技术、对象数据库、文件管理系统以及流程管理工具等。信息技术通过支撑知识创新的基本过程，促进了供应链成员协同合作，提高了知识创新的效率。

9.4.3.3 供应链的知识创新网络

现代科技发展的特征是其知识领域之间的交互作用。因此,单个供应链成员不可能跟随所有相关科技的发展,也不能存在于任何一个网络之外。供应链协同知识创新必须不断寻求外部知识资源,通过创新主体之间的协同创新网络,协调知识创新活动。供应链的知识创新网络可用图 9.8 表示。

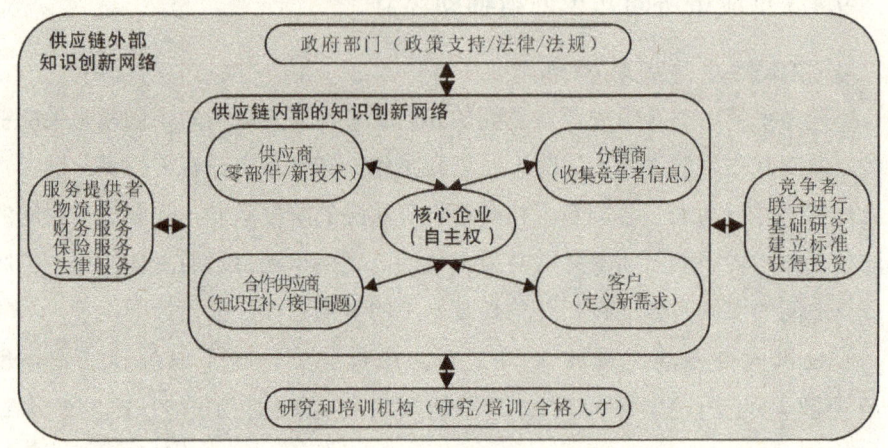

图 9.8 供应链协同的知识创新网络

供应链协同的知识创新网络体现了来自不同资源和领域的知识跨越空间和时间的整合,有效地弥补了核心组织自身知识的不足,克服了知识供应主体与知识使用主体之间存在的知识缺口[25]。知识创新网络在协同供应链成员的基础上,通过加强与供应链外部组织的合作与联系,增加供应链的知识带宽,以提高供应链的知识存量与创新能力。

9.4.4 供应链协同创新的关键问题

供应链企业间协同创新涉及到供应链上的所有成员企业(包括客户)在整个产品生命周期上的协同,成功的协同创新可以为成员企业带来经济效益、提高企业乃至整个供应链的创造力和竞争力,但要实现协同创新并不容易,存在不少困难和问题。

(1) 知识共享问题。供应链企业间的协同创新要想取得成功就必须进行知识共享,企业间只有共享创新过程中的各种知识、技术,才能实现协同创新,形成竞争优势。因此知识共享对协同创新的成败具有举足轻重的作用。企业间的知识共享强调各成员企业都要专注于提供自身独特的知识资源,通过成员企业间的知识流动获取知识或通过这些知识有机组合创造出新知识,促进企业间的相互学习,真正实现供应链企业间的协同创新。

(2) 核心知识的保密问题。在协同创新的过程中,存在着各种知识、技术在供应链企业间的传递流动,其中也包括各成员企业的一些核心知识和技术,这些核心知识和技术往往是某个成员企业的竞争优势所在。因此,协同创新的过程中存在着核心知识、技术对外的安全保密问题。如果不能解决好保密问题,成员企业可能会为了防止在协同创新中丧失竞争优势,隐瞒一些核心的知识、技术信息,从而影响协同创新预期目标的实现。

(3) 知识产权的归属问题。协同创新涉及供应链所有成员企业(包括客户)的协同,在创新过程中各个企业提供不同的资源和专有技术、知识、技能等,在协同创新的全过程或某些环节共同投入、共同参与,从而产生一些创新知识成果,如技术、工艺的新知识。由于协同创新过程中各方投入的资产主要是知识资产,且各方在合作中的贡献难以计量,从而产生了协同创新过程中形成的知识资产的产权归属问题,如何解决好知识产权的归属问题十分重要。

上述三个方面的问题本质上都与供应链知识管理相关。知识管理问题对于供应链协同创新而言相当重要。知识管理可以提高现有供应链管理的绩效,在供应链竞争的时代,供应链的知识管理水平直接决定了供应链知识资源的利用能力。首先,持续的知识创新是供应链在全球市场竞争的关键武器,知识管理作为知识创新必不可少的手段,它是启动知识创新过程的前提条件;其次,知识管理关注知识的扩散和转移,而这是知识创新成果转化为现实生产力的桥梁。信息网络构建的目的是实现知识的共享与传播,这是知识管理的核心,信息网络不仅将供应链成员联系在一起,还与供应链外部网络联接,以扩展网络联系的范围,联盟文化是供应链协同知识创新的价值观基础。

9.5 供应链协同中的知识管理

9.5.1 知识共享与供应链协同

从协同的观点出发,知识共享价值需要与供应链整体目标以及协同目标相结合。协同必定需要知识共享,而且知识共享的目的在于协同。供应链协同中参与者之间的交互可直接归结为知识的共享和传递。知识共享通常被认作是解决供应链问题的良方,但当单个供应链成员只注重自己的绩效评估而不是供应链整体的利益时,这种知识共享并不能完全解决问题。协同需要知识的支持,知识掌握得越多越有利于决策的完善,能更有效地进行资源配置。但是考虑其他因素,当共享知识过多时,知识处理与协同工作量将加大,搜寻成本、处理成本将大幅上升;信息交流过多,由于时间、决策上的延迟,实际上也影响到协同程度的提高。总之,协同而不进行知识共享,协同就是无本之木,无源之水;知识共享而不加以协同,知识共享的价值就得不到真实的体现,不可能实现供应链整体的优化。

9.5.2 供应链协同中的知识流动分析

供应链协同管理中各节点企业间的联系错综复杂,这些联系不仅仅体现在物流和资金流上,而且体现在他们之间还产生着与物流、资金流密切相关的信息流、知识流,在供应链的每个环节都蕴藏着大量有价值的知识,能够为企业、为供应链带来更多的收益。随着信息技术的广泛应用,知识的传播速度加快、范围扩大,知识流成为继物流、资金流和信息流之后供应链的重要要素,知识日益成为约束供应链的整体运作效率的关键要素之一。供应链协同管理中,知识在各节点企业间不停流动,促进节点企业的知识交流与合作,经常化、大量化的知识流是供应链高效运行的纽带和桥梁[26]。

(1) 基于供应链业务流程的知识转移。供应链企业间伴随业务流程的知识转移是供应链中最频繁的知识流动形式,也是知识流动的最直接的途径。供应链各节点企业组成一种网络式联合体,这一协同网络建立的是一种跨企业的协作,业务流程中各个环节的不同主体都拥有纷繁复杂的显性和隐性知识,知识随着业务流程的展开在供应链各节点企业间进行流动,这就要求重视供应链中涉及不同主体的知识的积累和流动。

(2) 供应链企业间的技术合作。供应链协同要求各节点企业树立"共赢"意识,在信任、承诺和弹性协议的基础上进行合作,实现信息交流和知识创新成果的共享,并逐步建立起企业间的技术知识联盟,利用企业各自的优势资源,达到优势互补、合作创新的目的。技术合作本身就是一种知识的交流,供应链企业间的技术合作是供应链中知识流动的重要形式。知识交流的效果可以通过创新的产品和供应链效率的提高来反映。

（3）供应链企业间的人才交流。人才交流是供应链企业间知识流动的另一个重要渠道。个人是重要的知识源，也是重要的知识载体。因此，带有专业技能、经验和创新意识的人员有效流动，可以为企业的发展增添活力。人才本身是知识，特别是隐性知识的载体，而隐性知识比显性知识更能为企业带来难以模仿和学习的核心竞争优势。因此，拥有独特知识的人员的流动有助于提高供应链中劳动力的整体知识技能水平，促进供应链的整体创新能力。

（4）供应链企业间的知识产权转让。知识产权属于知识型资产，在一定程度上代表了同时期最先进的生产技术水平和企业创新能力，其交流与传播比较容易进行。供应链企业间的关系是战略合作伙伴关系，各节点企业在保护本企业核心知识的同时把知识产权转让给其他节点企业，企业通过引进别的企业的专利知识提高生产能力，创造良好的效应，使得供应链整体能够在较短时间内较大幅度地提高知识协作创新能力，进而增强其核心竞争力。

9.5.3 供应链知识共享的影响因素分析

供应链协同中的知识共享是一个动态的复杂过程，而供应链各节点企业又是独立的法人实体，所以在知识共享中受到诸多内外因素的制约，具体如下[26]：

（1）知识自身不利于共享的固有特性。在供应链协同管理的知识共享中，很显然，知识共享的对象是知识，通过共享可以带来很大的收益，但目前一般组织知识共享的效果却不是很明显，主要是因为知识资源也有不利于共享的一面。

（2）缺乏高效的知识共享平台。缺乏知识共享的渠道和技术支持是供应链建立知识共享机制、推行知识共享中的较大障碍。供应链的协同是以信息的自由交流、知识创新成果的共享为目标的，然而供应链各节点企业的知识管理系统又是独立和分散的，在知识的存储方式、传播形式和手段上存在着各种差异，没有统一的知识共享平台。

（3）健全的知识管理体系。供应链各企业都应有健全的知识管理体系、有一定的知识存量、信息基础设施完善、知识编码化程度高、员工能力素质高、企业文化和经营理念一致等。如果有知识共享能力太差的企业存在，导致企业间缺乏知识沟通，知识接收方很难理解知识提供方所共享的知识，不仅降低知识共享的效率，而且其他企业共享知识的积极性也会受到影响。

（4）企业间的信任程度。知识共享是需要相互合作和相互依赖的供应链中多个节点企业间的知识交互活动，所以企业间的信任程度直接影响了知识共享内容的层次。企业间的信任程度反映在知识共享的意愿上，合作方之间的关系越亲密、越长久，知识拥有者就愿意把知识共享给知识接收者。相互间的信任可以在一定程度上避免机会主义行为的产生，同时增强双方的交互程度和了解，使得知识更容易在企业间流动。

（5）知识共享后的利益分配。供应链协同是以核心企业为中心进行的，整个协同工作和知识共享过程极其耗时，代价巨大。如何分配协同中所产生的利益是一个比较重要的问题，否则部分企业可能不愿将知识进行共享，而是通过自己掌握而其他企业无法掌握的知识在利益分配中获得强势地位。若没有一套有效的激励机制进行引导，供应链中的知识共享难以自发地产生，在很大程度上抑制了企业进行知识共享的意愿，从而影响到供应链协同管理环境下知识共享的持久性和有效性。

9.5.4 供应链知识管理的自组织特性

供应链知识管理主体包括了企业内部个人、部门，供应链上的节点企业，以及整个供应链等。耗散结构理论认为自组织的产生有四个前提包括系统的开放性、诸要素远离平衡、要素间非线性及存在涨落。而供应链知识管理是一个复杂的系统，系统内部的多层次、多单元、多功能和多目标的复杂性、非线性和非确定性以及各要素的交互作用，使得供应链知识管理具有自组织的特性[27]。

（1）供应链知识管理系统是开放的、远离平衡状态的系统。供应链知识管理系统是开放的，供应链成员企业与供应链环境之间存在着以信息为载体的知识流动。新经济时代信息技术的迅速发展，互联网络、电子商务的出现，为供应链知识管理创造了良好的外部环境条件，这种外部条件正是影响系统进行自组织和演化方向的外参量。供应链知识管理系统在外部环境条件作用下，组织协同合作，自发形成有序的良性循环，与外界进行物质、能量、信息交换，体现了系统的开放性。

供应链知识管理只有远离平衡态才能产生一种稳定的自组织结构。供应链知识管理系统重视知识的交流与扩散，使个体知识为组织成员所共享，将零散的知识资源整合成强有力的知识力量，并且强调知识创新，认为创新是知识管理的核心。正是由于供应链知识管理强调创新、鼓励知识共享，打破了传统企业生产经营的旧观念和旧平衡状况，才使供应链知识管理系统远离平衡态。

（2）供应链知识管理各要素具有动态的非线性特性。所谓非线性是指复杂系统中诸要素不是简单地进行数量叠加，而是随时间、地点和条件的不同，呈现出不同的相互作用方式和效应。系统要达到高度有序，必须通过系统内部非线性相互作用产生的自组织效应来完成。供应链知识管理是一个涉及多因素、远离平衡态、开放的复杂系统，各要素之间必然存在着非线性关系。

（3）供应链知识管理系统存在涨落和失衡。系统中涨落是普遍存在的，涨落是系统某个变量或某种行为对平衡值的偏离。通过涨落被放大，成为巨涨落，系统得以实现从无序到有序的转化、从低级有序向高级有序的转化。同时，开放系统的稳定也都是动态的稳定而非静态的稳定，随着系统通过失去稳定再重新建立起新的稳定，系统得以实现进化。

知识管理强调的知识创新促使整个供应链系统状态的不断改变，通过系统内部的非线性相互作用迅速扩大、传递，从而产生自组织效应宏观上的"巨涨落"，同时系统自觉放大有利于自身发展的涨落，增大正反馈，减弱负反馈，进而导致企业整体发生质变，形成新的有序结构，求得新的发展。实质上，供应链知识管理的产生、发展都是为了适应不断发展变化的环境，为了更好地满足企业适应日益复杂的竞争环境的需要，是一个与环境不断竞争和妥协的复杂动态过程。未来的市场环境是不断变化的，随着环境的不断变化，供应链知识管理会通过自组织过程在原有基础上不断演化，出现新的结构、功能和状态，进而会有旧有系统的淘汰和新的更高级系统的出现。

本章小结

本章主要研究供应链协同机制及知识管理在协同过程中的作用。从信息协同、知识协同、战略因素、协同生命周期等方面分析了供应链的协同机制，供应链作为一个战略合作联盟，其宏观层面的协同表现为对协同过程的控制，本章建立了协同过程的管理和控制模型;提高创新能力是供应链协同和知识管理的重要目的,本章研究了基于价值链的供应链知识创新模型。

参考文献

[1] 傅少川,陈钟.供应链合作伙伴达到协同的根本动因分析[J].物流技术,2007,26(03):67-69.

[2] 万会奇.供应链的组织协同问题研究[D].合肥:合肥工业大学硕士学位论文,2005.

[3] 程国平.供应链管理中的协同问题研究[D].天津:天津大学博士学位论文,2004.

[4] 刘昆雄,杨文奎.面向创新型国家的知识信息服务系统协同运行研究[J].图书馆学研究,2008(11):70-73.

[5] 张巍,张旭梅,肖剑.供应链企业间的协同创新及收益分配研究[J].研究与发展管理,2008,20(04):81-88.

[6] 张翠华,周红,赵淼.供应链协同的因素模型及对我国的启示[J].现代管理科学,2005,(06):53-54.

[7] 陈钦兰.供应链中企业合作协同的战略因素研究[J].山西财经大学学报,2007,29(03):83-88.

[8] 路永和,邹一秀,杨亮.供应链协同决策问题的探讨[J].物流科技,2006,29(130):116-119.

[9] 张萍,陈幼平,袁楚明,周祖德.供应链协同决策及分布协同机制研究[J].制造业自动化,2007,29(11):28-31.

[10] 李玲鞠.供应链管理信息系统中的信息协同效应分析[J].情报科学,2006,(01):100-103.

[11] 李静宜.协同采购[J].企业管理,2009,(04):92-93.

[12] 吴冰,刘仲英,赵林度.供应链协同的知识转移研究[J].情报杂志,2008,(01):15-17.

[13] 陆杉.论供应链知识协同.现代管理科学[J].现代管理科学,2008,(09):117-119.

[14] 刘勇军,聂规划.基于语义网的物流知识协同模式研究[J].武汉理工大学学报(信息与管理工程版),2006,(09):11-14.

[15] 张翠华,周红,赵淼,常广庶.供应链协同绩效评价及其应用[J].东北大学学报(自然科学版),2006,27(06):706-708.

[16] 付金龙.供应链协同效果评价研究[D].辽宁:辽宁工程技术大学硕士学位论文,2005.

[17] 周荣辅,赵俊仙.供应链协同效果评价指标体系的构建[J].统计与决策,2008,(13):64-66.

[18] 张劲松.虚拟企业环境下的协同产品开发链[M].武汉:华中科技大学出版社,2007.

[19] 张劲松,薛春芳,钟毅芳.基于过程链的产品开发过程建模研究[J].华中科技大学学报(自然科学版),2005,(05):64-66.

[20] 张劲松,钟毅芳.事件驱动的开发过程管理研究[J].计算机工程与应用,2006,(24):94-97.

[21] 张劲松.协同产品开发链及其若干关键技术研究[D].武汉:华中科技大学博士学位论文,2004.

[22] 张劲松,薛春芳,万立.基于规则和约束的多层递阶产品开发过程管理[J].华中科技大学学报(自然科学版),2005(10):43-46.

[23] 张劲松,郑双怡.基于任务路由条件的柔性开发过程控制模型[J].计算机工程,2007,(07):4-7.

[24] 杨瑾,尤建新,蔡依平.供应链企业在协同知识创造中的合作决策研究[J].科学学与科学技术管理,2006,(04):149-154.

[25] 王悦.基于知识链的供应链协同知识创新模式研究[J].工业技术经济,2009,(01):125-128.

[26] 顾兢晶.供应链协同管理中知识共享机制的研究[D].合肥:合肥工业大学硕士学位论文,2007.

[27] 吴应良,肖万程,王舒军,钱建农.供应链知识管理系统的自组织分析[J].系统科学学报,2006,14(3):83-87.

[28] 董敏琴,常立农,吴文华.知识型企业知识经营的自组织分析[J].软科学,2002,(05):79-82.

[29] 杜鹃,张李义.基于协同商务的知识管理研究[J].科技进步与对策,2004(02):118-120.

[30] 李伟刚,莫蓉,杨海成等.支持跨企业协同产品开发的过程模型[J].计算机集成制造系统,2002,8(05):351-355.

[31] 袁清珂,何圣华,李炳田.基于网络化制造个性化产品协同定制系统的研究[J].机电工程技术,2004,33(01):16-18.

[32] 史美林.协同科学的新发展:CSCW[J].通信学报,1999,20(09):1-3

[33] 刘立骐,田华,许维胜等.CSCW研究理论及其应用[J].信息与控制,1998,27(03):190-196

[34] 陈献国.基于Internet的分布式协同产品设计[D].西安:西安交通大学,2003.

[35] 张成洪,严正,宋亮.协同商务环境下的知识共享框架[J].复旦学报(自然科学版),2003,42(5):755-760.

[36] 周和荣,李海婴.敏捷企业协同模型及机理研究[J].武汉理工大学学报(信息与管理工程版),2003,25(6):148-152.

[37] Salhieh SE. *Collaboration planning framework (CPF) to support distributed product development*[J]. Journal of Intelligent Manufacturing, 2003,14(6):581-579.

[38] Wen-Chieh Chuang. *Remote collaborative product development in a product development chain* [D]. The University of Iowa, 2001.

[39] Ha Bin Lee,Jong Woo Kim,Sung Joo Park. *KWM: Knowledge-based Workflow Model for Agile Organization*[J]. Journal of Intelligent Information Systems,1999,13:261-278.

第10章
集成过程情境的供应链知识建模

10.1 目前知识管理存在的问题

知识管理在现代制造企业的运营中开始发挥越来越重要的作用。但是实现企业知识管理并非一蹴而就。国外的调查表明，至少 1/3 有关知识管理的项目是不成功的，这充分说明实施知识管理并非易事。目前知识管理存在如下问题和困难：

（1）知识管理与业务过程的分离。实施知识管理需要进行大量的知识活动，如文档的编码化和数字化、知识的组织存储、知识的检索获取等。但是目前的知识管理，将这些知识活动与业务过程分离，使知识管理独立于业务过程，导致将知识管理是一项额外的工作和负担，而这是目前大量知识管理系统不能成功运行的一个关键因素。

（2）缺乏对知识的有效分类组织模式。企业所涉及的知识包括产品设计文档、工艺文件、员工经验技巧等，具有内容广泛、分布分散、类型多样等特点，很难进行分类和组织。目前企业以单视图对知识进行分类组织的方式，使人们不能从多视角观察知识，不能揭示不同知识在过程、产品等方面存在的内在联系。而目前知识管理系统在知识分类组织方面的不足，也增加了知识检索获取的难度，降低了知识共享和重用的效率。

（3）缺乏知识情境信息，知识难以理解。知识的共享需要知识的提供者和知识的接受者有一个公共的心智框架，但是拥有不同兴趣、来自不同背景的人有着不同的知识结构和观察视角，即缺乏公共的过程情境，以此为基础的知识沟通交流效果也自然有限。目前的知识管理系统设计只关注对知识载体和知识内容的存储，即知识项的存储，而对这些知识项相关的情境信息则考虑的很少，如在执行什么任务时创建的、为什么创建、知识项的适用范围等，但缺乏这些相关的情境信息，要从最终知识项中理解其知识内容是困难的。

（4）不知道哪些知识有助于解决现有问题。知识管理系统中的知识由于缺乏知识产生的背景、环境和知识的应用情形等信息，使得员工从知识管理系统中获得知识时，不知道这些知识是否适用于当前情形，是否能解决当前所遇到的问题，从而影响对遇到问题的解决和业务任务的完成。而又由于情境是解决现代制造企业在知识管理实施过程中所遇到的这些问题和困难的有效手段，所以有必要把情境明确地引入到知识管理中。

10.2 知识过程情境及其作用

10.2.1 知识过程情境

我们把与知识紧密相关的条件、背景和环境称之为知识情境，它是与知识、知识活动等相关的条件、背景和环境等，既包括相关的物理、社会、业务等外部环境、背景因素，也包括知识主体的认知、经验、心理等内部因素，刻画了与知识、知识活动相关的情形特征[1]。情境具有如下特点：

■ 情境是客观、普遍存在的现象，它可能已经被人们认识，也可能还没有得到充分认识；

■ 情境独立于知识和知识过程而存在，但知识和知识过程与情境紧密相关；

■ 情境刻画知识、知识活动等相关的情形特征，这些情形特征是区分、识别不同知识、知识活动的

因素，对知识主体而言，这些情形则刻画了他在从事知识活动时的个性化特征。

从时空角度来看，情境包括涉及空间范围广、时间范围长的宏观情境以及涉及空间范围相对较小、时间范围相对较短的微观情境：宏观情境是作为知识管理主体—企业所不能轻易改变的情境因素；微观情境是指在企业范围内与知识活动紧密关联的各种情境因素。从表现的外在性和可描述性来看，情境可分为外显情境和内隐情境：外显情境是指与知识、知识活动相关的物理、社会、业务过程等，它们以显式的方式出现，比较容易被人们识别、发现，是可表示

和描述的;内隐情境是指与知识、知识活动相关的知识主体的内部心理、精神状态、认知能力等,它一般不以显式的方式出现,难以识别和获取的,也很难进行表示和描述,它更多地依赖于人们的经验、直觉和洞察力[2]。

知识过程情境主要是指供应链业务过程(流程)中与知识活动紧密关联的情境信息。通过理论研究和实践证明,知识管理相关任务必须与日常工作任务结合在一起并融入到日常业务流程中。在这种与业务流程紧密结合并以业务流程驱动的知识管理模式中,业务流程为知识管理提供了应用环境,在具体运作中使用和产生的知识也形成一种集中式的、以流程用户为中心的知识管理结构。

10.2.2 知识情境的作用与目标

10.2.2.1 情境在知识管理中的作用

根据情境的特点及其与知识和知识管理的关系,情境在知识管理中发挥的作用主要有:

(1) 情境有利于知识管理与业务之间的集成。知识、知识活动与情境紧密相关,而业务环境又是构成情境的一个重要要素,所以在知识管理中集成情境的同时,也实现了知识管理与业务之间的集成。

(2) 情境有利于知识的组织。情境是独立于知识而客观存在的,人们可以提取出情境的一些主要特性,根据这些特性把各种知识进行分类、组织,实现显性化程度差异大、分散、异构的制造企业知识的统一管理。

(3) 情境有利于人们对知识的理解。与知识相关的情境有助于回答在理解知识时所遇到的一些重要问题,如为什么(why)、如何(how)、在哪里(where)、在何时(when)等,帮助人们更好地理解知识。

(4) 情境有利于知识的共享与重用。当人们在一定的情境下需要应用知识时,可以根据情境的相似性,找到与其相同或类似情境下所产生、应用的知识,从而共享和重用这些知识。情境的相似性为人们检索并获取知识提供了一个新途径。

集成情境的知识管理之所以不同于一般的知识管理就在于它明确、系统地提出并集成知识情境要素。集成情境知识管理是建立在知识管理基础之上,知识管理的成果也可以应用到相关情境中去。

10.2.2.2 知识情境管理的目标

根据情境和知识管理的关系,以及情境在知识管理中的作用,针对目前供应链在实施知识管理过程中所遇到的困难,集成情境知识管理的主要目标包括以下几个方面:

(1)知识管理与业务过程的集成。业务过程不仅是应用知识解决问题的过程,同时也是知识产生创造、组织存储和获取应用的过程。当目前业务过程管理侧重于过程中的事件、活动、资源、数据和信息等,缺少知识管理方面的考虑,使得业务过程执行中缺少有效的知识支持环境。而知识管理一旦独立于业务过程,往往被看作是额外的工作负担,不易取得良好效果。因此,不论从业务过程角度,还是从知识管理角度,都应当将知识管理与业务过程集成,使业务过程与知识的产生创造、组织存储和获取应用等知识过程有机结合(如图 10.1 所示),为业务活动提供一个知识支持环境,支持业务过程中的推理、决策,提升业务效果,使知识管理真正地服务于业务过程。

(2)知识的统一组织和管理。供应链知识具有分散、异构、多样等特点,很难进行统一地组织和管理。而知识的有效分类和组织是知识共享和重用的重要基础,是提升知识价值的重要途径。目前以单视图(如以学科领域视图)对知识进行分类组织的方式,一方面不能体现供应链知识的多样性特点,另一方面也丢失了知识与知识之间在过程、产品、时间等其它诸方面存在的内在联系。因此,需要综合知识的情境特性与其它特性,多视图、多层次地对制造企业的各种知识进行分类组织,在为供应链的知识管理提供一个完整的知识分类组织结构的同时,保留分散、异构知识之间存在的内在联系,提高知识的使用价值。

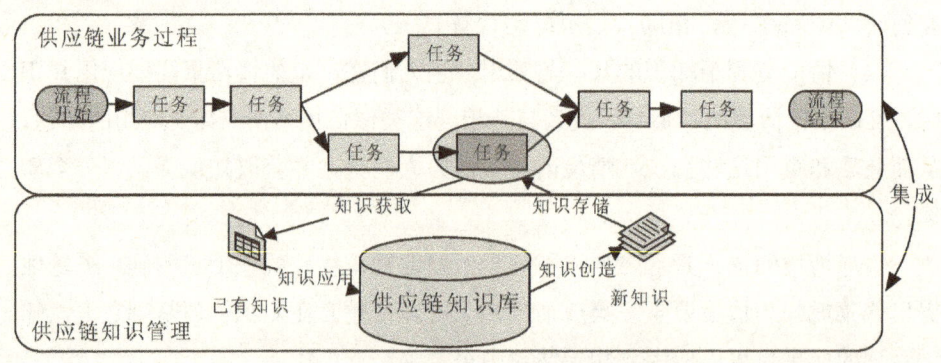

图 10.1 集成过程情境的知识管理

（3）通过知识与过程情境的相互导航促进知识理解。人们获得知识的同时，也得到与知识相关的情境，而通过这些情境可以进一步导航获取其它相关知识。通过知识与情境之间的相互导航，获得的知识不再是孤立的，人们可以把知识与相关的情境，知识与其它知识相互关联起来，理解它们之间的关系，从更大的视野来理解知识。

（4）基于情境的知识获取和推送。人们在从事业务活动时，如何快速有效地获取与业务相对应的知识是高效完成业务活动的关键。情境反映了人们从事业务活动时对知识需求的个性化特征，通过情境的相似性比较，寻找与当前情境最相似的历史情境，从而获取与这些情境关联的知识。

10.3 集成情境的知识建模

知识建模是对知识进行形式化描述，它是知识组织存储、获取应用的前提，是集成情境知识管理的一项基础技术，在知识管理的整个生命周期中发挥着重要作用。

10.3.1 集成情境的知识模型

知识可以看作是由所依赖的知识载体和所包含的知识内容构成[3-5]。知识载体是知识所依赖的实际载体，是知识赖以存在的媒介，包括各种文档、计算机程序、人和产品等。知识内容是知识所表达、包含的具体内容、含义、内涵等。集成情境的知识模型需要把知识和情境结合在一起，所以知识模型由知识载体、知识内容和知识情境三者构成，而且要表达出三者之间以及三者内部构成要素之间的相互关系。图 10.2 是集成情境知识模型的结构示意图。形式化表示为：*KM=（KCarrier, KContent, KContext, KRelation）*，其中 *KCarrier* 表示知识载体；*KContent* 表示知识内容；*KContext* 表示知识情境；*KRelation* 表示三者及其构成要素之间的相互关系。

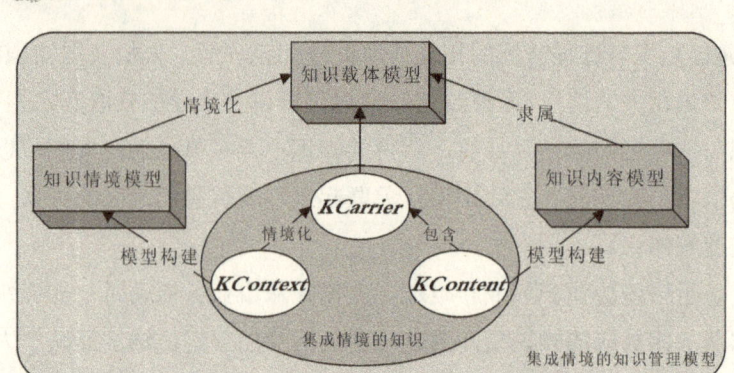

图 10.2 集成情境的知识管理模型[7]

10.3.1.1 知识项模型

知识（项）可以看作是由其所依赖的载体以及其所包含的内容构成，如某文档知识（项）由存储该文档的物理介质载体和该文档所包含的内容构成，可用二元组表示：

$$KI = \{KCarrier, KContent\}$$

知识项之间有"$\subseteq$"、"$\bigcup$"、"$\bigcap$"、"$-$"等基本运算。

对于知识项

$$KI_1 = \{KContent_1, KCarrier_1\}$$

和知识项

$$KI_2 = \{KContent_2, KCarrier_2\}，有：$$

（1）$KI_1 \subseteq KI_2$，当且仅当

$KContent_1 \subseteq KContent_2, KCarrier_1 \subseteq KCarrier_2$；

（2）$KI_1 \bigcup KI_2 = \{KContent_1 \bigcup KContent_2, KCarrier_1 \bigcup KCarrier_2\}$；

（3）$KI_1 \bigcap KI_2 = \{KContent_1 \bigcap KContent_2, KCarrier_1 \bigcap KCarrier_2\}$；

（4）$KI_1 - KI_2 = \{KContent_1 - KContent_2, KCarrier_1 - KCarrier_2\}$；

10.3.1.2 知识载体模型

知识载体建模主要是对载体的类型、所处的位置、可用性以及其它与知识载体有关的主要特征信息进行表达，以便于人们通过这些信息访问或获得知识载体，知识载体可表示为：

$$KCarrier = <KCarrID>:\{CarrierType, CarrierLctn, CarrierUsbl\}$$

其中 *KCarrID* 为知识载体的标识；*CarrierType* 为知识载体类别；*CarrierLctn* 为载体位置；*CarrierUsbl* 为载体可用性。

10.3.1.3 知识内容模型

知识内容可表示成：*KContent* = {*KnowCtgry, KnowLevel, KnowSmry*}，其中 *KnowCtgry* 为知识类别；*KnowLevel* 为知识层次；*KnowSmry* 为知识简要内容。对知识按照领域进行分类是实现知识有序化管理的重要方法。每个知识类别可以包含若干子类别，各个知识类别与它的子类别之间构成了树状层次结构。知识层次是从知识性质作用角度对知识内容的描述。我们考虑到用户的可接受性，把知识层次分为基本理论层、方法学层、实现技术层以及应用实践层等四个层次。

10.3.2 知识情境模型的主要内容

情境模型是对情境的一种显性描述，它的目标是建立一个可扩展的框架，并在与知识和知识过程集成应用于知识管理，以提升知识管理的效果。情境模型涉及的情境要素是多方面的，为更好地描述各方面的情境要素，本章采用多维情境模型，即由多个情境维度对情境进行描述，每个情境维度由该维度下若干的情境要素和属性构成。因此，情境模型可形式化表示为：

$$KContext = \{D_1, D_2, \cdots, D_N\}$$

式中：D_i(i=1~N) 表示第 i 个情境维度。在情境建模原则的指导下，结合供应链企业知识管理的特点，我们认为在一般情况下，知识情境模型包括的主要情境维度有：目标、过程、资源、产品、组织、人员、领域、时间和地点等（但不限于这些维度）。

（1）目标（Goal）建模。目标表示了知识过程和业务过程的目的、愿景或方向。一个目标可以分解为若干个子目标，而一个目标的实现可以支持其他目标的实现，即目标与目标之间存在多种关系。通过对目标所针对的问题、实现的关键因素等的注释，可以更好地说明目标。

（2）过程（Process）建模。过程实现一定的目标是由一系列子过程（也称为活动）及驱动这些子过程的事件构成,它是组织中特定的角色在特定的时间、地点，通过调用或消耗资源来完成的，并通过过程创造或提供一定的产品获服务。过程与过程之间也存在着一定的关系，如一个过程续接着另一个过程等。

(3)组织(Organization)建模。一个组织由不同部门(组织单元)和角色构成，组织与组织、角色与角色之间存在一定关系，一定的角色对应于一定的组织。

(4)人员（Person）建模。人员应该有标识或名称。在企业中，人员与特定的角色或岗位联系在一起，在具体职位上从事工作，完成一定的任务，具备有一定的技能和经验，还有某些方面的专长。人员的角色和职位与组织结构紧密相关，人员的技能、经验和专长隶属于特定的领域，人员所承担的任务与业务过程联系在一起。

(5)领域（Domain）建模。领域特性描述领域内概念和实体的不同方面，对这些概念和实体进行分类，是领域类别的基础。而领域类别描述特定的类别层次结构，提供这些概念和实体的分类方式，并把这些概念和实体根据相似性进行组合。每一类别都有一个名称，并可能进一步划分出若干子类别。

(6)时间（Time）建模。时间建模不仅要表示其绝对的时间值，还要找出存在于绝对时间之后的一些重复特性，如星期特性、月份特性等。

(7)地点（Location）建模。地点建模除表示它的标识外，也要对它的特性进行表示。地点的主要特性包括地点的类型、地点所处的区域和地点之间的关系等。

从对情境模型各维度建模的讨论中可以看到，构成各维度的情境要素和属性之间是相互作用、紧密关联的：业务过程实现目标，并由子过程（活动）和事件组成；时间和地点则限制过程的执行，过程使用或者消耗资源来创造或者提供产品或服务，并且它由组织中特定角色负责；组织又由部门和角色组成，角色对应于部门；而人员隶属于组织中的特定部门，在组织中担任一定的角色，他们在某些领域有一定的经验、技能和专长。需要强调的是，供应链企业在实施知识管理过程中建立情境模型时，应在情境建模原则的指导下，根据企业利用情境所要实现的目标和企业的具体特点，确定所需的情境维度及各维度的构成要素和属性，它可以是上述情境维度集合的一个子集，也可以包括其它的情境维度。

10.4 供应链业务过程情境

10.4.1 业务过程情境的内容

供应链过程情境知识是一种组合性知识，其内容包括了与业务流程相关的各个方面的知识：

（1）组织机构方面的知识。供应链管理离不开组织机构，因为业务过程的实现是由不同企业、不同部门、不同岗位的人员完成的，每个成员都有自己的权利和相应的责任。因此，供应链过程情境必须包括活动主体这一属性，有时可能活动的执行者与活动的责任承担者不是同一个主体，那么还要分清谁是执行主体，谁是责任主体。

（2）活动过程方面的知识。供应链业务过程的活动一般会涉及到特定的对象，"对象"也是供应链过程情境包含的内容。而且由于供应链成员之间是一种松散耦合的关系，业务过程中有些活动的时间不是唯一确定的，因此还要考虑活动的最早开始时间、最晚开始时间、最早结束时间和最晚结束时间。此外，业务过程的活动也必须满足一定的前提条件才能执行，执行过程中还要受一定约束条件的限制，某些业务过程需要把前提条件和约束条件作为关键因素进行考虑。同时，一般活动的执行都要消耗一定的资源，这些资源在活动结束后不存在了，当然还会使用一些资源，这些资源在活动结束后还存在，活动结束后有新的事物产生，这种新的事物就叫做产出物。供应链业务过程的活动也具有这些性质，只是具体的消耗资源、使用资源和产出物与生产制造工作中的不同。

综上所述，供应链过程情境应该包含如下内容：活动的执行主体、责任主体、动作对象、最早开始时间、最晚开始时间、最早结束时间、最晚结束时间、前提条件、约束条件、消耗资源、使用资源、产出物、方法、技术、工具、目标、评价指标、涉及的规章制度、知情人和参与者等，过程情境知识对供应链的正常运行具有重要作用，其主要意义在于对供应链无序的知识进行系统化管理，实现知识在业务过程中共享和再利用，以提高供应链管理水平和创新能力。

10.4.2 供应链业务过程分析

系统是一切事物的存在方式之一，因而可以用系统观点来考察，用系统方法来描述。从系统科学的角度可以把供应链业务过程看作一个过程系统，主要包括两个条目：活动和活动之间的关系，每个条目都有各自的属性[6]：

（1）活动。每个业务过程都由若干活动组成，活动是过程的基本元素，是指有一定目的的行动，由主体、动作、时间三个基本属性构成。根据业务过程的特点，每个活动还有一些扩展属性，包括前提条件、约束条件、消耗资源、使用资源、产出物、方法、技术、工具、目标、评价指标、参与者等。业务过程中的活动可能涉及不同种类的对象，比如物质、信息、能源、资金等。因为业务过程是以业务工作的主体过程为主线，而不是以对象的流转顺序为主线，故可以涉及多种对象。简单的业务过程，可以由活动直接组成。但对于复杂的流程，应该根据流程的复杂度，先由活动组成子流程，再由低级子流程组成高级子流程，最后形成总业务流程。而子流程的划分要以时间的先后顺序为主线，将为完成同一子目标的相近活动划归为同一子流程。子流程还具有阶段性和局部完整性。子流程的划分使流程具有层次性，不同层次的流程适应于组织中不同层次的需要，供应链的业务过程可以分为决策层、管理层、操作层。

（2）活动之间的关系。活动之间的基本关系为顺序关系，除了这个基本关系外，活动之间还可能存在其他逻辑关系，如"前与"关系、"前或"关系、"前异或"关系、"后与"关系、"后或"关系、"后异或"关系。

- "前与"关系是指一个活动完成之后，两个或两个以上的活动才能启动，这几个活动之间没有先后的顺序关系，但是必须全部执行。
- "前或"关系是指一个活动完成之后，两个或两个以上的活动可以执行、也可以不执行，但至少要有一个活动被执行。
- "前异或"关系是指一个活动完成之后，两个或两个以上的活动可供执行，但只能执行其中的一个活动。
- "后与"关系是指一个活动执行之前，与之直接相邻的两个或两个以上的活动必须全部完成。
- "后或"关系是指一个活动执行之前，与之直接相邻的两个或两个以上的活动至少有一个已经完成。
- "后异或"关系是指一个活动执行之前，与之直接相邻的两个或两个以上的活动有一个且只能有一个已经完成。

供应链知识处于一定的组织情境中，离开了一定的知识情境，知识就失去了存在的必要和可能，知识只有在情境中才有实际意义。

10.4.3 业务过程情境知识的描述

在长期的管理实践中，基于不同目的从不同角度开发了多种业务过程表示方法，这些表示方法各有优缺点，在各自的应用领域发挥了一定作用，也为供

第10章 集成过程情境的供应链知识建模

应链过程情境的描述奠定了理论与实践基础。过程情境知识的描述需达到的基本要求是能够把业务过程本身表达清楚，同时满足知识管理的需要[1]。供应链业务过程情境知识可以形式化表示成：$SCFK = (V, E, M, T)$，其中：

$V = \{v_1, v_2, \cdots, v_n\}, n \in \{1, 2, 3, \cdots\}$，表示 $SCFK$ 所包含的活动集，由 n 个活动 $v_i(i = 1, 2, \cdots, n)$ 组成；

$E = \{e_1, e_2, \cdots, e_m\}, m \in \{1, 2, 3, \cdots\}$，表示 $SCFK$ 所包含的关系集，由 m 个关系 $e_i(i = 1, 2, \cdots, m)$ 组成。使用 BV() 函数可以求得关系的前活动，使用函数 EV() 可以求得关系 e_i 的后活动。

$M = \{m_1, m_2, \cdots, m_l\}, l \in \{1, 2, 3, \cdots\}$ 表示 $SCFK$ 中的主体集（一般情况下指的是责任主体），由 l 个主体 $m_i(i = 1, 2, \cdots, l)$ 组成。主体的数量 l 与活动的数量 n 之间存在如下关系：$l \leq n$。主体 m_i 所执行的活动集表示成：$V(m_l) = \{v_{i1}, v_{i2}, \cdots, v_{ik}\}, i, k \in \{1, 2, 3, \cdots\}$。

同一个活动只能对应一个主体，即不同主体对应的活动集交集为空，可如下表示：

$$V(m_i) \bigcap V(m_j) = \phi$$

$T = (EBT, LBT, EOT, LOT)$ 表示 $SCFK$ 中的时间集，其中 $EBT = \{ebt_1, ebt_2, \cdots, ebt_n\}$ 表示 $SCFK$ 中所有活动的最早开始时间集，由 n 个时间点 $ebt_i(i = 1, 2, \cdots, n)$ 组成；$LBT = \{lbt_1, lbt_2, \cdots, lbt_n\}$ 表示 $SCFK$ 中所有活动的最晚开始时间集，由 n 个时间点 $lbt_i(i = 1, 2, \cdots, n)$ 组成；$EOT = \{eot_1, eot_2, \cdots, eot_n\}$ 表示 SCFK 中所有活动的最早结束时间集，由 n 个时间点 $eot_i(i = 1, 2, \cdots, n)$ 组成；$LOT = \{lot_1, lot_2, \cdots, lot_n\}$ 表示 $SCFK$ 中所有活动的最晚结束时间集，由 n 个时间点 $lot_i(i = 1, 2, \cdots, n)$ 组成。活动 v_i 与时间点 $(ebt_i, lbt_i, eot_i, lot_i)$ 存在如下关系：

$$EBT(v_i) = ebt_i; LBT(v_i) = lbt_i; EOT(v_i) = eot_i; LOT(v_i) = lot_i$$

可以使用 EBT()、LBT()、EOT()、LOT() 四个函数分别求得活动 v_i 的最早开始时间 ebt_i、最晚开始时间 lbt_i、最早结束时间 eot_i、最晚结束时间 lot_i。同一活动的各个时间点间又存在如下关系：

$$ebt_i \leq lbt_i; lbt_i \leq lot_i; eot_i \leq lot_i; ebt_i \leq eot_i$$

最早开始时间 ebt_i 不能晚于最晚开始时间 lbt_i；最晚开始时间 lbt_i 不能晚于最晚结束时间 lot_i；最早结束时间 eot_i 不能晚于最晚结束时间 lot_i；最早开始

时间 ebt_i 不能晚于最早结束时间 eot_i。同一关系的前活动和后活动的时间点之间存在如下关系：$EBT(BV(e_i)) < EBT(EV(e_i))$，表示关系 e_i 的前活动的最早开始时间要早于后活动的最早开始时间。

本章小结

本章研究了面向过程情境的供应链知识建模，现有知识建模方法大都面向特定的问题，在供应链协同中存在大量复杂非结构化且与业务过程相关的知识需要管理，本章通过供应链业务过程的分析，给出了业务过程知识的三个层次及其形式化描述；对业务过程情境在供应链知识管理中的作用和目标进行探讨，建立了面向过程情境的知识模型。

参考文献

[1] T.S. Raghu, Ajay Vinze. *A business process context for Knowledge Management*[J]. Decision Support Systems,2007,(43):1062-1079.

[2] 潘旭伟,祝锡永,李娜.在情境中实现知识管理[J].图书情报工作,2011,(04):95-99.

[3] 潘旭伟,顾新建,王正成,王世雄.集成情境的知识管理方法和关键技术研究 [J].计算机集成制造系统,2007,13(05):971-976.

[4] 杨涛,肖田元,张林鍹.以上下文为中心的设计知识管理方法 [J].计算机集成制造系统,2004,10(12):1541-1545.

[5] Kwan M M, Balasubramanian P. *Knowledge Scope: managing knowledge in context*[J]. Decision Support Systems,2003,35(04):467-486.

[6] 郭维森.管理工作中流程知识表示及获取方法研究 [D].大连：大连理工大学博士学位论文,2003.

[7] 潘星,王君,刘鲁.数字化制造企业中知识管理集成框架及关键技术研究 [J].计算机集成制造系统,2004,10(Special):90-95.

[8] 潘旭伟,顾新建,仇元福等.面向知识管理的知识建模技术 [J].计算机集成制造系统,2003,9(07):517-521.

[9] 李伟刚,莫蓉,杨海成等.支持跨企业协同产品开发的过程模型[J].计算机集成制造系统,2002,8(05):351-355.

[10] 吴晓波.知识管理模型研究述评[J].研究与发展管理,2002(12):14-16.

[11] 徐进,朱菁.国内外知识情境研究综述[J].情报杂志,2009,28(3):24-30.

[12] 周建新,包振强.基于情境的知识建模与重用研究[J].电脑知识与技术,2008,3(06):1272-1274.

[13] 邱晖,孙政顺.知识管理系统的构建及其策略[J].计算机工程与应用,2001(01):52-54.

[14] 王英林,王卫东,王宗江等.基于本体的可重构知识管理平台[J].计算机集成制造系统,2003,9(12):1136-1145.

[15] 战洪飞,李荣彬,顾新建.基于网络的协同知识管理系统研究[J].计算机工程与应用,2002,(14):28-30.

[16] 刘小锋.基于情境观点的情境知识运行机制探究[J].图书情报工作,2010,54(22):43-46.

[17] 李春利.基于情境理论的知识转移情境的动力机制研究[J].图书馆学研究,2011,(19):2-5.

[18] 仵雪婷.基于知识情境的知识个性化推送技术的研究与应用[D].南昌:南昌大学硕士学位论文,2010.

[19] 郑雄燕,钱钢,王艳军.基于情境知晓的知识管理系统设计与应用[J].中国制造业信息化,2010,39(21):9-12.

[20] 秦雅楠,由丽萍,董文博,裴夏璇.一种基于框架的情境知识表示方法[J].情报杂志,2011,30(01):155-158.

[21] 张俊,张亮.信息系统生命周期中的情境转换对知识转移的影响研究[J].现代情报,2011,31(02):16-19.

[22] 肖亮,琚春华.支持配送任务协同管理的情境知识服务模型及机制[J].管理世界,2010,(12):174-175.

[23] 肖亮.集成情境的产品品类生命周期特征知识管理模型[J].科技进步与对策,2009,26(04):127-130.

第 11 章
供应链知识管理的实施策略

11.1 供应链企业知识管理的实施目标

随着知识资源的重要性在企业众多资源中日益凸显,加强企业知识管理,提高企业核心竞争力已成为企业管理领域的研究热点。供应链企业实施知识管理的目的主要有[1]:

(1)建立供应链知识的学习机制。组织学习是当今企业最核心的能力之一,供应链知识的共享、转移及创新都是建立在学习机制的基础之上。建立学习型供应链,营造有利于整个团队成员学习的良好氛围,指导每个成员有目的、创造性地学习,并充分发挥他们的主观能动性,为实现整个供应链组织制定的目标共同努力。每个供应链成员要从整个供应链的角度去理解与企业相关的知识,从供应链所形成的知识链角度出发去拓展知识空间。通过知识链的传递关系使个体成员的学习获得拉动和推动效应,从而提高组织的学习效率。

(2)建立供应链知识的共享机制。供应链知识管理的核心是知识共享,通过共享可构造供应链知识优势。随着对知识共享问题的深入研究,知识共享对于高水平的知识创新所起到的关键作用已得到广泛认可。首先,要营造尊重知识,鼓励知识共享的文化。供应链企业知识共享的文化机制要对原有的文化环境按照知识共享的要求进行适当改造,建立有利于知识共享的积极组织文化,使各个成员企业认识到知识的重要性,乐于共享知识,自觉地成为共享主体。其次,要建立知识共享的激励机制。在供应链中,各成员企业不会主动把自己独有的知识奉献出来供其他企业使用,除非这么做对自己有利无害。由于供应链各成员企业之间不可能有行政强制命令和措施,建议可采用把各成员企业的"知识奉献程度"与其业绩考核和利益分配等直接挂钩的做法,来激励供应链成员企业进行知识共享。

（3）建立供应链知识的创新机制。供应链知识创新是供应链企业发展的永续动力，故应该有相应的机制保证知识创新的顺利开展。知识项目与传统项目不同，它在更大程度上依赖于人的智力和创造力，而且知识创新项目的目标具有很大的不确定性，会随着时间的推移和环境的变化而改变。同时，因为供应链的知识创新是有风险的，即不可能每一次创新都能成功，所以应该建立一种宽容机制以允许一定范围的创新失败，同时建立供应链知识创新的激励机制，鼓励各成员企业及其员工不断创新，使供应链更具有竞争力。

在信息时代和后工业时代的时代背景下，知识已成为最主要的价值源泉，而知识工作者也成为最有生命力的资产。因此，21世纪企业的新型战略内容和员工个人最重要的工作使命就是对知识进行管理，建立起学习型的企业文化和企业学习机制，实现企业内外隐性知识和显性知识的相互促进和相互转化，使企业和个人具有更强的竞争实力，并做出更好的决策。

11.2 供应链知识管理的实施方法

11.2.1 知识管理实施的方法论

对于企业来讲，正确地认识知识管理是重要的，但企业往往更关注如何将知识管理在企业中成功实施。就像其他管理咨询和信息系统实施项目一样，要保证知识管理项目的成功实施，首先必须有稳健可行的项目方法论的指导，方法论包括三个层面：

（1）战略层面。为得到企业各个层面的持续支持，需将知识管理项目的目标与企业的发展战略紧密联系在一起，从而找出知识管理内在的根本驱动力。一般来说，有效的知识管理能够从员工发展、优异运营、产品或服务领先、客户忠诚四个方面对企业战略的达成起到积极而巨大的推动作用。

（2）实施层面。知识管理项目的实施包括管理咨询和信息系统实施两个方面，具体来说分为以下四个阶段：知识管理战略规划阶段、知识管理业务规划阶段、知识管理系统实施阶段以及知识管理评估与改进阶段。

（3）保障层面。在知识管理项目中实施方法论的第三个层面是保障层面，如认知方面的保障，即利用各种途径，包括各种媒体、研讨会、案例访谈和各种教育培训的机会对企业各个层面的相关人员进行理念、方法、技能的指导与培训。并且贯穿始终的项目管理是知识管理项目成功的保证,有效的变革管理则将会大大促进知识共享文化的形成。

11.2.2 供应链知识管理实施步骤

了解知识管理实施的关键成功因素可以使企业有效降低实施风险,切实保证实施质量,加快实施进度,从而提高知识管理项目的实施成功率。知识管理的实施是一个非常复杂的过程,一般包含以下几个步骤[2-4]:

①建立供应链知识库。知识库的作用主要是供应链的成员将各自现有的知识识别、分类,进行加工和提炼,形成系统的、不断发展的知识资产。

②完善企业知识网络。知识的共享与传播是供应链中知识管理的核心,要实现这一目标最有效的方式是在供应链内建立交流的网络,现代信息技术为远距离的交流提供了技术支持。

③建立企业之间的信任机制。只有创造信任的气氛,才能充分发挥知识管理的效用。

④改善企业组织结构。在企业内部形成一种自然而然地共享知识的行为环境是在整个供应链中进行知识共享的基本条件,这就需要对传统的企业组织结构作一定的调整。

⑤建立良好的激励机制。一名掌握很多知识的员工将自己的知识共享却没有在企业内得到任何正面的反馈,无论如何对该名员工都是一种打击。因此,整个企业需要建立一种针对知识共享的激励机制,对那些将自己的知识在企业内共享的人给予相应的回报,而且知识的价值越高这种回报也越高。

11.2.3 供应链知识管理实施措施

供应链知识管理的根本出发点就是现代企业所面对的生存环境发生革命性的变化,其直接目标是提高知识创新与运用的效率,使供应链成员间的知识水平达到协调与优化。供应链管理和知识管理的结合有助于企业同重要的客户和合作伙伴共同创建延伸的运行环境。本章结合供应链知识管理的特点提出几项知识管理实施的措施[5-7]:

(1) 扫除供应链内各成员间知识共享的观念障碍。供应链知识管理强调知识的共享和传播,从而有利于提高整个供应链的知识水平,进而提高供应链的整体竞争优势。同时,来自信任方面的障碍是影响知识管理的最主要因素。因此,供应链内各成员应解除顾虑,相互增加信任度,通过信息、知识和资源的共享使供应链整体优势充分发挥出来,进而使供应链更加稳定。

(2) 组建专门的知识管理团队。知识管理也需要专门的资源来满足商业需要,如资金和人员,有效的知识管理需要一个专门的团队来承担供应链上全面的日常管理。建立一个知识管理团队的目的不是通过命令和控制来执行战略,而且作为知识的推动者、编辑者、包装者和传播者,应该帮助使用者更有效地获得供应链内存在的显性知识和隐性知识,并更好地使用这些知识。

(3) 创建有效的激励机制和共享文化。供应链的正常运行是每个成员共同付出努力的结果,所以供应链所创造的增值应在各成员间进行合理的分配。目前分配要真正做到公平合理地分配还很难,容易因各成员在报酬方面的自我感觉不合理而导致各种可能的纠纷,这就要供应链各成员通过协商来共同解决知识价值分享问题,以形成一个合理、有效的衡量标准,兼顾所有成员的共同利益。特别要创建一个有效的激励机制和所有成员都能自觉遵守和共享的"供应链文化",使供应链成为一个名副其实的"学习型组织"。

(4) 建立企业的知识网络。在供应链中实现有效的知识管理应首先建立一个供应链的内部网络,将各成员的知识源通过网络联系起来。基于网络的知识交流能引起思维最大限度的扩散,从而为新知识的产生创造条件,这也需要建立供应链与外部间的信息网络。联系越广、越有效,知识就能得到越多和越好的共享,而这又反过来意味着知识得到了发展。知识管理的核心是知识创新,其核心活动是将企业内外部知识互相传播,实现对知识的提升。并且这种传播体现在企业各个层面,无时不在,无处不在。

(5) 实施业务流程重组。在企业内部形成一种自然而然地共享知识的行为环境是在整个供应链中进行知识共享的基本条件,这就需要对传统的企业组织结构和业务流程做出调整。知识的收集与再利用只有与业务流程密切联系,才能有效地发挥作用。供应链企业应努力把知识融入公司的具体业务流程中,把知识共享和再利用的要领概念注入到所有业务流程中去。为了使供应链业务流程能够适应知识管理的需要,可以通过对供应链业务流程进行重组和改进,使之能满足知识管理实施和知识创新的需求。

11.3 供应链知识管理的组织策略

11.3.1 构建供应链战略联盟

在供应链中实施知识管理是进行合作的一个重要途径与方式。知识作为竞争性资源,在转移传播过程中,难免存在外溢现象,对于企业而言应尽可能减少知识的外溢风险,这需要供应链成员间建立相对稳固的合作关系。所以在供应链中构建供应链战略联盟不失为一种良好选择,这也是供应链知识管理的有效组织保证。

供应链战略联盟伙伴关系是一种有计划的长期合作关系,需要企业在较长时间合作的基础上逐渐演变而形成。企业依据一定的评判标准,对潜在合作伙伴进行评价并从中找出符合标准的企业,经过双方的谈判,订立合作协议,达成战略联盟。而结成战略联盟并非意味着供应链伙伴是一成不变的,企业对合作伙伴要进行定期评价,如果达不到标准,应该结束这种合作关系,重新选择新的联盟伙伴。对合作伙伴的评价标准有很多,例如可以基于合作企业及供应链的核心竞争力进行选择。通过对潜在合作企业的核心竞争力做出鉴定,选出具有较强核心竞争力的并且与本企业核心竞争力存在互补关系的企业,以及有助于加强供应链核心竞争能力的企业,如果这些企业在与本企业交易过程中建立了信任,并且有长期合作意愿,就可以建立供应链战略联盟。当然也有特例,有时战略联盟也可能在根本不存在合作意愿,甚至完全敌对的交易伙伴中形成,如沃尔玛公司与宝洁公司,就从过去的对立转为合作双方。沃尔玛的创始人山姆•沃尔顿亲自参与同宝洁公司高级副总裁的会谈,结成了战略合作伙伴关系,实现从"赢输"向"双赢"模式的转变,企业首脑在联盟中发挥了重要推动作用。

当然,联盟的形成不仅需要企业高层管理者直接沟通交流,还需要很多其他工作的配合,例如双方要建立信任机制、约束激励机制等。其中,信任机制尤为重要,这需要合作方开诚布公,表明合作的诚意,并在合作条款中对各方的责任义务作出明确规定。此外,合作各方应就相应的激励约束机制达成共识,如合作中的利益如何分配,各方受到哪些约束等。信任的建立还与合作企业的声誉有关，一般声誉好、业绩优秀的企业更容易赢得信赖。总之，供应链中战略联盟伙伴关系的建立要求合作各方的关系更为紧密，这也提高了合作的积极性，有利于知识共享及创新。

11.3.2 供应链业务流程再造

如 11.2.3 中所述，业务流程重组是供应链知识管理实施的措施之一。业务流程是创造价值的基本方法，这些流程包括新产品开发、订单履行、供应商管理和客户管理。知识管理的价值绝非体现在口号与宣传上，而应切切实实与企业业务流程融为一体。为了实现供应链集成知识管理，从上游供应商到下游客户的流程应该进行流程再造，使供应链知识管理嵌入到整个供应链的业务流程中，与供应链运作紧密结合在一起，真正落到实处。供应链流程再造不仅要求跨职能流程管理的内部调整，而且要求与上、下游伙伴之间结盟公司的流程重整[8-11]。

（1）跨边界流程的重新配置。流程应该被看作不同组织之间共同作业的一种链式行为，在供应链中不同企业流程相互关联，彼此可能存在交叉与重叠，但是每个成员都有自己的核心业务及核心能力，企业应明确自身的强势与弱势。而且如果流程活动中某部分的业务优势不属于本公司，那么这部分业务就应该从公司的业务中重构出去。反之，如果公司拥有某个方面的竞争优势，原来那些不由公司承担的业务也可以改为由本公司承担。

（2）跨边界流程合作与协同。供应链中业务流程在上下游之间前后相继，企图合并企业与多个供应商或客户之间的流程是不切实际的，但供应链中不同成员间应实现流程的合作协同。传统的买方和供应商之间仅有一个接触点，即买方的采购部门与卖方的销售部门的联系，但这无法满足双方知识集成的需要，必须在经营的所有核心流程的各个环节有多个接触点。因此，供应商的物流人员必须与客户的物流人员一起工作，供方的销售和营销必须与需方的销售和营销形成团队等。此外，这些买方或供应商团队应当是跨职能和涉及多学科的，表现为从只在一点连接到在两个合伙人内部相应的人员和流程之间有多个连接点的连接模式转变。此外，VMI（供应商管理库存）及后来出现的 CMI（共同管理库存），均强调供应商与客户在库存这一环节的整合，实现知识共享，以共同规划适当的存货水平，最大限度降低库存成本，为供应链创造更多价值。

(3) 分散流程的集中。供应链中每个企业都有多个上游供应商及下游分销商,各自分别与企业进行交易,而过多的分散流程加大了流程处理的业务数量和复杂程度,造成知识共享与预测的困难。集中这些流程可以避免这些问题,尤其当这些分散流程涉及的是采购流程时,集中采购流程可以大大降低采购成本,提高市场响应速度。例如惠普公司供应链的上游供应商中有很多小塑料合成商,他们分别向巨大的树脂供应商购买原料,其采购流程是分散的,由此带来的运作成本和效率的问题最终传递给了惠普公司。而在惠普公司着手集成了这些采购流程后,由于提供给树脂供应商一个集成的订单而使价格下降了25%,订单履行周期和缺货现象都有了很好的改善。而树脂供应商由于不再需要应付大批小客户而得以简化和保证了运作,大大增强了需求的可预测性,降低了运作成本。

(4) 供应链流程再造的实现。要实现整个供应链流程再造,需要供应链所有成员的积极参与及相互协作,供应链可以组成相应的以核心企业主导的战略委员会,对整个流程再造进行战略规划与指导。此外也可以委托第四方物流来提供再造方案。第四方物流最早是由安德森咨询公司提出,它是一个供应链集成商,对公司内部和与公司具有互补性的服务供应商所拥有的不同资源、能力和技术进行整合和管理,提供一整套供应链解决方案。它实际上是一种虚拟物流,依靠业内最优秀的第三方物流供应商、技术供应商、管理咨询顾问和其他增值服务商,整合社会资源,为用户提供独特的和广泛的供应链解决方案。第四方物流可以行使供应链流程再造功能,对特定供应链进行变革,消除供应链中冗余环节,改进低效环节,为客户开发和提供供应链解决方案,整合整个供应链。

11.3.3 培育供应链组织文化

组织文化是一个组织所具有的共同的价值判断准则、文化理念、历史传统、道德观念和生活信念等,这种价值和行为准则或许看不见、摸不着,但却隐含在组织成员的思维意识中,为所有成员所认可[12]。它将组织内部的各种力量统一于共同的指导思想和经营哲学之中,汇集到一个共同的方向,激励员工共同努力完成组织的共同目标。

第11章 供应链知识管理的实施策略

组织文化对员工起着潜移默化的作用，为人们提供行为导向、行为激励以及行为协调。知识管理需要在组织成员间广泛分享知识并创造知识，而这离不开组织文化的支持。优秀的组织文化可以统一成员的价值观，增强凝聚力，使员工能够自发主动地创造、分享和传播知识。此外，也为员工提供了一种积极向上的工作学习氛围，即为知识管理的实行创造了有利的大环境。对于每个企业来讲，良好的企业文化是开展知识管理的前提，企业必须积极培育有利于知识管理的企业文化。但企业文化是在企业长期实践过程中逐步形成和完善的，由于各个企业的历史传统和社会环境、行业特点、技术设备和生产经营状况、人员组织结构和员工素质以及它们所处的社会文化背景都不同，因而各个企业的企业文化模式也不尽相同。

在供应链中，由于众多上下游企业的制度、规模以及所在地域不同，决定了供应链是一个包含多重文化的系统整体，他们在经营思想、价值观念、工作风格、管理方式等方面都会形成一定程度的差异，如果处理不当，这些不同文化之间可能会造成冲突和抵触，给整个供应链的管理带来困难，也不利于合作。供应链知识管理要在供应链范围内实现知识共享与创新，离不开供应链的大环境，尤其是供应链协同的企业文化环境，不同的企业只有对彼此的价值观念相互接受与认可，才可能相互合作，进行知识的交流。因此，供应链应该培育统一的、有特色的供应链文化。

将供应链中企业的各种文化进行系统整合，通过进行有效的跨文化沟通，增强他们之间的亲合度,消除供应链中各种文化的磨擦及由此产生的系统内耗，提炼出共同的文化因子，形成供应链文化。这种文化是在上下游企业认知程度一致、合作双赢思想高度统一基础上建立的共同的价值观念，它将不同的供应链成员凝聚在一起，为实现供应链的价值目标而努力。供应链文化有利于在供应链成员间建立信任，促进知识的传播与学习，进而推动供应链知识创新。而且供应链文化的形成过程本身又是一个成员间相互学习借鉴的过程，通过彼此学习，对共同认可的优秀文化在供应链中传播、扩散，增进合作效率，为供应链中的知识合作提供持久的动力源泉。如丰田供应链中，对丰田企业文化的认同，相互形成了极好的默契与协同，致使成员企业的员工，无论他来自供应链那一层级，在语言和表达方式上都具有惊人的相似，这无疑为企业间的知识共享带来极大便利。

11.4 供应链知识管理的绩效评估

知识管理评价就是对知识管理活动进行不断的跟踪、评价和反馈，发现新的知识需求、更新企业知识，使知识管理在正确的轨道上运行，实现可持续发展。供应链知识管理的实施是一项长期而复杂的工作，需要巨大的投入。对于企业而言，有投入就必须要考虑收益，所以供应链知识管理的实施效果如何，最终需要一个评估机制来进行检测。

11.4.1 知识管理绩效评估的内涵

供应链知识管理实施的绩效评价，从广义上讲应包括两个层面：一是供应链中各成员组织内部的知识管理绩效；二是供应链层级的知识管理绩效。本章主要探讨供应链层级的知识管理绩效。供应链知识管理绩效评价指围绕一定目标，对供应链整体运营状况以及各环节之间营运关系等进行分析评价。当然，严格意义上的绩效评价应包括事前、事中和事后三方面，本章仅讨论研究事后绩效评价。供应链知识管理的绩效评价，应服从于供应链知识管理的目标，不同供应链具有不同的知识管理系统及相应的目标体系。但无论如何，提高供应链的核心竞争力应作为最终目标，知识管理绩效评价也应围绕这一目标，对知识管理活动在提升供应链核心竞争力方面的绩效做出科学评估。

11.4.2 供应链知识管理绩效评价指标

科学的绩效评价离不开合理有效的评价指标，供应链知识管理以提升供应链核心竞争力为目标，其评价指标必须能够反映核心竞争力的水平。不同的供应链具有不同的核心竞争力，这一核心竞争力的形成与塑造是供应链所有成员协同努力的结果。但无论何种核心竞争力，最终都以价值形式来体现，而这种价值可从两方面来作出评价：①最终客户角度，即知识管理为最终客户带来的可感知价值；②从供应链中的企业角度，即供应链知识管理为企业自身创造的价值。基于此，供应链知识管理绩效评价指标分为以下两类：客户价值评价指标和供应链价值评价指标[8]。

（1）客户价值评价指标。客户价值是供应链知识管理绩效的外部体现，而

第11章 供应链知识管理的实施策略

客户满意度是衡量客户价值的最佳指标。所谓客户满意度,是指客户需求得到满足的程度。对于客户满意度可以从很多方面进行具体的评价,不同的企业会采用不同的指标,但供应链中最终客户唯一关心的是供应链能否在正确的时间,把正确的产品(或服务)以正确的数量送到他们手中。所以影响客户满意的因素归根结底是供应链提供产品及服务的质量、数量与效率,进行评价时既可以采用定性指标也可以采用定量指标。

■ 定性指标主要是指通过对客户进行调查的方式来测量,这种方式获得的大多是客户作出的主观评价,如对产品的品牌认知、对企业形象的评价、对企业产品的信赖度等,在此基础上借助统计分析工具得出测算结果。

■ 定量指标如产品性能价格比、准时订单交货率、定制化产品产量比例、客户报修退货比率、客户意见及时回复比率等。产品性能价格比反映了产品功能与客户付出的价格相比,是否达到了客户的期望水平,这一比率越高,客户越满意。准时订单交货率与客户意见及时回复比率体现了供应链的效率,比率高则会使客户满意。定制化产品产量比例反映了供应链个性化生产的柔性,在一定程度上体现了供应链对客户需求知识的管理水平。客户报修退货比率则是一负面指标,比率高则反映客户满意度低。计算这些指标的数据可通过供应链中相关数据库来获取。

(2)供应链价值评价指标。供应链价值反映了供应链内部创造的价值,具体可由两类指标来评价:一为经济效益指标;二为创新能力指标。

■ 经济效益指标。由于供应链知识管理中投入的资本能否带来切实利润是企业最为关心的,而经济效益指标在反映供应链知识管理绩效方面具有更直接的说服力。经济效益指标一般包括:利润增长率、投资收益率、可比产品成本降低率等。利润增长率是实施知识管理前后的利润增长比例。投资收益率是供应链总利润与平均占用资本的比值。可比产品成本降低率反映知识管理前后同类产品成本的降低比率。这些比率越高,绩效越好。

■ 创新能力指标。供应链知识管理的重要意义在于产生新知识,提高供应链整体创新能力,所以,从战略角度评价其绩效,供应链创新能力指标更具有说服力。具体可采用以下指标:

①智力资本增长比率,指实施知识管理前后供应链总资产中无形资产和人力资源价值所占比例的增加值;

②新产品（服务）销售增长比率，是指提供新产品（服务）所获的收入占总收入的百分比；③新产品（服务）开发周期指标，它等于从立项开发研制一项新产品或提供一项新服务至达到预定标准、可以投入市场为止所需要的时间。

当然，绩效评价指标应科学全面地反映供应链知识管理绩效，供应链需设立相应组织机构，由各环节的专家共同做出最后选择。最终可得到不同层次指标形成的指标体系如图11.1所示，不同的供应链可以根据其产品特点或行业特征选取相应指标。

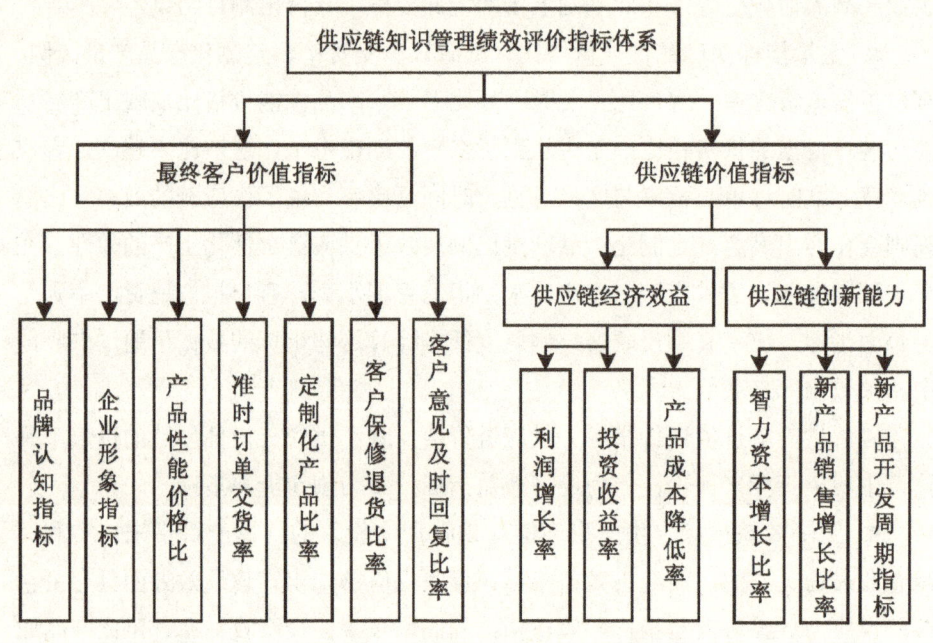

图 11.1　供应链知识管理绩效评价指标体系示意图

11.4.3　知识管理绩效评价值的计算

（1）确定指标权重。指标权重的确定采用层次分析法（AHP），这是一种定性定量相结合的方法，主要有以下几个步骤：

①建立判断矩阵，请有关专家填写；

②一致性检验，对判断者的思维是否矛盾进行检验；

③进行层次单排序并进行一致性检验；

④层次重排序,综合专家意见,最后得到各层指标的权重排序向量。如对客户价值评价最后确定其各自的指标权重:$[x_1, x_2, x_3, x_4, x_5, x_6, x_7]$($\sum x_i = 1$)。

(2)计算绩效评价值。对于定量指标,只需运用相关数据进行计算即可得其数值。而定性指标,首先要将其指标值划分等级,对每一等级赋予相应数值,如对客户价值评价中的定性指标值分为四个等级:优、良、中、差,优=90分,良=80分,中=70分,差=60分,根据对该指标的评价结果求平均分即为该指标分值。为了与定量指标得分统一,还可以将其转化为百分数,由此可得到指标值集合$[a_1, a_2, a_3, a_4, a_5, a_6, a_7]$。然后运用加权评分法求客户价值的评价值$A = \sum a_i \times x_i$。同样方法可求得其他指标的评价值。在对供应链价值进行评价及其指标值的计算时,要从最末层开始,先求下层指标,然后计算上层指标。由此可得供应链知识管理绩效的最终评价结果。为进一步减少偏差,在计算过程中还可以根据需要借助其他的数学工具。

经过以上评估,对供应链知识管理的绩效有了比较科学的衡量,从而找出现实与期望目标间的差距,并指导进一步改善知识管理的实践。当然,由于知识本身转化为生产力需要一定的时间,所以供应链知识管理的绩效可能需要一个相对较长的时期才能反映出来。除了事后评估外,企业还可以进行管理过程中的事中及事前评估,不断提高绩效评估水平,使其发挥积极的促进作用。

11.4.4 知识管理评价的困难与问题

供应链知识管理评价的困难来自于如下三个方面:

(1)知识自身特性[13]。为了更有效的对组织的知识进行管理,必须首先对组织拥有的知识资本进行一个全面的评价诊断,弄清组织中知识的情况。但是组织中除了少量被编码化了的显性知识外,大部分是存放在人脑中的隐性知识,即与人本身联系在一起的,知识的隐含性和复杂性使得知识管理活动的开展状况难以评价,也就不能完全精确地做好评价工作。有些知识与非知识难以分辨给知识管理评价也带来很大困难。同时,由于知识管理活动是一种辅性的活动,不能直接带来效益,要精确定量及评判知识管理的成效是不可能的,需要通过某些活动及能力外在地体现出来。

(2)传统的评价方法失效。供应链导入知识管理后,马上面临的问题就是如何评估自己的知识资本、评价自己知识管理的成效、考核知识工作者的成绩，没有这些就没有办法制定进一步的政策。但是传统对组织资产评估、对绩效的评价，对员工的考核在知识管理中都遇到了困难。过去在财务报表上被列为负项的人力资本及知识技术的投资，成为知识经济的核心，是创造价值的源泉，可是常会因为无法把知识这种无形资产做量化分析，以致于使用传统的投资财务评价指标常常不能正确的表现出知识管理带来的绩效，所以必须引入新的绩效评价指标，探讨适合的评价方法。可是最根本的困难在于我们很难去评估知识的价值。

（3）来自组织内部的阻力。知识管理评价也会遭到来自供应链组织内部的阻力，知识的评估很容易政治化，因为员工技能的考核，可能导致权力的再分配，威胁到一些人的地位和利益。此外，知识自身的特点决定评价过程不可能完全客观，总是会产生部分有偏见的评价，因此会遭到员工的抵触。而是由于评价常常会与激励、奖励机制联系在一起，评价的过程需要员工紧密的配合，如果评价不与一定的奖励挂钩，评价的效果可能会大打折扣，也会遭遇失败。

虽然知识管理评价中存在困难和问题，但是鉴于评价在实施知识管理过程中扮演的重要角色，需要克服困难，探索知识管理评价的内在运行机理，进行有效的评价。对此，关注知识管理评价时需要注意的一些关键问题成为有效评价的基础：

（1）知识评价时，要辩别组织的核心竞争知识是什么，尽可能确切的描述出核心竞争知识，这才抓住了评价的重点；

（2）评价知识不是计算其货币价值，不可能建一个像财务帐目一样的"知识帐目"，而应集中于组织追求和达到知识目标的过程评价，并与知识管理过程结合，确定知识管理是否实现了组织的知识目标；

（3）知识管理评价不要将注意力集中在经济指标上，不要将评价方法局限于数量或者是指数上。定性和定量的指标同样重要。定量指标不可能涵盖影响组织知识管理的所有因素，有些指标是不能用准确的数据描述和表达的，而只能定性的加以阐述，所以需要将定性和定量指标相结合。

本章小结

供应链知识管理不同于传统企业的知识管理，其实施方法和实施步骤需要考虑供应链的特点。本章给出了供应链知识管理的实施步骤及相关措施，分析了供应链集成知识管理的主要过程，提出了供应链知识管理的组织支持策略，包括建立战略联盟、流程再造、供应链文化的培育等三个方面，并给出了供应链知识管理实施的绩效评价方法。

参考文献

[1] 胡锋,杨桢.基于供应链管理的知识管理研究 [J].当代经济,2007,(08):77-78.
[2] 张宇青.基于知识管理的敏捷供应链流程管理研究 [J].企业活力,2012,(03):40-43.
[3] 蓝天,张润彤.供应链知识管理系统研究 [J].物流技术,2008,(03):69-71.
[4] 郑薇,侯开虎.知识管理在供应链管理中的应用 [J].商业研究,2004,(20):24-26.
[5] 王大文.知识管理在供应链管理体系中的应用 [J].企业活力,2007,(08):86-87.
[6] 郭彤梅.浅论供应链管理中的知识管理 [J].经济问题,2007,(01):40-41.
[7] 魏华飞,张晓林.供应链管理中默会知识共享效率问题探讨 [J].管理观察,2006,(03):86-87.
[8] 叶逊,陈英华.基于供应链的集成知识管理与价值绩效评估 [J].山东大学学报(哲学社会科学版),2006,(06):105-109.
[9] 张宇.企业物流资源整合的对策研究 [J].北方经贸,2006,(02):19-21.
[10] 刘平.供应链管理催生第四方物流 [J].西昌学院学报(自然科学版),2007,(01):88-91.
[11] 张雅伦,王耀球.第四方物流发展的构思 [J].物流工程与管理.2009,(06):19-20.
[12] 张慧涛.基于知识市场的供应链企业间知识共享机制研究 [D].重庆：重庆大学硕士学位论文,2007.
[13] 张瑞红.企业知识管理现状、风险与绩效评价研究 [D].广州：中山大学硕士学位论文,2005.
[14] 李鹏燕.企业知识管理及其模式探讨 [J].情报科学,1999,17(2):217-219.

[15] 吴晓波.知识管理模型研究述评[J].研究与发展管理,2002,(12):14-16.

[16] 左美云,许珂.陈禹.企业知识管理的内容框架研究[J].中国人民大学学报,2003,(05):69-76.

[17] 董荣凤.知识管理与企业管理信息系统建设[J].南开管理评论,2000,(02):54-58.

[18] 邱晖,孙政顺.知识管理系统的构建及其策略[J].计算机工程与应用,2001,(01):52-54.

[19] 刘蓉,张毕西.供应链中知识管理的实施[J].价值工程,2005,(02):46-48.

[20] 卢丹.供应链知识管理实施研究[D].武汉:武汉大学硕士学位论文,2005.

[21] 郑景丽.企业实施知识管理的收益分析及绩效评价[J].企业经济,2011,(08):37-40.

[22] 王家斌,邵慰,陶晓丽.企业知识管理实施状况的度量与评价研究[J].科技管理研究,2009,(07):506-508.

[23] 沈铁伟.创新型中小企业实施知识管理的原则探讨[J].经济论坛,2012,(06):155-158.

[24] 赵龙,辛刚,王奕程.浅论企业知识管理的战略实施[J].科技经济市场,2012,(04):14-16.

[25] 闫子鹏,许璐,安慧子等.浅析企业知识管理的三种实施模式[J].统计与管理,2012,(01):76-77.

[26] 刘泓,魏文斌.企业实施知识管理的影响因素及其策略[J].商场现代化,2011,(06):16-17.

[27] 霍明奎.企业知识管理实施策略——企业内知识市场的建设与运营[J].长春理工大学学报(社会科学版),2011,24(02):35-36.

[28] 杜维.企业知识管理战略实施框架研究[J].现代管理科学,2011,(02):114-116.

[29] 高冠民.知识管理在企业中的实施应用研究[J].现代商业,2010,(17):88.

[30] 陈云飞,郭东强.中小型虚拟企业的知识管理实施策略研究[J].中国商贸,2010,(08):55-56.

[31] 孙永林.知识管理的战略意蕴及实施策略研究[J].经济研究导刊,2010,(10):182-183.

[32] 朱永.高新技术企业知识管理实施初探[J].情报探索,2009,(11):40-42.

结 束 语

进入 21 世纪以来,供应链出现的诸如客户需求多样化和个性化、复杂性增加、供应链的网络化和同步化等新特点使管理实践者与研究人员都意识到供应链协调的重要性。信息协调是供应链协调的核心内容,也是实现它的必要条件。本书对供应链信息协调和多 Agent 在其中的应用所进行的研究,为供应链企业间进行信息协调提供了思路和方法,对于我国装配制造行业信息化具有一定的理论意义和现实意义。

供应链协同管理是针对供应链网络内各节点企业间的合作所进行的管理,而协同管理的核心是各有关企业进行全面的合作,协同完成共同的目标,而合作的基础是互相了解,是相关知识的共享,只有通过各方的知识共享,才能实现企业的协同创新,增强企业间的协作运营能力,提高企业群体各种业务活动的效率和实现各种实体资源的互补。供应链协同是知识管理的价值实现,而高效的知识管理是协同的基础,供应链必须将知识管理与协同过程结合起来,从而增强企业创新能力并获得市场竞争优势。本书以供应链协同与知识管理为研究对象,从供应链协同的组织构建、供应链知识管理框架、供应链协同过程控制、供应链过程情境建模以及供应链知识管理实施几个方面展开研究,试图建立供应链协同与知识管理之间关系的理论架构。

本书主要内容和创新点有:

(1)提出了供应链信息协调总体框架。结合系统理论和协同学思想,构建了供应链信息协调总体框架模型,包括信息协调种类和信息协调要素两大组成。在此基础上,阐述了各层次、各要素及要素之间的关系,并从制造核心企业信息需求角度出发,根据订单执行过程的目标和约束,结合制造计划与控制活动,从企业内部信息协调和企业外部信息协调两方面论述订单执行过程中的信息协调涉及的信息类型与信息运作方式。

(2)建立了基于多 Agent 的供应链信息协调模型,并进行了仿真分析。采用基于 Agent 的建模思想和面向 Agent 的系统分析方法，结合订单执行过程构建了基于多 Agent 的供应链信息协调框架模型，对供应链中各实体功能 Agent 进行算法描述并提出各 Agent 之间的信息交互模型。利用基于多 Agent 的供应链信息协调模型，采用 Swarm 仿真平台构建了基于多 Agent 的供应链信息协调仿真模型，并进行了模拟分析。

（3）提出了供应链信息协调实现模式，并阐述了基于多 Agent 的供应链信息协调的实现。建立了订单执行过程中的供应链信息协调实现模型，按照信息协调的种类将实现过程分为三个层次、四个阶段。针对外部供应链信息协调建立了其实现模式，并从系统实现的角度建立了基于多 Agent 的供应链信息协调体系结构，分析了企业内应用系统集成和企业间应用系统集成。

（4）设计了供应链信息协调机制。提出了供应链信息协调机制的分析框架，并围绕该框架进行信息协调机制的设计。针对影响供应链信息协调的社会因素，设计出基于契约合作的供应链信息协调机制和供应链信息协调的激励机制；针对影响供应链信息协调的技术因素，设计出基于流程改进的供应链信息协调机制。

（5）研究了基于虚拟企业的供应链构建与集成管理，从任务分解的角度分析了基于虚拟企业的供应链组织构建过程；供应链的构建过程在本质上也是一个协同过程，通过对完成市场机遇的总任务不断分解、执行，形成一个分层递阶的供应链网络结构；给出了供应链多层次集成管理的整体框架。

（6）研究了供应链知识管理及其框架模型，明晰了供应链知识的范畴；针对供应链知识管理的特点，借鉴软件工程中开发能力成熟度模型，给出了供应链知识管理的分层评价模型，从业务流程、信息技术、人员等三个方面分析了供应链知识管理的驱动要素，其中业务流程（过程）的运行控制是供应链企业之间协同的主要形式。

（7）从信息协同、知识协同、战略因素、协同生命周期等方面分析了供应链的协同机制，供应链作为一个战略合作联盟，其宏观层面的协同表现为对协同过程的控制，建立了协同过程的管理和控制模型；创新能力的提高是供应链协同和知识管理的重要目的，研究了基于价值链的供应链知识创新模型。

（8）业务过程是供应链知识存在和应用的重要环境。分析了知识过程情境的内涵及其在知识管理中的作用，通过供应链业务过程的分析，给出了业务过程知识的三个层次及其形式化描述；对业务过程情境在供应链知识管理中的作用和目标进行了研究，建立了集成业务过程情境的知识模型。

（9）供应链知识管理不同于传统企业的知识管理，其实施方法和实施步骤需要考虑供应链的特点。给出了供应链知识管理的实施步骤及相关措施，分析了供应链集成知识管理的主要过程，提出了供应链知识管理的组织支持策略；讨论了供应链知识管理实施的绩效评价方法。

本书限于时间与精力等原因，有些地方不够深入、细致，并且由于信息协调的广泛性、供应链问题的复杂性、制造系统和物流系统的不断演化，该领域还有很多问题有待进一步地深入研究：

1. 进一步完善多 Agent 系统模型，研究供应链协调过程中可共享的、对供应链绩效有显著影响的信息的运作机制。

2. 生产制造是供应链的重要环节，随着制造模式向敏捷制造、即时客户化定制的方向演化，供应链信息协调中的信息协调策略与模式及它们对供应链绩效的影响会与传统制造业有所不同，如何建立与这些制造模式相匹配的多 Agent 仿真模型进行定量研究？这也是可进一步研究的方向。

3. 研究引入第三方物流后的供应链信息协调问题。第三方物流是现代物流业的发展趋势和方向，引入第三方物流后的供应链信息协调势必呈现出与传统供应链不同的特点，这也是研究供应链信息协调的一个值得深入探讨的方向。

4. 结合信息经济学相关理论对供应链信息协调激励机制进行更深入的研究。

5. 供应链协同决策是一个复杂的问题，涉及的范围非常广泛。供应链知识管理如何对分布式协同决策提供支持，从而提高决策准确性和决策效率值得进一步研究。

6. 知识创新既是创造新价值的最根本途径，也是产生和维持供应链竞争优势最为可行的战略。在供应链协同知识创新中，特别是在参与共享知识库建设过程存在着供应链成员之间的博弈，如何设计供应链知识共享激励机制和策略，使得供应链通过协同知识创新获得最大竞争优势是一个研究主题。

7. 供应链知识情境与知识管理紧密相关，但是关于情境与知识是如何相互作用的，情境如何与知识管理的其它要素集成，这些要素之间的相互作用机理等问题有待进一步研究。通过情境与知识和知识管理要素之间的相互作用机理的认识，可以在知识管理中更好地利用情境。

附 录

部分仿真程序

需求为 ARIMA(1,0,1) 平稳可逆时间序列,采用适应性库存策略时的主要仿真程序如下:

OrderMAgent.java

```java
import swarm.*;
import swarm.objectbase.*;
import swarm.defobj.*;
import swarm.random.*;

public class OrderMAgent extends SwarmObjectImpl{
    // 每周期需求量 D
    public int totalD;
    // 每周期发货量
    public int y;
    // 未满足的客户需求总量 U
    public int totalU;
    // 成品库存 F
    public int finProdInvt;
    // 一次性满足客户需求的次数
    public int numOfSatis;
    // 需求发生的总次数
    public int numOfN;
    // 白噪音的标准差
    int ss=10;
    // 随机数发生器
    NormalDistImpl s=new NormalDistImpl(Globals.env.globalZone,new
        MT19937genImpl(Globals.env.globalZone),0,ss);
    // 应用最优化库存策略求出的目标库存
    int mubiaoF;
    public OrderMAgent(Zone azone){
        super(azone);
```

// 成品库存 F
finProdInvt=300;
// 未满足的客户需求总量 U
totalU=0;
y=0;
EmptyProbeMapImpl probeMap=new EmptyProbeMapImpl(azone,getClass());
probeMap.addProbe(Globals.env.probeLibrary.getProbeForVariable$inClass("totalD",this.getClass()));
probeMap.addProbe(Globals.env.probeLibrary.getProbeForVariable$inClass("totalU",this.getClass()));
probeMap.addProbe(Globals.env.probeLibrary.getProbeForVariable$inClass("y",this.getClass()));
Globals.env.probeLibrary.setProbeMap$For(probeMap, getClass());
Globals.env.createProbeDisplay(this);
}
public void setTotalD(){
    int i;
    double dt,miu,fai1,yipt,yip,sita;
    double yt,mt,m,n,ar;
    double fangcha;
    // 库存策略相关变量
    double mkt,zk,vkt;
    // 设置各变量初值
    dt=150;
    miu=150;
    fai1=0.7;
    yip=2;
    sita=0.1;
    ar=0.1+0.2;
    n=(fai1*sita+ar*(fai1-sita))/(fai1+ar*(fai1-sita));
    m=3.6;
    yt=0;
    yipt=s.getDoubleSample();
    // 求需求
    dt=miu+fai1*dt+yipt-sita*yip;
    totalD=(int)dt;
    // 求最优库存
    mkt=miu*(2-fai1*(1-Math.pow(fai1,2))/(1-fai1))/(1-fai1)+dt*fai1*(1-Math.pow(fai1,2))/(1-fai1)-sita*(1+fai1)*
        yipt;
    vkt=(1+Math.pow((fai1-sita+1),2))*Math.pow(ss,2);

```
            zk=1/0.7257;// 保管费用为 2 个单位，短缺费用为 3 个单位
            mubiaoF=(int)(mkt+zk*Math.sqrt(vkt));
            // 更新白噪音
            yip=yipt;
        }
        public void setF(int finProdInvt ){
            this.finProdInvt=finProdInvt;
        }
        // 设置总需求发生的次数
        public void setNofN(int endTime ){
            numOfN=endTime+1;
        }
        public int getTotalU( ){
            return totalU;
        }
        public int getTotalD( ){
            return totalD;
        }
        public int getY( ){
            return y;
        }
        public int getMubiaoF( ){
         return mubiaoF;
        }
         // 订单管理
        public void orderM(){
            // 设置内部数据 -- 向客户提供的产品数 -- 的初始值
            if(totalD+totalU<=finProdInvt){
                y=totalD+totalU;
                totalU=0;
                numOfSatis=numOfSatis+1;
              }// 如果库存充足，立即发货
            else {
                 totalU=totalU+totalD-finProdInvt;
                 y=finProdInvt;
                }// 否则先发部分，剩余待生产后再发
            if(Globals.env.getCurrentTime()==numOfN-1)
                System.out.println(" 客户服务水平为 : "+numOfSatis*100/numOfN+"%");
        }
    }
```

附录 部分仿真程序

PrdPAgent.java
```java
import swarm.*;
import swarm.objectbase.*;
import swarm.defobj.*;

public class PrdPAgent extends SwarmObjectImpl{
    // 每周期末下达的生产计划
    public int[] proPlan;
    // 生产提前期
    public  int prodLedT;
    public  int planOfEve;
    public int F;
    public int  finProdInvt;
    public int totalD;
    public int p;
    public int totalU;
    public int rawMatInvt;
    public PrdPAgent(Zone azone){
        super(azone);
        proPlan=new int[300];
        prodLedT=1;
        EmptyProbeMapImpl probeMap = new EmptyProbeMapImpl(azone, getClass());
        probeMap.addProbe(Globals.env.probeLibrary.getProbeForVariable$inClass("prodLedT",t
          his.getClass()));
        probeMap.addProbe(Globals.env.probeLibrary.getProbeForVariable$inClass("planOfEve",
          this.getClass()));
        Globals.env.probeLibrary.setProbeMap$For(probeMap, getClass());
        Globals.env.createProbeDisplay(this);
    }
    public void setPara(int finProdInvt, int F,int totalD,  int p,int totalU,int rawMatInvt){
        this.finProdInvt=finProdInvt;
        this.F=F;
        this.totalD=totalD;
        this.p=p;
        this.totalU=totalU;
        this.rawMatInvt=rawMatInvt;
    }
    public int getProdLedT(){
        return  prodLedT;
    }
    public int getproPlan(){
```

```
            if(Globals.env.getCurrentTime()>=prodLedT-1)
                return proPlan[Globals.env.getCurrentTime()-prodLedT+1];
            else return 0;
    }
    public void prdP(){
        int i=Globals.env.getCurrentTime();
        proPlan[i]=(int)(Math.max((F-(finProdInvt-prodLedT*totalD+p-totalU)),0));
        planOfEve=proPlan[i];
        if(finProdInvt>F)
            proPlan[i]=0;
        else
            if(proPlan[i]>rawMatInvt)
                proPlan[i]=rawMatInvt;
    }
}

ManuAgent.java
import swarm.*;
import swarm.objectbase.*;
import swarm.defobj.*;

public class ManuAgent extends SwarmObjectImpl{
    public int p;
    public int prodLedT;
    public int  proPlan;
    public ManuAgent(Zone azone){
        super(azone);
        EmptyProbeMapImpl probeMap = new EmptyProbeMapImpl(azone, getClass());
        probeMap.addProbe(Globals.env.probeLibrary.getProbeForVariable$inClass("p",this.getClass()));
        Globals.env.probeLibrary.setProbeMap$For(probeMap, getClass());
        Globals.env.createProbeDisplay(this);
    }
    public void setPLTandPP(int prodLedT,int  proPlan){
        this.prodLedT=prodLedT;
        // 计算当期生产量
        if(Globals.env.getCurrentTime()>=prodLedT-1)
            this.proPlan=proPlan;
    }
    public int getP( ){
        return p;
    }
```

```java
    public void manu(){
        int i=Globals.env.getCurrentTime();
        // 计算当期生产量
        if(i<=prodLedT-1)  p=150;
        else  p=proPlan;
    }
}

MaterPAgent.java
import swarm.*;
import swarm.objectbase.*;
import swarm.defobj.*;

public class MaterPAgent extends SwarmObjectImpl{
    // 原材料库存 R
    public int  rawMatInvt;
    // 原材料订货量 S
    public int[] s;
    // 供应提前期
    public  int vendLedT;
    // 原材料库存的目标水平 R*
    public int R;
    // 每周期收到的来自供应商的原材料数量 x
    public int x;
    public int p;
    // 每周期订货量
    public int sofEve;
    public MaterPAgent(Zone azone){
        super(azone);
        rawMatInvt=300;
        // 原材料订货量 S
        s=new int[300];
        vendLedT=1;
        R=300;
        EmptyProbeMapImpl probeMap = new EmptyProbeMapImpl(azone, getClass());
        probeMap.addProbe(Globals.env.probeLibrary.getProbeForVariable$inClass("R",this.getClass()));
        probeMap.addProbe(Globals.env.probeLibrary.getProbeForVariable$inClass("rawMatInvt",
            this.getClass()));
        probeMap.addProbe(Globals.env.probeLibrary.getProbeForVariable$inClass("vendLedT",
            this.getClass()));
        probeMap.addProbe(Globals.env.probeLibrary.getProbeForVariable$inClass("sofEve",this.
```

```
            getClass()));
        Globals.env.probeLibrary.setProbeMap$For(probeMap, getClass());
        Globals.env.createProbeDisplay(this);
    }
    public void setP(int p ){
        this.p=p;
    }
    public int getSofEve(){
        return sofEve;
    }
    public int getRawMatInvt(){
        return rawMatInvt;
    }
    public void rawM(){
        int i=Globals.env.getCurrentTime();
        // 计算每周期收到的原材料数量
        if(i<=vendLedT-1)   x=150;
        else  x=s[i-vendLedT];
        // 计算周期末原材料库存
        rawMatInvt=Math.max((rawMatInvt+ x-p),0);
        s[i+1]=Math.max((R-rawMatInvt),0);
        sofEve=s[i+1];
    }
}


InvMAgent.java
import swarm.*;
import swarm.objectbase.*;
import swarm.defobj.*;

public class InvMAgent extends SwarmObjectImpl{
    // 成品库存
    public int finProdInvt;
    // 成品库存的目标水平 F*
    public int F;
    public int y;
    public int p;
    public InvMAgent(Zone azone){
        super(azone);
        // 成品库存 F
        finProdInvt=300;
```

```
        F=300;
        EmptyProbeMapImpl probeMap = new EmptyProbeMapImpl(azone, getClass());
        probeMap.addProbe(Globals.env.probeLibrary.getProbeForVariable$inClass("F",this.getClass()));
        probeMap.addProbe(Globals.env.probeLibrary.getProbeForVariable$inClass("finProdInvt",this.
         getClass()));
        Globals.env.probeLibrary.setProbeMap$For(probeMap, getClass());
        Globals.env.createProbeDisplay(this);
    }
    public void invM(){
        // 计算本周期末成品库存,其最小值为 0（非负）
        finProdInvt=Math.max((finProdInvt-y+p),0);
    }
    public int getF(){
        return finProdInvt;
    }
    public int getSafeInofF(){
        return F;
    }
    public void setYandP(int y,int p){
        this.y=y;
        this.p=p;
    }
    public void setMubiaoF(int y){
        this.F=y;
    }
}

ModelSwarm.java
import swarm.Globals;
import swarm.Selector;
import swarm.defobj.Zone;
import swarm.defobj.ZoneImpl;
import swarm.objectbase.Swarm;
import swarm.objectbase.SwarmImpl;
import swarm.activity.ActionGroupImpl;
import swarm.activity.ScheduleImpl;
import swarm.activity.Activity;
import swarm.space.Grid2dImpl;
import swarm.collections.ListImpl;
import swarm.objectbase.EmptyProbeMapImpl;
import swarm.objectbase.EmptyProbeMap;
```

```
public class ModelSwarm extends SwarmImpl{
    OrderMAgent orderMAgent;
    PrdPAgent prdPAgent;
    ManuAgent manuAgent;
    MaterPAgent materPAgent;
    InvMAgent invMAgent;
    ScheduleImpl modelSchedule;
    public int endTime;
    public ModelSwarm(Zone azone){
        super(azone);
        endTime=100;
        EmptyProbeMapImpl probeMap = new EmptyProbeMapImpl(azone, getClass());
        probeMap.addProbe(Globals.env.probeLibrary.getProbeForVariable$inClass("endTime",this.
         getClass()));
        Globals.env.probeLibrary.setProbeMap$For(probeMap, getClass());
        Globals.env.createProbeDisplay (this);
    }
    public Object buildObjects(){
        Zone modelZone;
        super.buildObjects();
        modelZone = new ZoneImpl(getZone());
        orderMAgent=new OrderMAgent(modelZone);
        prdPAgent=new PrdPAgent(modelZone);
        manuAgent=new ManuAgent(modelZone);
        materPAgent=new MaterPAgent(modelZone);
        invMAgent=new InvMAgent(modelZone);
        // 为了计算客户服务水平，设置总需求次数
        orderMAgent.setNofN(endTime);
        return this;
    }
    public Object buildActions(){
        Selector sel;
        ActionGroupImpl modelActions;
        super.buildActions();
        modelActions = new ActionGroupImpl(getZone());
        try{
            sel = new Selector(Class.forName("OrderMAgent"),"setTotalD", false);
            modelActions.createActionTo$message(orderMAgent, sel);
        }
        catch (Exception e){
            System.err.println("Exception setTotalD: " +e.getMessage ());
```

```
        System.exit(1);
    }
try{
    sel = new Selector(Class.forName("OrderMAgent"),"orderM", false);
    modelActions.createActionTo$message(orderMAgent, sel);
    }
catch (Exception e){
    System.err.println("Exception orderM: " +e.getMessage ());
    System.exit(1);
    }
try{
    sel = new Selector(Class.forName("ManuAgent"),"manu", false);
    modelActions.createActionTo$message(manuAgent, sel);
    }
catch (Exception e){
    System.err.println("Exception manu: " +e.getMessage ());
    System.exit(1);
    }
try{
    sel = new Selector(Class.forName("InvMAgent"),"invM", false);
    modelActions.createActionTo$message(invMAgent, sel);
    }
catch (Exception e){
    System.err.println("Exception invM: " +  e.getMessage ());
    System.exit(1);
    }
try{
    sel = new Selector(Class.forName("MaterPAgent"), "rawM", false);
    modelActions.createActionTo$message(materPAgent, sel);
    }
catch (Exception e){
    System.err.println("Exception rawM: " +e.getMessage ());
    System.exit(1);
    }
try{
    sel = new Selector(Class.forName("PrdPAgent"),"prdP", false);
    modelActions.createActionTo$message(prdPAgent, sel);
    }
catch (Exception e){
    System.err.println("Exception prdP: " + e.getMessage ());
    System.exit(1);
```

```
            }
        try{
            sel = new Selector(this.getClass(), "updatePara", false);
            modelActions.createActionTo$message(this, sel);
            }
        catch (Exception e){
            System.err.println("Exception updatePara" + e.getMessage ());
            System.exit(1);
            }
        try{
            sel = new Selector(this.getClass(), "checkTime", false);
            modelActions.createActionTo$message(this, sel);
            }
        catch (Exception e){
            System.err.println("Exception checkTime " + e.getMessage ());
            System.exit(1);
            }
        modelSchedule = new ScheduleImpl(getZone(), 1);
        modelSchedule.at$createAction(0, modelActions);
        return this;
    }
    public Activity activateIn(Swarm swarmContext){
        System.out.println(" 进入 ModelSwarm 的 activateIn");
        super.activateIn(swarmContext);
        modelSchedule.activateIn(this);
        System.out.println(" 退出 ModelSwarm 的 activateIn");
        return getActivity();
    }
    public void checkTime(){
        int i, t;
        int interval = 5;
        if (Globals.env.getCurrentTime() >= endTime){
          System.out.println("We've reached our endTime at period " +Globals.env.getCurrentTime());
          Globals.env.getCurrentSwarmActivity().terminate();
          }
        return;
    }
    public void updatePara(){
        orderMAgent.setF(invMAgent.getF());
        invMAgent.setMubiaoF(orderMAgent.getMubiaoF( ));
        prdPAgent.setPara(invMAgent.getF(),invMAgent.getSafeInofF(),
```

           orderMAgent.getTotalD(),manuAgent.getP(),orderMAgent.getTotalU(),materPAgent.
             getRawMatInvt());
           manuAgent.setPLTandPP(prdPAgent.getProdLedT(),prdPAgent.getproPlan());
           materPAgent.setP(manuAgent.getP());
           invMAgent.setYandP(orderMAgent.getY(),manuAgent.getP());
    }
    // 下面的方法用于在 ObserverObject 中获取各 agent 对象
    public OrderMAgent getOrderMAgent(){
           return orderMAgent;
    }
    public PrdPAgent getPrdPAgent(){
           return prdPAgent;
    }
    public ManuAgent getManuAgent(){
           return manuAgent;
    }
    public MaterPAgent getMaterPAgent(){
           return materPAgent;
    }
    public InvMAgent getInvMAgent(){
           return invMAgent;
    }
}

ObserverSwarm.java
import swarm.Globals;
import swarm.Selector;
import swarm.defobj.Zone;
import swarm.defobj.ZoneImpl;
import swarm.simtoolsgui.GUISwarm;
import swarm.simtoolsgui.GUISwarmImpl;
import swarm.activity.ActionGroup;
import swarm.activity.ActionGroupImpl;
import swarm.activity.Schedule;
import swarm.activity.ScheduleImpl;
import swarm.activity.Activity;
import swarm.objectbase.Swarm;
import swarm.objectbase.SwarmImpl;
import swarm.collections.ListImpl;
import swarm.objectbase.EmptyProbeMapImpl;
import swarm.objectbase.EmptyProbeMap;

```
import swarm.analysis.EZGraph;
import swarm.analysis.EZGraphImpl;
public class ObserverSwarm extends GUISwarmImpl{
    public int displayFrequency;
    public boolean simulationFinished ;
    ModelSwarm modelSwarm;
    ScheduleImpl displaySchedule;
    public EZGraph graph;
    public Object _graphDeath_ (Object caller) {
        graph.drop ();
        graph = null;
        return this;
    }
    public ObserverSwarm(Zone azone){
        super(azone);
        simulationFinished=false;
        displayFrequency = 1;
    }
    public Object buildObjects(){
        Zone modelZone;
        Selector sel;
        super.buildObjects();
        modelZone = new ZoneImpl(getZone());
        modelSwarm =new ModelSwarm(modelZone);
        getControlPanel().setStateStopped();
        modelSwarm.buildObjects();
        graph = new EZGraphImpl (getZone (),"parameters VS. time","time", " ","graph");
        try {
            graph.enableDestroyNotification$notificationMethod (this, new Selector (getClass (),
                "_graphDeath_",false));
        }
        catch (Exception e) {
            System.err.println ("Exception _graphDeath_: "+e.getMessage ());
        }
        try {
            graph.createSequence$withFeedFrom$andSelector ("rawMatInvt", modelSwarm.getMaterPAgent(),
                new Selector (Class.forName ("MaterPAgent"), "getRawMatInvt",false));
            graph.createSequence$withFeedFrom$andSelector ("finProdInvt", modelSwarm.getInvMAgent(),
                new Selector (Class.forName ("InvMAgent"), "getF",false));
        }
        catch (Exception e) {
```

```
            System.err.println ("Exception getRawMatInvt: "+ e.getMessage ());
        }
    return this;
}
public Object _update_ (){
    if (graph != null)
    graph.step ();
    return this;
}
public Object buildActions(){
    Selector sel;
    ActionGroupImpl displayActions;
    super.buildActions();
    modelSwarm.buildActions();
    displayActions = new ActionGroupImpl(getZone());
    try{
        displayActions.createActionTo$message (this, new Selector (getClass(), "_update_", false));
        sel=new Selector(Globals.env.probeDisplayManager.getClass(),"update",false);
        displayActions.createActionTo$message(Globals.env.probeDisplayManager, sel);
    }
    catch (Exception e){
        System.err.println("Exception update" +e.getMessage ());
        System.exit(1);
    }
    try{
        sel=new Selector(getActionCache().getClass(), "doTkEvents",false);
        displayActions.createActionTo$message(getActionCache(), sel);
    }
    catch (Exception e){
        System.err.println("Exception doTkEvents" + e.getMessage ());
        System.exit(1);
    }
    try{
        sel=new Selector(this.getClass(),"checkForDone",false);
        displayActions.createActionTo$message(this, sel);
    }
    catch (Exception e){
        System.err.println("Exception checkForDone" + e.getMessage ());
        System.exit(1);
    }
    displaySchedule = new ScheduleImpl(getZone(), displayFrequency);
```

```
            displaySchedule.at$createAction(0, displayActions);
            return this;
        }
        public Activity activateIn(Swarm swarmContext){
            super.activateIn(swarmContext);
            modelSwarm.activateIn(this);
            displaySchedule.activateIn(this);
            return getActivity();
        }
        public void checkForDone(){
            if (simulationFinished){
                System.out.println("I said to QUIT!");
                modelSwarm.getActivity().terminate();
                modelSwarm.drop();
                getControlPanel().setStateQuit();
             }
            else if (modelSwarm.getActivity().getStatus() == Globals.env.Completed){
                simulationFinished = true;
                System.out.println("The simulation ended after " + Globals.env.getCurrentTime()+ " periods.");
                System.out.println("Press QUIT when ready.");
                getControlPanel().setStateStopped();
            }
        }
        public void drop () {
            if (graph != null)
                graph.disableDestroyNotification ();
            super.drop ();
        }
}
```